Die ersten Erfindungen

Geniale Erfindungen – Grossartige Entdeckungen
700 000 – 1200 v. Chr.

Die ersten Erfindungen

Reader's Digest
Deutschland · Schweiz · Österreich

Titel der französischen Originalausgabe:
Les Premières Inventions

Deutsche Ausgabe
Übersetzung: Anja Leisinger, Birgit Reit
Fachliche Beratung: Prof. Dr. Holger Sonnabend
Redaktion: Dr. Birgit Gläser

Reader's Digest
Redaktion: Jens Firsching, Joachim Zeller
Grafik: Cornelia Hammer
Bildresearch: Christina Horut
Prepress: Andreas Engländer
Produktion: Felix Steinle

Ressort Buch
Redaktionsdirektorin: Suzanne Koranyi-Esser
Redaktionsleiterin: Dr. Renate Mangold
Art Director: Susanne Hauser

Operations
Leitung Produktion Buch: Norbert Baier

Satz und Reproduktion
Litho Colour Systems Ltd., London

Druck und Bindung:
Leo Paper Products Ltd.

FR 0104/IC/S

Printed in China

ISBN: 3-89915-265-4

Besuchen Sie uns im Internet
www.readersdigest.de

Vorwort

Was wäre unser Alltag ohne die Erfindung der Pille, des Fernsehers und des Mikrochips? Wie würde unser Leben aussehen ohne solche weit zurückliegenden Entdeckungen wie das Geld oder die Brille? Jedes Jahrhundert hat das Leben der Menschheit um weitere Erfindungen bereichert, die unsere heutige Welt prägen. So ermöglichte die Entwicklung des Rades im Lauf der Zeit den Bau von Streitwagen, Kutschen, Eisenbahnwaggons und in Kombination mit Kugellagern von Fahrrädern! Die chronologische Abfolge der Erfindungen zeichnet den technischen Fortschritt der Menschheit nach und stellt dabei den Menschen in den Vordergrund. Um den Erfindungsreichtum der Menschheit zu würdigen und die Veränderungen in der Gesellschaft begreiflich zu machen, bedarf es jedoch mehr als einer Auflistung der einzelnen Erfindungen. Über 500 Innovationen geben Zeugnis von den kleinen und großen Fortschritten, die das Leben der Menschheit nachhaltig veränderten. Man erlebt die Wendungen im Leben eines von seinen Zeitgenossen unverstandenen Genies mit oder wird Zeuge, wie um die Urheberschaft von Erfindungen gestritten wird. Nur so lässt sich die Entwicklung des Fortschritts begreifen und nachvollziehen.

Der Herausgeber

Inhalt

Vor 2 Mio. Jahren wurde dieser Faustkeil hergestellt – zum Schneiden, Entrinden, Schaben und Schärfen. ►

▲ Viele Augen beobachten, wie ein Mann Splitter von einem Feuerstein abschlägt. Vielleicht lässt sich daraus lernen?

▲ Diese Lampe aus rotem Sandstein ist rund 20 000 Jahre alt und wurde bei Les Eyzies (Frankreich) gefunden.

Die Frühmenschen lebten von dem, was die Natur zu bieten hatte. Höhlen boten Schutz vor der feindlichen Außenwelt. Schon früh hatte Homo erectus den aufrechten Gang entwickelt und wurde im Lauf der

◄ Bereits vor 500 000 Jahren nutzte man brennende Fackeln, um Höhlen zu erleuchten.

◄ Harpunen mit Widerhaken aus Rentiergeweih aus der jüngeren Altsteinzeit wurden bei der Hochwildjagd verwendet.

▲ Knochen und Geweihstücke waren der Rohstoff, aus dem man diese mit Öhr versehenen Nadeln vor etwa 18 000 Jahren fertigte.

▲ Jagd oder Krieg? Dieser Bogenschütze auf einem Fresko in Tassili, Algerien, entstand vor über 7000 Jahren.

Zeit in einem großartigen Entwicklungsprozess zum Homo sapiens. Während sich seine menschlichen Eigenschaften immer weiter entfalteten, gewann er zunehmend an Geschicklichkeit. Ein Epos ohnegleichen

Diesen prachtvollen Stab aus Rentiergeweih schnitzte man um 14 000 v. Chr. ▶

▲ In der späten Altsteinzeit benutzte man eine Speerschleuder, um bei der Jagd bessere Reichweiten zu erzielen.

▲ Ein ägyptischer Kornspeicher aus der Zeit um 2000 v. Chr. stand Pate für dieses Modell.

begann. Es berichtet von der Entwicklung von Wissen und Fortschritt. Zu Anfang war der Mensch ständig auf der Hut, doch bald verwandelte sich seine Wachsamkeit in Neugier: Er lauschte, beobachtete und nutzte alles,

▼ *Die Bauern im heutigen Ägypten arbeiten teilweise noch so wie vor tausenden von Jahren.*

▲ *Aus rosa Granit besteht der monumentale Kopf von Amenophis III. aus der 18. Dynastie.*

◀ *Dieses kunstvolle Modell zeigt eine ägyptische Barke, wie sie in der Zeit um 1500 v. Chr. zum Transport auf Flüssen genutzt wurde.*

was ihm Schutz bot und beim Überleben half. Er lebte in Furcht vor den wilden Tieren und den Naturgewalten. Doch er erkannte ebenfalls, dass er die Natur beherrschen und für seine Zwecke nutzen konnte. Ein

◀ *Diese Keramik aus dem Donaugebiet stammt aus der Jungsteinzeit.*

▲ *Webstühle dieser Art, um 6000 v. Chr. im Nahen Osten erfunden, werden in Südamerika heute noch verwendet.*

◀ *Am Ende des 1. Jt. v. Chr. entstand diese Keramik-Statue der Jomon-Kultur in Japan.*

einfacher Stein wurde in seinen Händen zur Waffe oder zum Werkzeug. Seine Hände eröffneten ihm vielfältige Möglichkeiten: Er machte den Stein zum Klopfwerkzeug, zur Klinge und schlug – nach langer Zeit – den ers-

◄ *Seit Beginn des 1. Jt. v. Chr. wurden in Assyrien Räder diesen Typs gebaut.*

Aus bemaltem Holz besteht dieses Modell einer Zimmermannswerkstatt (Theben, 11. Dynastie). ▼

◄ *Weltberühmt ist dieser Deckel eines Schreines aus dem Grab von Tutanchamun (Alabaster, 18. Dynastie).*

Aus Mexiko stammt dieser ausdrucksvolle Trommler (1. Jh. v. Chr.). ►

ten Funken aus zwei Feuersteinen. Welch riesiger Fortschritt, als er zum ersten Mal getrocknete Gräser in Brand steckte! Eine Erfindung? Oder eine Entdeckung, von der man nicht weiß, ob es sich um eine Frucht des

Wie wichtig es war, bei der Getreideernte genau Buch zu führen, zeigt diese Wandmalerei (Grab des Mennah, Theben, 18. Dynastie). ▼

▲ Schon früh waren Siegel in Gebrauch, wie dieses sumerische Prachtstück in Zylinderform und sein Abdruck beweisen (3. Jt. v. Chr.).

◀ Rund 4000 Jahre alt ist diese Keilschrifttafel samt der zugehörigen Hülle aus Terrakotta.

◀ Gefäße wie dieser ägyptische Krug waren später bei Griechen und Römern unter dem Namen Amphore in Gebrauch.

Zufalls oder um das Ergebnis genauer Beobachtungen handelte. Die Eroberung des Feuers markierte einen gewaltigen Entwicklungsschritt auf dem Weg in die Zukunft. Und damit nicht genug: Sollte sich die Fähigkeit,

Auf der Kykladeninsel Amorgos entdeckte man diese 4300 Jahre alte Figur eines Harfenspielers. ►

▲ Die Große Zikkurat von Ur entstand am Ende des 3. Jt. v. Chr.

◄ Noch heute verwendet wird die um 3000 v. Chr. erfundene Töpferscheibe.

Steine zu bearbeiten, nicht nutzbringend einsetzen lassen, um sich so den Alltag zu erleichtern? Pfeilspitzen, steinerne Lampen, die ersten Knochen-Artefakte und Tontöpfe sind weit mehr als primitive Erfindungen. Sie

Auf dem Hals dieser Terrakotta-Amphore wurde eine Szene aus dem Trojanischen Krieg verewigt (Griechenland, um 670 v. Chr.). ►

◄ *3500 Jahre alt ist dieser ägyptische Bronzespiegel.*

Auf einem Fresko im Grab von Sennedjem (1885 v. Chr.) findet sich ein ägyptischer Schwingpflug. ▼

Mithilfe des Wachsausschmelzverfahrens entstand dieser Bronzeguss des Mantiklos-Apollo (6. Jh. v. Chr.). ►

beweisen, dass der Mensch 20 000 Jahre vor unserer Zeitrechnung bereits die Fähigkeit besaß, zu lernen, zu experimentieren, zu entdecken und zu erschaffen. Ohne die dabei angeregten geistigen Prozesse hätte der

◄ *Reich verziert ist dieses Gewicht von der Elfenbeinküste.*

Flora oder Der Frühling – *dieses Fresko ist in der Villa der Ariadne (Stabiae bei Pompeji) zu bewundern.* ▼

Aus der 18. Dynastie stammt diese ägyptische Holzwaage. ▼

Mensch niemals die Metallbearbeitung erfunden – und es wäre einige Jahrtausende später in Mesopotamien und Ägypten auch nicht zur Entstehung von Hochkulturen gekommen. Wir sind die Erben der unbekannten

▼ *Die Pyramiden von Giseh wurden vor etwa 4600 Jahren erbaut.*

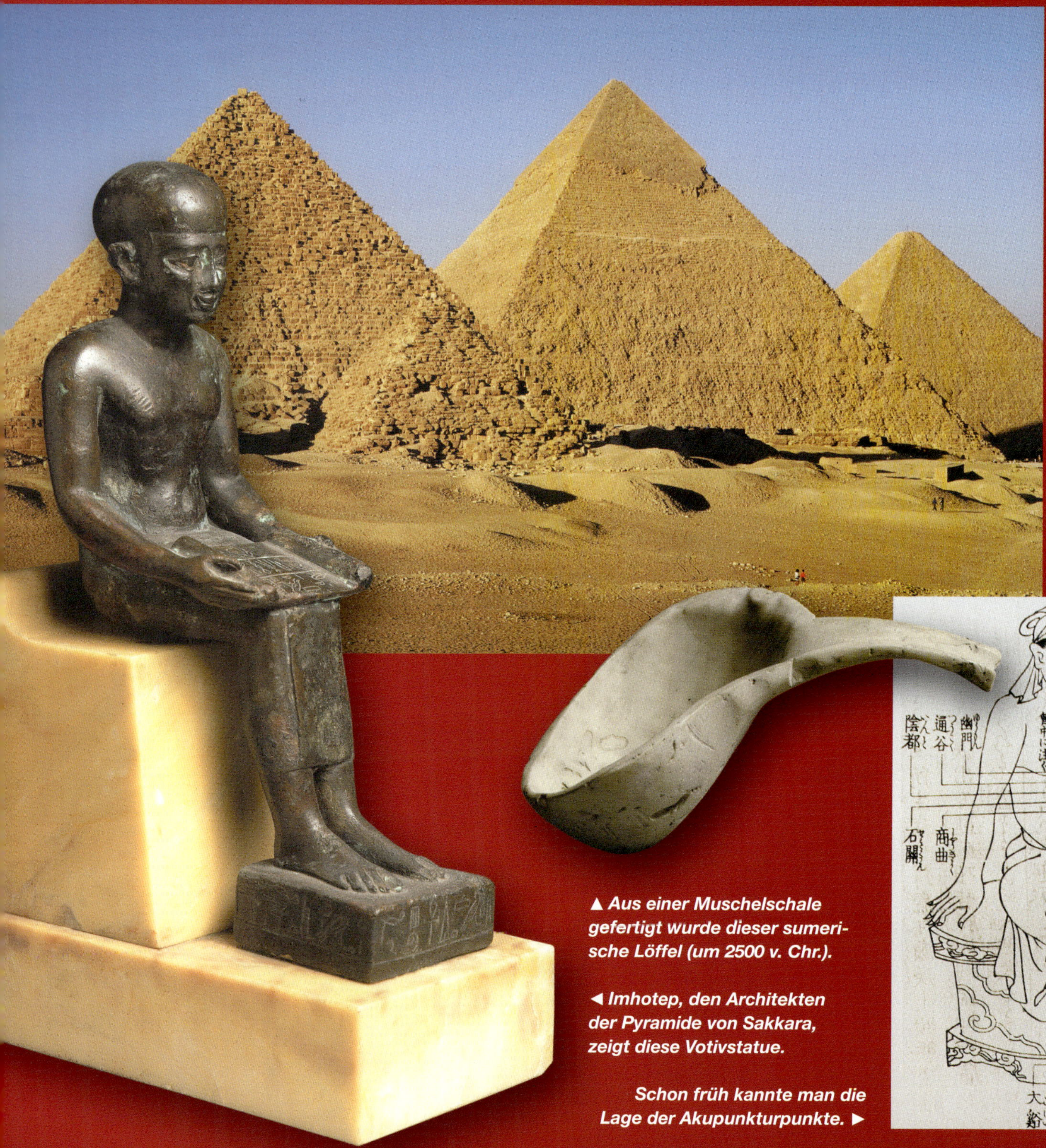

Der assyrische Dämon Pazuzu hatte die Macht, den Menschen mit Krankheit zu schlagen. ►

▲ *Aus einer Muschelschale gefertigt wurde dieser sumerische Löffel (um 2500 v. Chr.).*

◄ *Imhotep, den Architekten der Pyramide von Sakkara, zeigt diese Votivstatue.*

Schon früh kannte man die Lage der Akupunkturpunkte. ►

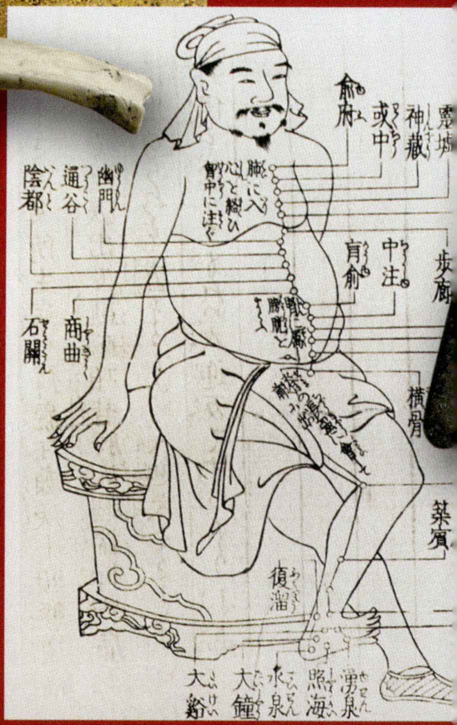

Erfinder, der geschickten Handwerker, der Gelehrten aus China, Skandinavien und dem Mittleren Osten. Die Menschen erfanden den Krieg und die Rituale der Liebe, Waffen ebenso wie Geschmeide und Parfum, und aus

Durch frische Farben besticht dieses Trinkgefäß mit Feston-Verzierung aus ägyptischem Glas. ►

▲ Aus dem Grab des Wesirs Rekhmire (Luxor, 18. Dynastie) stammt dieses ägyptische Fresko. Dargestellt sind Bauarbeiter, die einen mit einem Steinblock beladenen Schlitten ziehen.

dem Wunsch, die Götter zu ehren, entstanden wohl die ersten Schriften. Im Wechselspiel von Erfolg und Rückschlag schrieb der Mensch die Anfänge der unendlichen Geschichte der Erfindungen.

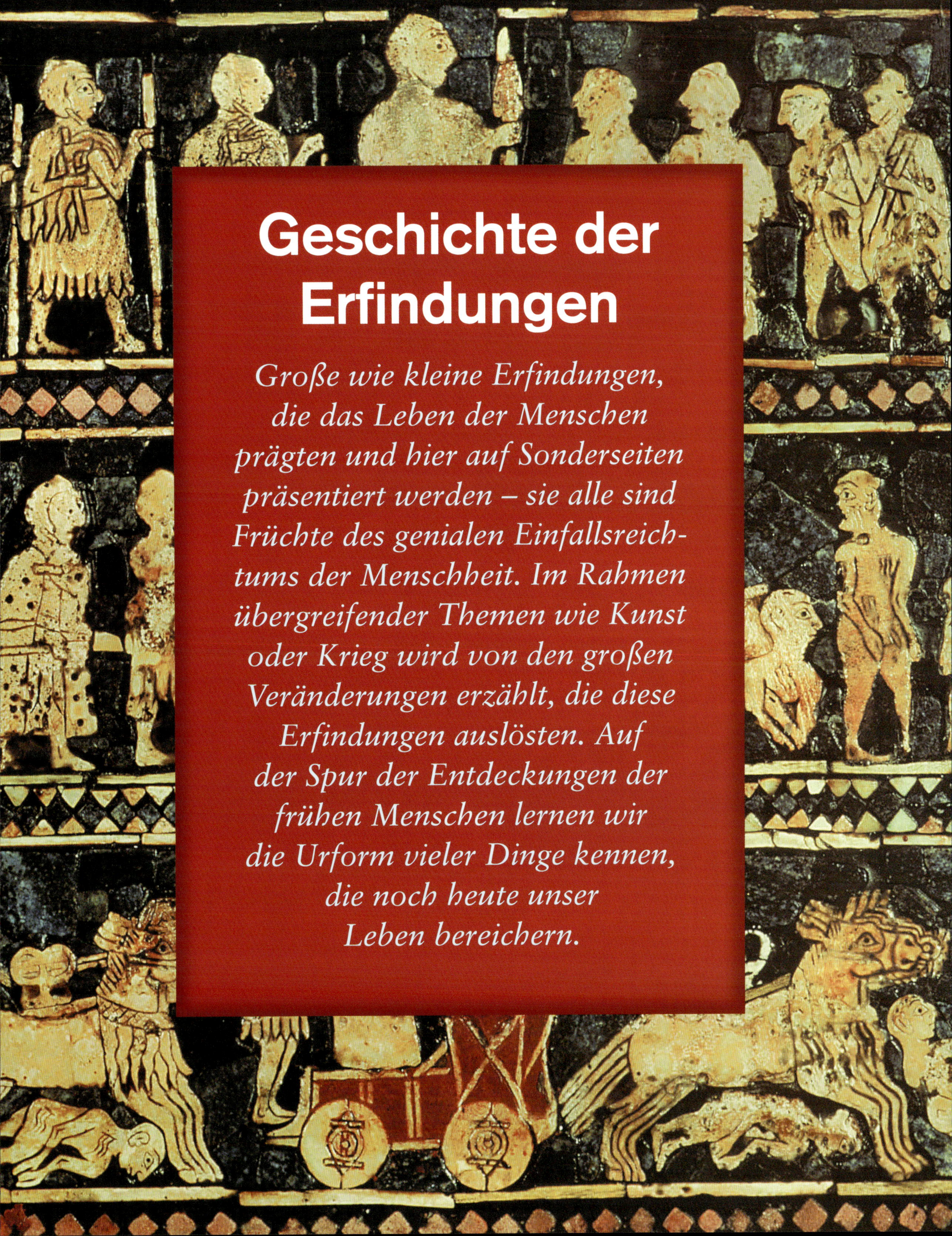

Geschichte der Erfindungen

Große wie kleine Erfindungen, die das Leben der Menschen prägten und hier auf Sonderseiten präsentiert werden – sie alle sind Früchte des genialen Einfallsreichtums der Menschheit. Im Rahmen übergreifender Themen wie Kunst oder Krieg wird von den großen Veränderungen erzählt, die diese Erfindungen auslösten. Auf der Spur der Entdeckungen der frühen Menschen lernen wir die Urform vieler Dinge kennen, die noch heute unser Leben bereichern.

Der Faustkeil (um 700 000 v. Chr.)

Abschlag-Werkzeuge

Das Werkzeug in Form eines behauenen Steines entstand vor 2 Mio. Jahren in Afrika. Als der erste Handwerker der Welt einen Stein planmäßig so zurichtete, dass er scharfkantig wurde, läutete er damit die Zeit der Vorgeschichte ein.

Der beidseitig behauene Faustkeil, ein Vorläufer des Messers, stellt eines der ersten handgefertigten Artefakte dar. Mit seinem abgerundeten Ende ließ er sich gut in der Hand halten und diente zum Zuschneiden, Schaben, Kratzen und Schärfen. Mit seiner Hilfe begann der Mensch, seine Umwelt zu beherrschen.

Ein ungewöhnlicher Laut ertönt in der weiten Steppe – der Klang zweier Steine, die gegeneinander geschlagen werden. Der erste Akt der Vorgeschichte beginnt in der ostafrikanischen Savanne vor mehr als 2 Mio. Jahren. Menschen haben sich am Ufer eines Sees oder Flusses niedergelassen. Sie halten einen faustgroßen Kiesel- oder Feuerstein in der linken Hand, auf den sie mit einem anderen harten Stein in der rechten Hand einschlagen. Jeder Schlag sprengt ein Bruchstück des behauenen Steins ab, Splitter lösen sich. Schon nach wenigen Minuten kann jeder Steinschläger sein Werk betrachten: Ein Schneidewerkzeug mit einem abgerundeten Ende zum Anfassen und einer scharfen Klinge am anderen Ende ist entstanden – ein Werkzeug, das reproduziert werden kann.

Ist die Natur beherrschbar?

Die immer wieder gleichen, planvollen Handbewegungen befreien den Menschen von der Willkür des Zufalls. Er weiß jetzt, wie er selbst jederzeit diese nützlichen Abschlag-Artefakte herstellen kann. Damit lassen sich Wurzeln von Erde befreien, Tiere häuten, Fleischstücke schneiden – und weitere Werkzeuge aus Knochen, Geweihstangen oder Steinen anfertigen.
Alles begann im wahrsten Sinne des Wortes mit einem Schlag. Jemand hob einen Stein auf, um eine Nuss zu öffnen oder ein kleines Nagetier zu erschlagen. Bei zu heftigen Schlägen lösten sich manchmal Splitter ab. Diese wurden auch genutzt, aber wenn ihr Zweck erfüllt war, ließ man sie liegen. Die große Veränderung be-

gann, als eines Tages ein prähistorisches Wesen auf den Gedanken kam, das, was ihm der Zufall manchmal bescherte, selbst nachzubilden. Das vorausplanende Denken veranlasste ihn zu einer Handbewegung, an deren Ende ein Werkzeug stand, das alle benutzen konnten.

Waren die Erfinder bereits Menschen?

Wer war dieser Visionär, dieser frühe Handwerker? Die Paläoanthropologen waren überzeugt, dass es sich um einen Menschen handelte, auserwählt unter allen Hominiden, denn eine derartige intellektuelle Leistung konnte doch nur auf einen echten Menschen zurückgehen!
Das Ehepaar Leakey – berühmte Paläoanthropologen – grub in den Schluchten von Olduvai in Tansania auf der Suche nach diesem ersten Handwerker. Der Brite Louis Leakey hatte dort 1935 in einer Erdschicht, deren Alter auf über 2 Mio. Jahre datiert wurde, Artefakte gefunden. Er bezeichnete diese erste Kultur der frühesten Altsteinzeit als Oldoway-Kultur und beschrieb sie als Haumesser-Kultur *(chopping tools)*, die auf Abschlag-Werkzeugen beruhte. Es war Mary Leakey, die am Morgen des 17. Juli 1959, als ihr Mann noch schlief, den heiß ersehnten Schädel zu Tage förderte. Leider war es aber der Schädel eines *Australopithecus robustus*, der noch dem Tier-Mensch-Übergangsbereich zuzurechnen ist. Wie konnte die Idee eines behauenen Artefakts im Gehirn dieses archaischen Wesens, das als scheuer Vegetarier galt, aufgekeimt sein? Die Verwirrung endete jedoch, als die Ausgrabungsgruppe in Oldoway noch andere, diesmal eindeutig menschliche Überreste entdeckte. 1964 präsentierte Louis Leakey seinen wissenschaftlichen Kollegen den *Homo habilis*. Er besaß ein Gehirn, das groß genug war (600 cm^3), um als menschlich zu gelten, ein Gebiss, das zum Genuss

Vorgeschichte ist Gotteslästerung

Donnerkeile nannte man früher die seltsam geformten Steine, die auf den Feldern gefunden wurden. Man glaubte lange Zeit, diese Steine wären von einem zornigen Gott herabgeschleudert worden. Die Erde galt damals noch als gar nicht so alt; der irische Bischof John Usher hatte ihren Entstehungszeitpunkt 1654 bei 4004 v. Chr. angesetzt (als Tag der Schöpfung bezeichnete er den 23. Oktober 4004). Dem Arzt und Professor am Jardin des Plantes in Paris, Antoine de Jussieu, fiel 1723 auf, dass die Steine sehr stark den steinernen Werkzeugen der „Wilden" in Amerika ähnelten. Der Engländer John Frere veröffentlichte 1800 eine wissenschaftliche Arbeit, in der er die Entdeckung der Faustkeile mit den Überresten ausgestorbener Tiere in Zusammenhang stellte. Doch alles blieb ohne Konsequenzen: Der bloße Gedanke an ein vorgeschichtliches Zeitalter erschien absurd, ja sogar gotteslästerlich.

Lernen durch Beobachten – das war damals die einzige Möglichkeit, Wissen zu erwerben. Die Technik des Abschlagens schaute man sich ab, indem man zusah, wie ein „Steinschläger" Splitter von einem unbearbeiteten Feuerstein abschlug, wie hier gezeigt.

Die Werkzeugpalette von Homo erectus *bestand aus behauenem Feuerstein und umfasste schon bald Tranchiermesser, Schaber, Klingen und Spitzen (oben).*

Experimentell arbeitende Archäologen haben ein altsteinzeitliches Kernbeil, umgeben von seinen Splittern, rekonstruiert (unten).

von Fleisch geeignet war, sowie einen beweglicheren Daumen. Seine geschickte Hand brachte ihm den Namen *habilis* ein. Man schrieb ihm alle in Oldoway gefundenen Artefakte zu.

Dank dem unbekannten Erfinder

Doch diese Theorie wurde durch weitere Funde erschüttert. Heute weiß man, dass während dieser Tier-Mensch-Übergangszeit in der afrikanischen Savanne der *Homo habilis* lebte, aber auch sein Cousin vom Rudolfsee, *Homo rudolfensis*, die letzten Australopithecinen vom Typ *Australopithecus robustus*, und auch der von Mary Leakey gefundene „Beinahe-Mensch von Boisei" *(Paranthropus boisei)*. Vier Arten von Hominiden nutzten Haumesser *(chopper)*, und nichts erlaubt uns, einem von ihnen den Titel „erster Handwerker" abzusprechen.

Doch selbst wenn das Abschlag-Werkzeug keine rein menschliche Erfindung war, hat es das Leben der ersten Menschen verändert. So ausgestattet, konnten sie sich einen größeren Teil der Ressourcen in einer Umgebung sichern, die zunehmend trockener wurde. Fleisch entwickelte sich zu einem wichtigen Bestandteil der Nahrung, was die körperliche Entwicklung förderte. Der Mensch vermochte zwar noch keine großen Tiere zu jagen, doch holte er sich schneller als alle anderen Aasfresser seinen Anteil von verendeten Tieren. Dabei erkannte er, dass der Zusammenhalt in der Gruppe ebenso wichtig war wie seine Werkzeuge.

Die Faustkeil-Kultur (Biface-Kultur)

Mit dem Werkzeug entstand eine völlig neue soziale Ordnung. Der Mensch gab das Leben im Schutz der Bäume auf, baute sich Unterschlupfe in freier Wildbahn und machte sich auf, die Welt zu erobern. Er entwickelte sich nicht mehr nur biologisch, sondern auch kulturell. Seine intellektuellen Fähigkeiten wuchsen, die Sprache nahm Form an und seine Werkzeuge und Wohnstätten wurden immer besser. Im zweiten Akt der Vorgeschichte betraten vor 1 Mio. Jahren in Afrika die „großen Menschen", *Homo ergaster* und *Homo erectus*, die Bühne. Ihnen erschloss sich die Schönheit der Symmetrie und die doppelte Wirksamkeit des zweiseitig bearbeiteten Faustkeils *(Biface)*. Diese ersten „Forscher" verließen die afrikanische Wiege der Menschheit und machten sich auf in den Mittleren Osten, nach Europa und nach Asien. In Europa tauchte der *Biface* etwa vor 700 000 Jahren auf. Er war der Leittyp der zweiten altsteinzeitlichen Kultur, die nach der französischen Ausgrabungsstätte Saint-Acheul an der Somme Acheuléen genannt wird. Die Menschen des Acheuléen besaßen viele Gerätschaften. Abgesehen von den beidseitig geschärften Faustkeilen fertigten und verwendeten sie eine Art Hackmesser, dessen Klinge im rechten Winkel zum Griff stand, außerdem Schaber und mit kleinen Sägezähnen versehene Steinsplitter. Sie stellten fest, dass sie noch dünnere Splitter und schärfere Werkzeuge erhielten, wenn sie die Steine mit weicheren Materialien wie Knochen, Horn oder Geweihstücken bearbeiteten. Haben sie bereits die Schäfte ihrer Speere mit spitzen Keilen bestückt? Mit Holzspeeren und Fallen überwältigten sie jedenfalls auch große Pflanzenfresser, die sie dann mit ihren Messern häuteten und zerlegten und deren Knochen sie mit dem Hackmesser aus den Gelenken lösten. Diese Knochen rammten sie in die Erde und warfen Tierhäute darüber, die mit Schabern gereinigt worden waren. So erhielten sie die ersten Zelte.

Technische Fortschritte

Die Suche nach immer leistungsfähigeren Werkzeugen wurde fortgesetzt. Ungefähr 200 000 Jahre vor unserer Zeitrechnung perfektionierte der *Homo erectus* die Levallois-Technik: Der zu bearbeitende Steinblock wurde sorgfältig vorbereitet, so dass beim Abschlagen gleich geformte Splitter entstanden. Gleichzeitig nutzte man den Rohstoff besser aus. Diese Rationalisierung der Produktion setzt nicht nur einen wachen Geist, sondern auch einen Lernprozess und die Weitergabe von Kenntnissen voraus. Einerseits begann der Mensch, die mächtige Natur mithilfe von Werkzeugen zu beherrschen, andererseits verurteilte er sich dadurch zur Arbeit. Ein geübter Handwerker benötigte zur Herstellung eines *Biface* nur wenige Minuten. Mit steigendem Anspruch an die Gerätschaften wurden daraus später Stunden – so lange dauerte im Solutréen (ca. 20 000 v. Chr.) die Fertigung hauchdünner Blattspitzen. Diese Meisterwerke stammten von Spezialistenhand.

Jacques Boucher de Perthes und die prähistorische Forschung

Im 19. Jh. überwand die wissenschaftliche Neugier dann doch althergebrachte Ideen. Der britische Geologe Charles Lyell schätzte 1833 das Alter der Erde auf mindestens 240 Mio. Jahre. 16 Jahre später berichtete der Franzose Jacques Boucher de Perthes von einem Fund behauener Steinwerkzeuge im Schwemmland der Somme bei Abbeville. Er legte dar, dass hier wohl zwei Kulturen zeitlich aufeinander gefolgt sein müssten, da ihre in der Erde konservierten Hinterlassenschaften übereinander lägen. Die jüngere Schicht zeichne sich durch geschliffene Steine aus, während darunter abgeschlagene Feuersteine zu finden seien, die aus derselben Zeit stammten wie Mammut- und Zwergnashornknochen. Durch die Bestimmung des Alters der Schichten ließen sich auch die eingebetteten Funde datieren. Boucher de Perthes legte somit den Grundstein für die prähistorische Forschung und das Studium technischer Artefakte aus vorgeschichtlicher Zeit. Damit einher ging die Vorstellung des prähistorischen Menschen, der diese Artefakte produziert haben musste. Seine Gedanken fanden aber erst zehn Jahre später Anerkennung, als Lyell sich seinen Ansichten anschloss. Im gleichen Jahr veröffentlichte Charles Darwin sein berühmtes Werk „Über die Entstehung der Arten".

Dieser aus 150 Fragmenten rekonstruierte Homo habilis *(links) mit der Inventarnummer 1470 wurde 1972 in Kenia gefunden. Bereits vor 1,8 Mio. Jahren fertigte er primitive Sägen (oben) und gefährliche Waffen – ein Beispiel für die Kunstfertigkeit von* Homo habilis *ist dieses zweiseitig geschärfte Messer aus Jade aus der Jungsteinzeit in China (unten).*

Das Feuer (um 500 000 v. Chr.)

Die Geschichte des Feuers

Blitzschlag – in den Augen der Steinzeitmenschen Feuer vom Himmel – setzte einen Wald in Brand. Im Schein brennender Fackeln beobachteten die Menschen wohl die Wirkung des Feuers auf das tote Wild, dessen Fleisch geröstet wurde.

Vor rund 500 000 Jahren schloss der europäische *Homo erectus* ein Bündnis mit dem Feuer. Hierdurch veränderte er seine Ernährungsgewohnheiten, sicherte sein Überleben und erreichte eine entscheidende Etappe in seiner Entwicklung.

Das Feuer ist keine Erfindung des Menschen – er war schon immer dem Feuer des Himmels und der Erde ausgesetzt. Vulkane, von Blitzen entfachte Brände und Irrlichter versetzten die Menschen ebenso sehr in Angst und Schrecken wie die Tiere. Doch im Unterschied zu diesen erkannte der Mensch auch seine Vorteile und Möglichkeiten. Er überwand die Furcht und „stahl" das Feuer, er zähmte und nutzte es für seine Zwecke. Anschließend erschuf er Werkzeuge, um das Feuer zu entfachen und zu erhalten, und erdachte neue Verwendungsmöglichkeiten.

Ganz am Anfang …

Wir befinden uns nun in Europa und schreiben das Jahr 12 000 v. Chr. Am Ufer der Seine bereitet eine Frau die Feuerstelle im Eingangsbereich einer Behausung vor. Mit dem Schulterblatt eines Rentiers schabt sie Asche, Feuerstein- und Knochenreste von den Steinen der Feuerstelle. Die gereinigten Steine legt sie zurück in die Vertiefung, in der das Feuer Tag für Tag entfacht wird. Mithilfe von trockenen Grashalmen und Holz entzündet sie aus der Glut, die sie vom Vorabend bewahrt hat, ein neues Feuer.

Diese häusliche Szene steht am Ende eines langen Entwicklungsprozesses, dessen einzelne Etappen sich kaum rekonstruieren lassen. Die ältesten Spuren der Feuernutzung reichen 1,4 Mio. Jahre bis zum *Homo ergaster* in Afrika zurück. An der Ausgrabungsstätte von Chesowonga in Kenia wurden verkohlte Erdklumpen zu Tage gefördert. Im südafrikanischen Swartkrans fand man verbrannte Knochenstücke. Doch es gibt weder Hinweise darauf, dass das Feuer von den Menschen selbst entfacht wurde, noch auf seine Verwendung. Vor kurzem wurden bei Ausgrabungen im Norden Israels Spuren menschlicher Nutzung des Feuers entdeckt, die 700 000 Jahre zurückreichen.

Die ersten echten Feuerstellen stammen aus der Zeit vor etwa 500 000 Jahren und sind das Werk von *Homo erectus*. Sie wurden an weit voneinander entfernt liegenden Orten gefunden, u. a. in Frankreich, China und Ungarn. Ihre Anordnung innerhalb des Lebensraums liefert wertvolle Hinweise. Überreste wie Holz, Knochen und verkohlte Steine sind Zeichen für eine absichtliche Verbrennung. Analysen zufolge erreichte das Feuer Temperaturen von 600 °C, was für einen kontrollierten Einsatz des Feuers spricht. Natürlich entstandene Buschfeuer werden nicht heißer als 200 °C.

Die ersten Feuerstellen

Feuer zu entfachen ist eine Sache, es zu zähmen und zu beherrschen eine ganz andere. Der Mensch muss es selbst entzünden und nach Bedarf auch erhalten können, und er muss es in sein Leben integrieren. Es ist unmöglich festzustellen, was sich *Homo erectus* zuerst aneignete: die Schlage- oder Reibetechnik. Auf jeden Fall erforderte es große Findigkeit und vorausschauende Intelligenz, zuerst die Funken zu erzeugen und damit ein leicht entflammbares Material anzuzünden, das dann wiederum ein schwerer brennbares Material entfachte. Dieselbe Intelligenz zeigte der *Homo erectus* auch auf anderen Gebieten.

Bei Anbruch der Dunkelheit zog es *Homo erectus* an die Feuerstelle. Dort fühlte er sich sicher, denn die Raubtiere wagten sich nicht heran. Die Wärme und das Licht des Feuers veränderten auch den Tagesablauf. Die Tage wurden länger und der Tagesrhythmus war nicht mehr ausschließlich an das Tageslicht gebunden. Aus dem verlässlichen Licht der Feuerstelle entstand die Idee, durch Erhitzen von Pflanzen- oder Tierfett Lampen herzustellen. Doch wann begann der Mensch, das Feuer als tragbare, mobile Beleuchtung zu benützen?

Die ältesten Lampen stammen aus der Zeit vor etwa 20 000 Jahren. Es ist aber gut möglich, dass schon lange vorher Fackeln aus harzigen Zweigen verwendet wurden, die keine archäologisch auswertbaren Spuren hinterließen.

Da *Homo erectus* gut an das raue Klima angepasst war, zähmte er das Feuer wohl nicht hauptsächlich, um sich daran zu wärmen. Feuerstellen mit Vorrichtungen zur Bewahrung der Wärme tauchen erst gegen Ende der Mittleren Altsteinzeit vor etwa 35 000 Jahren auf, und es ist nicht gesichert, ob sie wirklich diesem Zweck dienten und nicht doch hauptsächlich zur Zubereitung von Nahrung verwendet wurden. Doch in jedem Fall ist und bleibt das Feuer die erste Energiequelle, die der Mensch bewusst nutzte.

Roh oder gekocht?

Kostete der Mensch gekochtes Fleisch zum ersten Mal nach natürlich ausgebrochenen Bränden? Fiel zufällig einmal ein Brocken Fleisch ins Feuer oder in die Glut? Über die Erfindung des Kochens ist nichts bekannt,

Niemand weiß, wie viel Zeit zwischen der Nutzung natürlich ausgebrochenen Feuers und der tatsächlichen Beherrschung der Techniken zum Anzünden von Feuer verging. Nützlich waren Geräte wie dieser ägyptische Feuerquirl, der noch gegen Ende des 2. Jt. v. Chr. benutzt wurde. Bei manchen Stämmen in Botswana (links) und auf den Fidschi-Inseln (links unten) wird das Feuer heute noch mit den alten Methoden entzündet.

Die zündende Idee

Das Entzünden eines Feuers beruht immer auf demselben Prinzip: Man erzeugt Hitze bzw. Funken, die ein leicht brennbares Material, wie z. B. Zunder, entflammen. Dieses setzt dann den eigentlichen Brennstoff in Brand. Will man Feuer durch Reibung entfachen, muss man zwei trockene Holzstäbe lange aneinander reiben, um Wärme zu erzeugen. Eine andere Möglichkeit besteht darin, einen harten Stein, Quarz oder Feuerstein, gegen eisenhaltige Mineralien wie Malachit oder Pyrit zu schlagen, bis die Funken sprühen. An jungsteinzeitlichen Ausgrabungsstätten findet man zahlreiche Feuerstein- und Pyritfragmente – mitunter, wie bei Star Carr in England, sogar zusammen mit Zunder. Der Stein wurde später durch eine Art Anzünder ersetzt, bei dem eine Klinge aus Feuerstein mit Harz an einem Holzgriff festgeklebt war. Es gibt immer noch Indianerstämme in Brasilien, die Feuer durch Aneinanderreiben zweier Holzstäbe erzeugen. In unserer Gesellschaft wurden diese Methoden durch den Gebrauch von Streichholz und Feuerzeug ersetzt – mühelos entfachen wir heute Feuer.

Das Feuer – ein mächtiger Verbündeter

Feuer diente zunächst als Verteidigungswaffe gegen die Tiere – um Raubtiere bzw. Aasfresser zu vertreiben oder auf Distanz zu halten. Durch das Feuer festigte der Mensch seine Herrschaft über seine Welt und es gelang ihm die Eroberung neuer Lebensräume in kühleren Zonen – während der Interglaziale (Warmzeiten) machte er sich auf den Weg Richtung Nordeuropa und Zentralasien. Auch in Zeiten klimatischer Abkühlung überlebte er dank der Wärme des Feuers und der gegarten Nahrung.

Doch das Feuer war auch eine Waffe gegen andere Menschen – manche Stämme besaßen es, andere nicht. Da es Angriffe und die Eroberung neuer Gebiete erleichterte, wurde das Feuer hart umkämpft. Brennende Geschosse – zunächst Pfeile, später Raketen und schließlich Feuerwaffen und Sprengstoffladungen – trugen das Feuer hinter die feindlichen Linien.

Im Kampf gegen gewaltige Bären waren Fackeln eine wirksame Waffe.

Gegensätze: Die Methode, auf heißen Steinen zu garen, wird in Indonesien noch heute praktiziert (Seite 29). Anders macht man sich das Feuer in den Metallgießereien der Industrieländer zunutze. Hier müssen extrem hohe Temperaturen erzeugt werden (unten).

aber das Leben des Menschen wurde dadurch radikal verändert. Als Kochgefäße dienten Tierhäute und Blätter, in denen sich die Nahrung dünsten, schmoren, in Wasser kochen und sogar dämpfen ließ. Dadurch wurde sie leichter verdaulich. Untersuchungen an Skeletten aus dieser Zeit zeigen, dass die Nahrung wesentlich schneller durch den Körper wanderte. Da der Mensch sich nun besser ernährte, wurde er kräftiger und widerstandsfähiger.

Doch das Feuer schuf auch neue Zwänge. Man musste es unterhalten, Brennstoff finden, das Kochen beaufsichtigen – Aufgaben, die nach einer neuen Rollenverteilung verlangten. Die Frauen, die weder an der Jagd teilnahmen noch Werkzeuge herstellten, hatten nun zusätzlich zum Sammeln und Pflücken von Nahrungsmitteln das Feuer zu bewachen und die Nahrung zuzubereiten. Das Heranschaffen von Brennmaterial wurde zu einer Vollzeitbeschäftigung.

Feuer im Dienst des Menschen

Die Steine der Feuerstelle veränderten sich: Manche wurden rissig, andere brachen ganz auseinander. Der Mensch nutzte diese Beobachtung vor über 500 000 Jahren, um Steinblöcke, die schwer zu zerschlagen waren, im Feuer zerbersten zu lassen oder um Geweihe zu zerbrechen. Auch stellte er fest, dass er bestimmte Materialeigenschaften verbessern konnte: So ließen sich z. B. Holzspitzen hervorragend im Feuer härten. Mit den robusteren Waffen wagte er sich auch an Großwild heran. Man konnte es aus der Ferne erlegen, ohne vom Geweih, den Hörnern oder den Hufen verletzt zu werden, oder man legte Fallgruben mit zugespitzten Pfählen an.

Später erhitzte man auch Elfenbein und Knochen in einem Ofen, um ihre ursprüngliche Form zu verändern und sie gerade zu biegen. Seit der Oberen Altsteinzeit, vor etwa 25 000 Jahren, wusste der Mensch, wie man aus gelbem Ocker, den man auf 250 °C erhitzte, roten Ocker gewann. Die frühen Handwerker erhitzten auch verschiedene Erden über 1000 °C, um farbiges Pulver zu erhalten, und schmolzen Harz, um damit Feuersteinklingen an Lanzen zu befestigen.

Das Feuer stellte auch die Basis für die erste große technische Revolution dar, die in der Jungsteinzeit stattfand. Mit der Beherrschung der Wärme und dem Bau von Öfen wurde die Nutzung des Feuers ausgeweitet. Der Mensch erzeugte immer höhere Temperaturen und wählte das Holz so aus, dass es entweder mehr Wärme oder mehr Licht erzeugte. War kein Holz vorhanden, verwendete er Knochen oder Torf als Brennstoff. Im Lauf der Jahrhunderte wurde der Mensch immer vertrauter mit den Eigenschaften des Feuers. Heute erreichen wir Feuertemperaturen um 5000 °C, können dadurch Materialien umwandeln und neue Eigenschaften hinzufügen.

Steine und heisser Dampf

Das Rösten bzw. Grillen auf erhitzten Steinen war die erste, bereits in der Altsteinzeit bekannte Methode, Nahrung zu garen. Später wurde sie in einer Art Schlauch zusammen mit Wasser gekocht. Der Mensch verwendete auch andere Gefäße aus Materialien, die im feuchten Zustand feuer- und wärmebeständig sind, wie Baumrinde, Bambus oder Haut bzw. Pansen von Wiederkäuern. Er erdachte eine Methode des Schmorens, bei der die Nahrung, zusammen mit heißen Steinen in Blätter gewickelt, in die Glut gelegt und mit einer Schicht Asche bedeckt wird. Auf Tahiti wird dies heute noch so praktiziert. Bei einer anderen Variante, dem Dünsten, gab man ein wenig Wasser in die als Gefäß dienenden Blätter. Beim Kontakt mit den glühend heißen Steinen verdampfte die Flüssigkeit sehr schnell.
Die heutigen Küchenutensilien sind nichts weiter als moderne Weiterentwicklungen prähistorischer Kochmethoden, nur die Werkzeuge haben sich den Zeiten angepasst: So ist das Kochen von Pellkartoffeln in der Mikrowelle nichts anderes als die moderne Version des Dampfgarens von in Blättern gewickelten Kartoffeln unter der Asche.

Mit etwas Fett und einem Docht erleuchtete diese Lampe aus rotem Sandstein die Behausung einer Familie der jüngeren Altsteinzeit während der ganzen Nacht (rechts). Rund 1500 Jahre später funktionierten Lampen immer noch nach demselben Prinzip, nur dass sie aus Terrakotta bestanden (unten).

Die Steinlampe
(um 20 000 v. Chr.)

Die ersten Lampen aus Stein entstanden zur gleichen Zeit wie die Höhlenmalereien. Wurden sie erfunden, um den frühen „Künstlern" Licht zu spenden oder um die Werke, die wohl magische Bedeutung hatten, zu beleuchten? Geschah es in Lascaux oder Les Eyzies, im Fernen Osten oder im hohen Norden? Vielleicht machte der Mensch an mehreren Orten etwa gleichzeitig die Entdeckung, dass ein wenig Öl, Fett oder Harz in einem ausgehöhlten Stein längere Zeit brennt. Er versuchte, mehr Licht zu bekommen, indem er Steine mit Vertiefungen suchte und beobachtete, was geschah. Später höhlte er dann selbst flache, ovale Steine in der Mitte aus und goss das Brennmaterial in die Vertiefung. Irgendwann fiel ihm auf, dass gedrehte oder geflochtene, in Fett getauchte dünne Stängel eine stetige Flamme erzeugen – eine zufällige Beobachtung? So wurden Docht und Lampe erfunden.

Seit dem Ende des 19. Jh. wurden in Frankreich (Höhle von La Mouthe, Les Eyzies, 1895) zahlreiche Lampen aus Sandstein, Kalkstein und manchmal auch aus Lavagestein zu Tage gefördert, die hauptsächlich mit tierischem Fett (Talg) gespeist worden waren. Die meisten von ihnen bestanden aus natürlich geformten Steinen. Wesentlich seltener sind die von Menschenhand ausgehöhlten Steinlampen. Eines der schönsten Exemplare dieser Art stammt aus der Höhle von Lascaux. Dort wurden im Jahr 1940 zwei gefunden, von denen eine erhalten geblieben ist. Dieses Exemplar befindet sich im Musée National de Préhistoire von Les Eyzies. Die Lampe wurde aus rotem Sandstein in der Form eines Löffels gefertigt, so dass man sie gut in der Hand halten konnte.

BESSER, HELLER, LÄNGER ...

Als die Menschen im 9. Jt. v. Chr. sesshaft zu werden begannen, entstand das Bedürfnis nach einer dauerhaften Feuerquelle, mit der man die dunklen Höhlen erleuchten konnte. Zu dieser Zeit entstanden Lampen aus Keramik bzw. gebranntem Ton mit einer Vertiefung für das Brennmaterial und einer Tülle für den Docht. Diese Form der Lampe blieb lange Zeit – bis zur Erfindung der Kerze – fast unverändert, selbst als die Lampen bereits aus Metall hergestellt wurden. Kerzen werden erstmals von römischen Geschichtsschreibern im 1. Jh. v. Chr. erwähnt.

Die Nähnadel (um 16 000 v. Chr.)

Auf Anhieb perfekt

Die mit einem Nadelöhr versehene Nähnadel taucht vor etwa 18 000 Jahren am Ende der Solutréen-Zeit auf. Dieses aus Knochen gefertigte Werkzeug brachte dem Menschen große Verbesserungen im Alltag. Die Erfindung war auf Anhieb perfekt – nur das Material veränderte sich im Lauf der Zeit.

Diese Nadeln vermitteln uns eine Vorstellung von der Geduld und dem Geschick der Handwerker, die sie vor 18 000 Jahren schufen.

Im Tal der Vézère in der Dordogne fand der Lehrer und Hobby-Archäologe Denis Peyrony 1921 in der Höhle von Laugerie-Basse eine Nähnadel, d. h. eine Nadel mit einem kleinen Loch am einen und einer Spitze am anderen Ende. 1965 entdeckte Cheynier ein wunderschönes Exemplar an der einzigen prähistorischen Ausgrabungsstätte am rechten Ufer der Vézère, der Wohnstätte Lachaud bei Terrasson. Er fand die Nadel in einem prähistorischen Schutthaufen vor der Wohnstätte, deren Alter er mit Sicherheit auf das Ende des Solutréen (um 15000 v. Chr.) datierte. Er beschrieb sie als das schönste Instrument, das dort gefunden wurde. Sie war zwar zerbrochen, doch das Öhr war intakt – ein Wunder an Feinheit und Symmetrie. Es ist das älteste Exemplar, das man je entdeckte, sodass die Wissenschaft vorläufig davon ausgeht, dass diese Erfindung den halbnomadischen Jägergruppen zuzuschreiben ist, die den Süden Europas durchstreiften und in Südwestfrankreich, in Spanien und Portugal zahlreiche Spuren hinterließen. Ihre außergewöhnliche Kultur zeichnet sich durch ein bemerkenswertes künstlerisches Schaffen aus und vor allem auch durch fein gearbeitete Knochen-Artefakte.

Ursprünge des Schneiderhandwerks

Die prähistorische Nähnadel erregt Bewunderung, weil die Erfindung so einfach und doch so genial ist: Sie verbindet zwei Funktionen, das Durchstechen und das Festhalten bzw. Führen eines Fadens. Man muss sich das Geschick des Solutréen-Handwerkers vorstellen, der mit einem Stichel oder Schaber einen feinen Splitter von einem Knochen abtrennte und ihn zu einer Nadel verarbeitete. Der Splitter wurde zuerst gerundet, damit er sich gut anfassen ließ, und dann an einem Ende zugespitzt. Der so gewonnene dünne Stab wurde anschließend mit einem kleinen Block aus feinem Sandstein poliert. Man fand solche Schleifsteine mit zahlreichen feinen Rillen, die auf häufigen Gebrauch schließen lassen. Zuletzt wurde das andere Ende der Nadel mithilfe eines scharfen Feuersteins durchbohrt, damit man einen Faden einfädeln konnte.

Nadeln wurden meist aus Geweihteilen, Knochen oder Elfenbein hergestellt. Die Frage, ob sie hart genug waren, um Tierhäute zu durchstechen, ist noch umstritten. Viele Experten sind der Meinung, dass das Leder, selbst wenn es vorher weich gegerbt worden war, zuerst mit einem Stichel, einem zugespitzten Feuerstein, durchbohrt werden musste. Anschließend konnte man dann die Nadel, die lediglich den Faden führte, durch das Loch schieben. Doch Versuche haben gezeigt, dass Nadeln, die aus frischen Knochen hergestellt werden, sehr hart sind.

Moderne Archäologen denken sich in die Welt der Steinzeit hinein und versuchen experimentell herauszufinden, wie die Menschen der jüngeren Altsteinzeit die Knochennadeln herstellten (oben).

Dieser Mantel aus Seehundfell (rechts) entspricht einem Modell, das von den Inuit seit undenklichen Zeiten gefertigt wird.

Vielfältige Verwendungsmöglichkeiten

Für die Menschen der jüngeren Altsteinzeit erwies sich die Nähnadel als echter Fortschritt. Sie erleichterte das Zusammennähen von Lederstücken und damit die Herstellung von Bekleidung als Kälteschutz. Als Faden dienten Sehnen von Tieren. Sie wurden getrocknet, aufgespalten und geschmeidig gekaut. Aus der Ausgrabungsstätte von Grimaldi in Italien stammt ein rarer Fund: ein Kinderhemd aus Eichhörnchenfell.

Das Gerben der Tierhäute

Es gibt keine materiellen Funde, die uns zweifelsfrei verraten, mit welchen Techniken die Menschen früher Tierhäute bearbeitet haben, um sie weich zu machen. Wir kennen aber die Werkzeuge, die sie für die komplexe Kunst des Gerbens benutzen: Schaber und Kratzer aus Flint. Unabhängig davon, ob die Haut mit oder ohne die Fellbehaarung verwendet werden sollte, war es wichtig, alle Fleischreste zu entfernen, damit kein unangenehmer Geruch blieb. Auch galt es zu verhindern, dass das Leder faulte oder seine Geschmeidigkeit verlor. Man nimmt an, dass die ersten Gerber Gehirnmasse von Tieren, Ocker, eisenoxidhaltige Tonerde oder Urin, der viel Ammoniak enthält, verwendeten, um die Fäulnis hinauszuzögern.

Ein Indianer von heute schabt das Fell eines Karibus ab. Seinen Vorfahren diente es als Rohstoff für Zelte und Bekleidung.

Mit der Nadel ließen sich auch Schläuche und Beutel aus Tierhaut zur Aufbewahrung von Flüssigkeiten und Nahrung nähen. Möglicherweise änderten die Menschen ab dieser Zeit ihre Kochgewohnheiten und verwendeten dazu genähte Behälter. Erwiesen ist, dass die Nadel die Herstellung von Zelten und kajakähnlichen Booten ermöglichte, bei denen zusammengenähte Tierhäute über ein Holzgestell gespannt wurden.
Die Nadel eröffnete dem Menschen neue Möglichkeiten und erlaubte ihm, seine Lebensweise zu ändern. Er konnte sich besser schützen, besser ernähren und es fiel ihm leichter, neue Jagd- und Lebensräume zu erschließen.

Bei den Arktis-Expeditionen im ersten Viertel des 19. Jh. stellten die Archäologen fest, dass die damaligen Methoden der Inuit wohl denen der prähistorischen Menschen recht ähnlich waren. Die Inuit verwendeten ebenfalls Nadeln aus Knochen oder Walrosszähnen, der Faden wurde aus Rentiersehnen oder Seehunddarm gewonnen. Damit nähten sie Fellkleidungsstücke, aber auch die Außenhaut ihrer kleinen Boote. Doch ihre Nadeln waren wesentlich feiner gearbeitet.

Aus dem Nähkästchen geplaudert

Ab dem Magdalénien (15 000–10 000 v. Chr.) war der Gebrauch der Nadel weit verbreitet. Im alten Ägypten, etwa um 4500 v. Chr., wurden anstelle von Knochen neue Materialien – zuerst Kupfer, dann Bronze – verwendet. Die Ägypter setzten dieses winzige Instrument auch im medizinisch-chirurgischen Bereich zum Nähen ein.
Im alten Griechenland gehörte die Nadel so sehr zum Alltag, dass sie sogar in einer Homer zugeschriebenen Fabel vorkommt: Eine Armee von Mäusen, die in die Schlacht zieht, lässt zur Abschreckung eine Bronzenadel als Lanze vor sich her tragen.
Phrygien im zentralen Kleinasien war damals im ganzen Mittelmeerraum für die Qualität seiner Stickereien berühmt. Zur Zeit der Römer wurden bereits Eisennadeln verwendet.
Im Mittelalter waren weiterhin die einfachen Eisennadeln in Gebrauch, doch ab dem Jahr 1370 wurden in Nürnberg nach einer aus Syrien eingeführten Methode Nadeln aus poliertem Stahl hergestellt. Während der Renaissance verbreitete sich diese neue Nadel in ganz Europa. Catherine Howard, eine der Frauen Heinrichs VIII., brachte sie nach England. Dort entwickelte sich Birmingham im 18. Jh. zu einem Zentrum der Textilindustrie. Die Arbeit mit Nadel und Faden blieb auch in Frankreich bis zum Ende der Monarchie bei adeligen Damen wie bei einfa-

Nadeln in der Medizin

Schon bald erkannte man in der primitiven Medizin die Vorteile, die eine Nadel und der Faden tierischen Ursprungs, mit denen die prähistorischen Menschen ihre Kleider nähten, boten. Wenn man damit die Häute toter Tiere zusammenflicken konnte, warum dann nicht auch die menschliche Haut? Noch heute wird in der Chirurgie mit einem Faden tierischer Herkunft genäht, dem Katgut. Im Unterschied zur etymologischen Bedeutung des Wortes (Katzendarm) wird Katgut aus dem Darm von Schafen, Schweinen oder Mauleseln gewonnen. Das Ursprungswort Kitgut entstand im 16. Jh. und bedeutet Musikinstrument, denn z. B. Geigen-, Cello- und Harfensaiten wurden aus demselben Material hergestellt.

chen Bürgersfrauen sehr in Mode. Sie entwickelte sich zu einer Leidenschaft, ja sogar zu einer Kunst. Ein Beispiel hierfür waren die Spitzen aus dem westlich von Chartres gelegenen Alençon. Die Textilfabriken in L'Aigle in der Normandie waren in der ganzen Welt berühmt und machten sogar der englischen Textilindustrie große Konkurrenz. Die 1830 durch die Einführung der Nähmaschine ausgelöste Revolution des Schneiderhandwerks tat dem Ansehen der Nadel keinen Abbruch. Sie ist auch 18 000 Jahre nach ihrer Erfindung nicht aus unserem Alltag wegzudenken.

Die vor 3000 Jahren lebenden Ägypter stellten nicht nur Weberschiffchen, sondern auch gebogene Nadeln zum Zusammennähen von Tierhäuten her (rechts).

Dieser Inuit repariert sein mit Tierhaut überzogenes Boot nach den überlieferten Methoden seiner Urahnen.

Die prähistorische Forschung

Schwieriges Unterfangen – Rekonstruktion der Vergangenheit

Nur wenige Zeugnisse aus der ältesten Vergangenheit haben die Zeit überdauert und der Versuch, die Lebensweise unserer Vorfahren zu rekonstruieren, ist oft reine Detektivarbeit. Je weiter man zurückgeht, desto komplizierter wird die Aufgabe.

Nicht das Glück, sondern lange, minuziöse Recherchen in Bibliotheken haben diesen unter Wasser arbeitenden Archäologen zu den Überresten eines Schiffes geführt, das im Jahr 1025 vor den Britischen Inseln gesunken ist.

Die prähistorische Forschung beruht in erster Linie auf guter Teamarbeit, bei der Spezialisten verschiedener Fachrichtungen ihre Kompetenz und ihr Fachwissen einbringen. Dazu gehören einerseits Geologen, Sedimentologen und Paläontologen und andererseits Wissenschaftler, die sich mit dem Menschen und dem Leben befassen, wie Archäologen und Ethnographen sowie Biologen und Molekulargenetiker.

Alles hängt von den Funden ab

Welche greifbaren Spuren stehen den Wissenschaftlern für ihre schwierige Aufgabe zur Verfügung? Es ist leider so, dass für Zeiträume, die weiter als 1 Mio. Jahre zurückliegen, das organische Material – bis auf ganz wenige Ausnahmen – als Informationsquelle ausfällt. Aus jüngeren Zeiten findet man oft ebenfalls nur einige wenige Bruchstücke: Teile von Unterkiefern, Knochen oder Steinartefakte. Glücklicherweise gibt es jedoch auch Funde, die manche Wissenslücken schließen, wie z. B. die Holzpiroge, die 1955 in einem belgischen Torfmoor ans Tageslicht kam. Sie wird als eines der ältesten bekannten Boote eingestuft (um 8000 v. Chr.). Noch unglaublicher war 1991 die Entdeckung des Mannes im Ötztal, der zusammen mit seiner Kleidung, seinen Werkzeugen und Waffen über 5000 Jahre lang im Eis eines Tiroler Gletschers konserviert worden war.

Jede Spur ist wichtig

Bei vielen Ausgrabungen wird mit Schabern, Pinseln und Pinzetten gearbeitet. Am Fundort sammelt man möglichst viele Überreste: Steine von Feuerstellen, Asche, Splitter vom Zuschnitt des Feuersteins, Knochenreste – allein ihre Anordnung liefert wichtige Informationen. Im Labor erfolgt dann die Analyse. Die Betrachtung der Werkzeuge unter dem Elektronenmikroskop gibt Aufschluss über ihre letzte Verwendung, die Analyse der Steine und Metalle verrät ihre Herkunft, die Zähne liefern Hinweise auf die Nahrung der Hominiden, an den Knochen erkennt man die physischen Schwachstellen. Durch die ergänzende Analyse der Pollen sowie die Dendrochronologie (Altersbestimmung der Bäume anhand der Jahresringe) erhält man Informationen über Landschaft und Umgebung, die bei der Funddatierung eine wichtige Rolle spielen können.

Ein ewig unvollständiges Puzzle

Jede Entdeckung macht uns einen Teil des Alltags und der Gedankenwelt unserer Vorfahren zugänglich, eröffnet neue Perspektiven, wirft aber auch neue Fragen auf. Das Studium der Höhlenmalereien liefert Informationen über die damalige Tierwelt, die man oft nur aus diesen Zeichnungen kennt. In manchen Höhlen, etwa in der Höhle Chauvet an der Ardèche, sind gefährliche Tiere abgebildet, die wohl kaum gejagt wurden. Wozu dienen derartige Abbildungen an solchen Orten? Nach Meinung mancher Wissenschaftler wurden die Höhlen als Eingang in die Unterwelt betrachtet. Gibt es hier Analogien zu Völkern, die heute noch den Schamanismus praktizieren? Mit Sicherheit lässt sich nur feststellen, dass in der Vorgeschichte nichts sicher ist.

Mit kriminalistischem Spürsinn geht man an die Arbeit: Nachdem der richtige Ort gefunden und alles fotografiert wurde, beginnt der wesentliche Teil der Arbeit der Archäologen mit Pinsel und Grabstift, wie hier in der Höhle am Klasies River in Südafrika. An manchen heiklen Fundstätten, beispielsweise in der Höhle von Altamira in Spanien (rechts), erfolgt anschließend die Restaurierung mit modernsten Technologien.

Datierungsmethoden

Zu den wichtigsten Methoden der Funddatierung zählen:

- **Radioaktivitätsmessung**

Diese Methode basiert auf der Eigenschaft radioaktiver Elemente, die Zahl der radioaktiven Isotope innerhalb einer für jedes Element spezifischen Zeit, der Halbwertszeit, zur Hälfte abzubauen. Beim Tod eines Organismus setzt der Abbau des radioaktiven Elements ein. Die Halbwertszeit von Kohlenstoff 14 beträgt z. B. 5568 Jahre, so dass sich damit das Alter eines Fundstücks rückwärts datieren lässt. Leider reicht diese Datierungsmethode nur maximal 50 000 Jahre in die Vergangenheit. Andere radioaktive Substanzen haben jedoch längere Halbwertszeiten – die von Uran 238 beträgt z. B. 4,5 Milliarden Jahre.

- **Thermolumineszenzverfahren**

Hier wird die Emission von in geologischem Material eingeschlossenen Elektronen gemessen. Manche Kristalle senden beim Erwärmen Licht aus, wenn sie zuvor durch Strahlung „aufgeladen“ wurden. Je stärker das Leuchten, desto älter das Objekt. Die Methode wird für Keramik verwendet.

- **Dendrochronologische Messung**

Mithilfe der Jahresringe wird das Alter von Holzgegenständen ermittelt.

Die Bedeutung von Experimenten

Forscher versuchen oft, die Vorgehensweisen der früheren Menschen zu imitieren, um den Spielraum der damaligen technischen Möglichkeiten zu erkunden. Beim Versuch, Biface-Keile zuzurichten, erkannten die Wissenschaftler, dass man das Zuschneiden durch Druck ganz genau lernen muss. Daraus schlossen sie, dass es bereits in der jüngeren Altsteinzeit (35 000–10 000 v. Chr.) Spezialisten gegeben haben muss.

Pfeil und Bogen (um 10 000 v. Chr.)

Jagd- und Kriegswaffe zugleich

Vor etwa 12 000 Jahren wurden Pfeil und Bogen für die Jagd erfunden – sie machten aus vielen Tieren eine leichte Beute. Als Kriegswaffen kamen sie 7000 Jahre später zum Einsatz; ihre Reichweite wurde erst von den Feuerwaffen übertroffen. Heute entdeckt man den Bogen als Sportgerät neu.

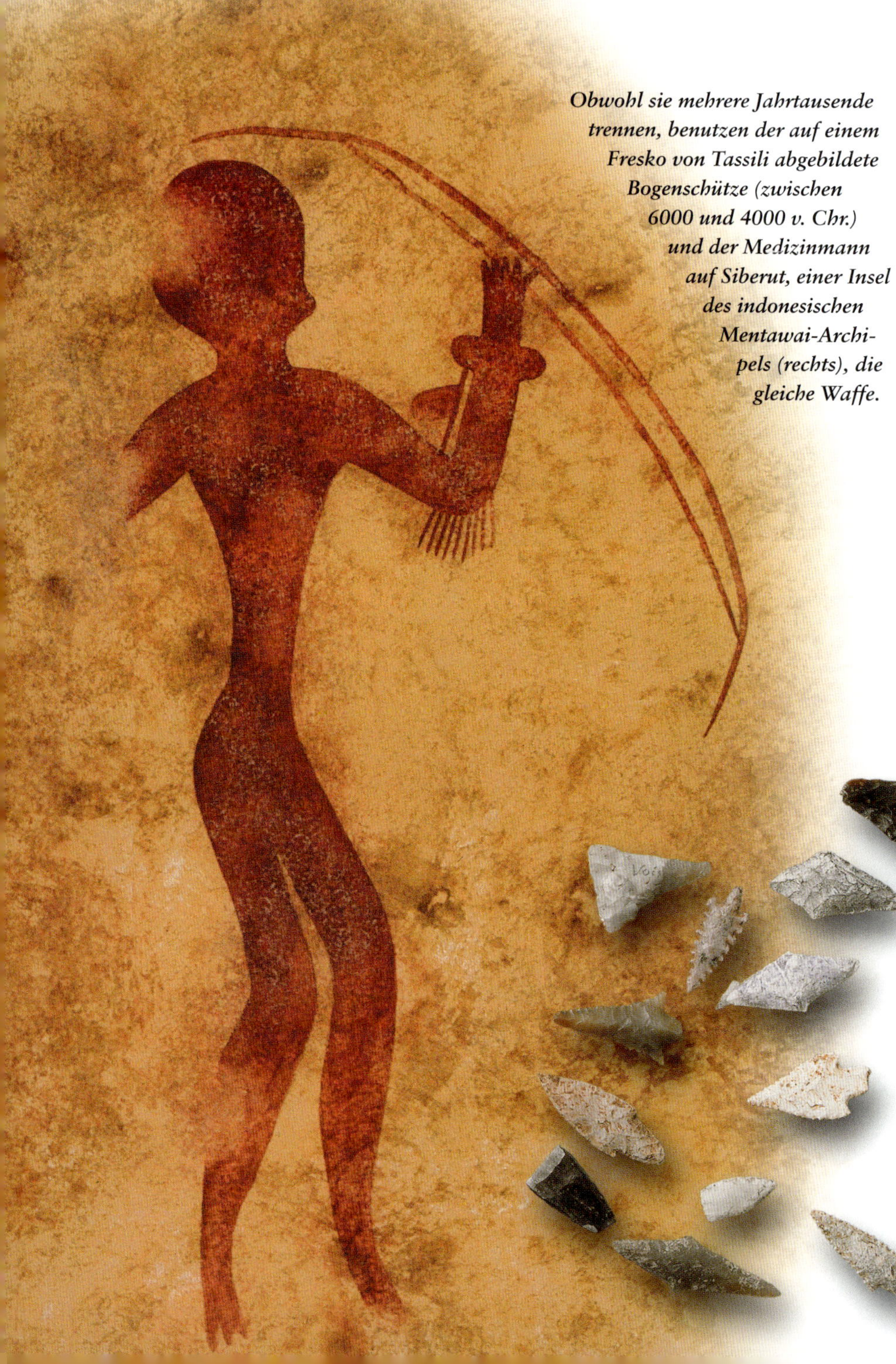

Obwohl sie mehrere Jahrtausende trennen, benutzen der auf einem Fresko von Tassili abgebildete Bogenschütze (zwischen 6000 und 4000 v. Chr.) und der Medizinmann auf Siberut, einer Insel des indonesischen Mentawai-Archipels (rechts), die gleiche Waffe.

Wann und wie der Bogen erfunden wurde, lässt sich nicht mit Sicherheit sagen. Pfeilspitzen ähnelnde Feuerstein-Artefakte aus der jüngeren Altsteinzeit legen die Vermutung nahe, dass er auf die letzten Jagdvölker etwa um 10 000 v. Chr. zurückgeht. Aus der gleichen Zeit stammende Wandmalereien in der Höhle von Arana in Spanien zeigen Jäger, die mit Pfeil und Bogen auf Tiere schießen, und in der Höhle von Niaux in Frankreich erkennt man ein von einem Pfeil verwundetes Wisent.

Pfeil und Bogen setzen sich durch

Der Beginn der Jungsteinzeit wurde zur Blütezeit des Jagdbogens. Die Umwelt veränderte sich durch die langsame Erwärmung des Klimas. Der Mensch hatte neue technische Fähigkeiten erworben, die er zur Fertigung von Mikrolithen (Kleingeräte aus Feuerstein) einsetzte. Gejagt wurde fast nur noch mit Pfeil und Bogen, weil man damit jede Beute erlegen konnte, und vor allem, weil die Pfeile sich der Lanze in Bezug auf Geschwindigkeit, Durchschlagskraft, Reichweite und Zielgenauigkeit als überlegen erwiesen. In Nordeuropa waren Rentiere die vorrangige Beute, im übrigen Europa dagegen alle Waldtiere, wie Wildschwein, Hirsch, Reh und Kaninchen. Mit Lanze und Speerschleuder konnte man nur in der Gruppe jagen, man brauchte dazu Treiber und Werfer. Mit dem Bogen veränderte sich die Jagdweise radikal. Der Jäger musste nun die Tiere gut

beobachten, sich auf die Lauer legen und leise anschleichen – es galt, das Tier zu überraschen.

Pfeile für jeden Zweck

Den Jägern stand eine Vielzahl verschiedener, an die unterschiedlichen Wildarten angepasster Pfeile zur Verfügung. Manche waren besonders spitz, andere hatten eine querstehende Schneide, es gab Exemplare mit Stacheln, d. h. mit kleinen Spitzen auf zwei Seiten, und ganz besonders scharfe, die speziell mit Mikrosticheln bearbeitet wurden. Für Vögel und Kleinwild verwendete man Pfeile ohne Spitze mit einer runden Verdickung am Ende. So wurde die Beute nur betäubt, aber nicht beschädigt. Derartige Pfeile werden noch heute von den Inuit benutzt.

Diese mit Widerhaken versehenen Harpunen aus Rentiergeweih und die Lanze (links) aus der Zeit zwischen 17 000 und 11 000 v. Chr. wurden im Nahkampf auch gegen Großwild eingesetzt. Die Pfeilspitzen aus Feuerstein (ganz links), die man vor etwa 8000 Jahren anfertigte, fügten dem Arsenal der Menschen nun Waffen hinzu, die aus der Ferne töten konnten.

Jagd- und Fischfang-Methoden

Zur Zeit der Erfindung des Bogens, etwa um 10 000 v. Chr., bestand die Ausrüstung des steinzeitlichen Jägers aus Bumerang, Speer und einer Schleuder für Speer und Harpune. Harpunen bestanden aus einem Schaft mit abtrennbarer Spitze, die meist mit Widerhaken ausgestattet war. Außerdem fingen die Menschen bereits Großwild in mit Zweigen bedeckten Fallgruben sowie Vögel und andere Kleintiere, z. B. Frischlinge, mit Netzen. Manche Jäger nahmen auch Hunde mit zur Jagd. Fischfang wurde schon in der jüngeren Altsteinzeit betrieben und in der Jungsteinzeit weiterentwickelt. Lachs und Hecht wurden mit Harpune, Speer und Bogen getötet, kleine Fische fing man mit Netzen und mit der Angel – Überreste von Netzen aus Pflanzenfasern wurden in den finnischen und estländischen Seen entdeckt. In Europa wurden zahlreiche verschiedene Angelhaken aus Knochen, Muschelschalen oder Wildschweinzähnen verwendet. Schwimmer aus Rinde oder Holz sowie Gewichte aus Stein nahmen die heute verwendete Angelausrüstung vorweg. Auch die länglichen, aus Weidenruten gebauten Reusen unterschieden sich nicht sehr von unseren heutigen Formen. Zahlreiche Hobbyjäger und Freizeitangler verwenden die in der Steinzeit entwickelten Techniken und Methoden im Prinzip noch heute – nur mit neuen Materialien.

Die jungsteinzeitlichen Bogen und Pfeile erwiesen sich als technisch schon recht ausgereift. Die Bogen waren sehr einfach, etwa mannshoch und aus einem Stück Holz gefertigt. Zu manchen Bogen gehörte eine kleine, durchlöcherte Schiefer- oder Knochenplatte, die als Schutz gegen die Reibung von Pfeil und Sehne mit einem Riemen befestigt werden konnte.
Bei Ausgrabungen in der Nähe von Paris wurde ein solcher Bogen gefunden, der etwa aus dem Jahr 4600 v. Chr. stammt. Somit zählt er zu den ältesten der etwa 100 bisher im europäischen Raum entdeckten Bogen. Die symmetrische Waffe ist insgesamt 1,54 m lang und einfach gebogen. Sie wurde aus Eibenholz gefertigt, einem widerstandsfähigen und dennoch biegsamen Holz, das man oftmals zu diesem Zweck ver-

Führte der Bogen unsere Vorfahren zur Musik?

Manche Paläontologen sind der Ansicht, der klangvolle Ton der Bogensehne habe die Menschen zum Bau der ersten Saiteninstrumente angeregt. Man baute zunächst Instrumente mit einer und dann mit immer mehr Saiten und schuf so die Vorläufer der Lauten, Leiern, Zithern, Harfen und Gitarren der folgenden Jahrhunderte.

Die berühmten persischen Bogenschützen aus der Zeit der Achaimeniden (oben) und die gewandte Amazone, zweifellos skythischen Ursprungs (rechts), stammen beide aus dem 6. Jh. v. Chr. Der Bogen war keine reine Jagdwaffe mehr, sondern auch eine Kriegswaffe. Er diente jedoch weiterhin z. B. zur Löwenjagd, wie man auf dem Abdruck des aus derselben Zeit stammenden zylindrischen Siegels aus Persien (links Mitte) erkennen kann.

„Ötzis" rätselhafte Ausrüstung

Warum führte dieser im Gletschereis der Ötztaler Alpen entdeckte Mann aus der Zeit um 3300 v. Chr. keine vollständige Ausrüstung mit sich? Bei ihm wurde u. a. ein Köcher aus Ziegenfell gefunden, doch der daneben liegende 1,82 m lange Bogen aus Eibenholz war noch nicht fertig gestellt und sieht daher aus wie ein Stock. Es wird angenommen, dass die Sehne aus Pflanzenfasern, die im Köcher gefunden wurde, zu dem Bogen gehörte. Außerdem befanden sich darin 14 Pfeile, gefertigt aus den Zweigen z. B. von Schneeball- und Hartriegelsträuchern. Nur zwei von ihnen waren mit einer Feuerstein-Spitze ausgestattet, die mit hauptsächlich aus Birken gewonnenem Teer angeklebt und mit Tiersehnen befestigt war. Die Fiederung aus Federn war ebenfalls mit Pflanzenteer und einem feinen Pflanzenfaden befestigt. Von den anderen Pfeilen sind nur die etwa 80 cm langen Schäfte erhalten, an deren Ende sich eine Kerbe zur Aufnahme der Spitze befindet. Außerdem trug der Mann einen Dolch aus Holz und Feuerstein, ein Beil mit Metallklinge und andere Artefakte aus Holz, Geweih und Feuerstein mit sich. War dies die Ausrüstung eines Jägers oder Hirten, der sich verteidigen musste, oder eines Reisenden, der die Alpen querte? Sicher ist, dass „Ötzi" seine Waffen benutzte, bevor er starb. Seinen Bogen hatte er wohl verloren und die Pfeile wurden beschädigt. Er starb, bevor er die Ausrüstung reparieren konnte.

wendete. Zu dem Bogen gehörten etwa 70 cm lange Pfeile mit Spitzen aus bearbeitetem Feuerstein.

Der Bogen im Nahen Osten

Auch in Mesopotamien gehörten Pfeil und Bogen zur Bewaffnung der Jäger. Natürlich diente die Jagd dem Lebensunterhalt, doch galt es als Privileg des Königs und der Fürsten, diese Kunst auch zum Vergnügen zu betreiben – außerdem war damit ein gewisser Status verbunden. Man hat Abbildungen von Bogenschützen auf Streitwagen gefunden, die Löwen, Onager (persische Wildesel) oder wilde Rinder jagten. Zu diesem Zweck fertigten die Mesopotamier während der Blütezeit ihrer Kultur sehr scharfe, meist dreieckige Pfeilspitzen, damit das Tier viel Blut verlor und rasch geschwächt wurde.
In Ägypten war der Bogen neben der Keule und dem Speer die älteste Waffe. Die Ägypter jagten damit in der Wüste etwa Wildschafe und Gazellen. Der frühzeitliche Bogen war klein, nicht

höher als 1 m, und zweifach gebogen. Die zweifache Krümmung ist auch in der Hieroglyphe für Bogen zu erkennen. Die Pfeile aus Schilfrohr hatten – passend zur Größe des Bogens – eine Länge von etwa 50 cm. Dazu fand man mehrere Arten von Spitzen, aus Flint, Achat, Fischzähnen oder Elfenbein. Bei einigen besonders spitzen Pfeilen war die Spitze rot gefärbt – ein Hinweis darauf, dass sie vergiftet war? Oder handelte es sich um einen magischen Brauch, bei dem sich das Rot der Pfeilspitze und das Blut des Tieres gegenseitig anziehen sollten?

In Ägypten veränderte sich die Form des Bogens im Lauf der Zeit. Im 3. Jt. v. Chr. tauchte im Alten Reich ein gerader Bogen auf, der bis zu 1,7 m hoch war. Im Neuen Reich veränderte er sich erneut. Er war nun weniger sperrig und bestand aus mehreren Schichten verschiedener Hölzer. Unter den Jagdutensilien, die Tutanchamun mit ins Grab gegeben wurden, befanden sich Bogen, Pfeile sowie ein mit Goldplättchen bedeckter Köcher aus Holz und Leder. All dies zeigt, wie wichtig die Jagd für die Ägypter war.

Gefährliche Kriegswaffe

Gegen Ende des Jungsteinzeit setzte man Pfeil und Bogen auch im Krieg als Waffe ein. Nach der Entdeckung der Metalle wurden Pfeilspitzen aus Bronze und später Eisen angefertigt. Die sumerische Infanterie bestand vor etwa 5000 Jahren zum einen Teil aus Bogenschützen, zum anderen aus Speerträgern. „Man brachte ihnen die Waffen, man gürtete sie mit Schwertern in goldenen Scheiden und gab ihnen Bogen und Pfeile“, erzählt das Gilgamesch-Epos. Bis ins 15. Jh. gehörten Pfeile und Bogen zu fast jedem Kampf. In Ägypten waren sie die Hauptwaffe der Armee. Doch auch mit Schleuder und Bumerang erreichte man sowohl bei der Jagd als auch im Krieg Ziele in bis zu 200 m Entfernung. Die Pharaonen übten sich darin, von einem von Pferden gezogenen leichten Streitwagen aus auf goldene oder silberne Zielscheiben zu schießen. Die Assyrer und Perser ebenso wie die nomadischen Bogenschützen aus dem Osten, besonders die Goten und die Hunnen, „waren jederzeit bereit, Pfeil und Bogen zu ge-

Dieser aus Bronze gefertigte kambodschanische Bogen aus dem 16. Jh. lässt sich nicht spannen. Es ist ein rein ritueller Gegenstand, ein Kultobjekt, das nie einen Pfeil abfeuern wird.

brauchen, und besaßen die Grausamkeit von wilden Bestien". Nicht zu vergessen sind die mongolischen Reiter, die ihre Feinde mit einem wahren Pfeilhagel überschütteten.
Bei der Schlacht von Crécy 1346 wurde die französische Kavallerie von englischen Bogenschützen dezimiert, die mit ihren aus Eibenholz, Esche oder Ahorn gefertigten Bogen bis zu 12 Pfeile pro Minute über eine Entfernung von immerhin 200 m schossen. Auch im ausgehenden Mittelalter spielte der Bogen weiterhin eine wichtige Rolle, obwohl er Konkurrenz durch die Armbrust bekam, die jedoch schwer zu spannen war. Durch die leichte Handhabung und die blitzschnelle Einsatzfähigkeit war der Bogen der Armbrust sogar noch überlegen. Doch gegen die Schusswaffen waren die Bogenschützen machtlos. Die Verbreitung dieser Waffengattung setzte einer langen Kriegstradition ein jähes Ende.

Modernste Technik

Nach Ansicht heutiger Bogen-Hersteller war der gerade Bogen aus der Jungsteinzeit technisch bereits sehr ausgereift. In unserer Zeit wird diese Art von Bogen noch von Liebhabern dieser Waffe in Nordamerika und Europa zur Jagd verwendet. Für den geraden Bogen, der meist in Einzelanfertigung hergestellt wird, kommen edle Materialien wie beispielsweise Buchsbaum, Ahorn oder auch exotische Hölzer zum Einsatz.
Bei der Fertigung moderner Freizeit- und Sportbogen verwendet man dagegen hoch entwickelte Materialien. Das Griffstück und die Arme werden entweder aus einer Holz-Glasfiber- oder einer Carbon-Keramik-Verbindung hergestellt, die Sehnen bestehen aus Dacron oder Kevlar, die Pfeile aus Carbon oder Aluminium-Carbon. Bei der Herstellung der Visiere für Sportbogen spielt Glasfaser eine wichtige Rolle.
Manche Bogen sind mit Rollen ausgestattet, sodass man sie – ähnlich wie bei einem Flaschenzug – mit weniger Kraftaufwand noch stärker spannen kann.

Diese Figuren nubischer Bogenschützen, die vor 4500 Jahren als Grabbeigabe für den ägyptischen General Mesehti dienten, trugen keine Köcher (links). Auch der Künstler aus dem 15. Jh., der die Belagerung Jerusalems durch die christlichen Kreuzritter festhielt (oben), vergaß dieses wichtige Detail. Köcher existierten aber damals bereits, und auch der reitende japanische Bogenschütze (rechts), der hier in London seine jahrtausendealte Kunst vorführt, trägt einen Köcher bei sich.

Die Bogen, die heutzutage hergestellt werden (ganz rechts), sind künstlerisch-technische Meisterwerke.

Das Steinbeil (um 8000 v. Chr.)

Ein modernes Werkzeug

Das Aufkommen des geschliffenen Beils gilt als Kennzeichen für den Übergang von der Alt- zur Jungsteinzeit – mit seiner Hilfe konnten die Jäger und Sammler Land urbar machen und sesshaft werden.

Geniale Erfindungen verbreiten sich über weite Distanzen – dies zeigen das Beil des oben abgebildeten sumerischen Kriegers und die Waffen, die diese Wikinger aus der Bronzezeit schwingen (unten).

Rufe und Axtschläge schallten durch die Wälder Nordeuropas: Die Menschen stöhnten vor Anstrengung oder riefen sich etwas zu, die scharfen Steinbeile krachten in das Holz, bis die Stämme mit ohrenbetäubendem Lärm zu Boden stürzten. Zwischen 3900 und 2800 v. Chr. schlugen die Menschen Lichtungen in die riesigen Wälder der gemäßigten Zone des heutigen Dänemarks, um Gräser zu kultivieren, deren Samenkörner sie ernteten. Einige davon hoben sie auf, um sie nach dem Frost wieder auszusäen. Diese Menschen waren hier die ersten Bauern und gleichzeitig die ersten Erbauer. Bei ihrem immer währenden Kampf gegen den Wald fiel erstklassiges Baumaterial für ihre Behausungen ab.

Geschickte Handwerker fertigten Feuersteinbeile in wahrhaft industriellem Ausmaß. Wurde der Feuerstein knapp oder hatte er nicht mehr die gewünschte Qualität, hoben sie 15 bis 20 m tiefe Gruben aus, um die kostbaren Blöcke zu beschaffen.

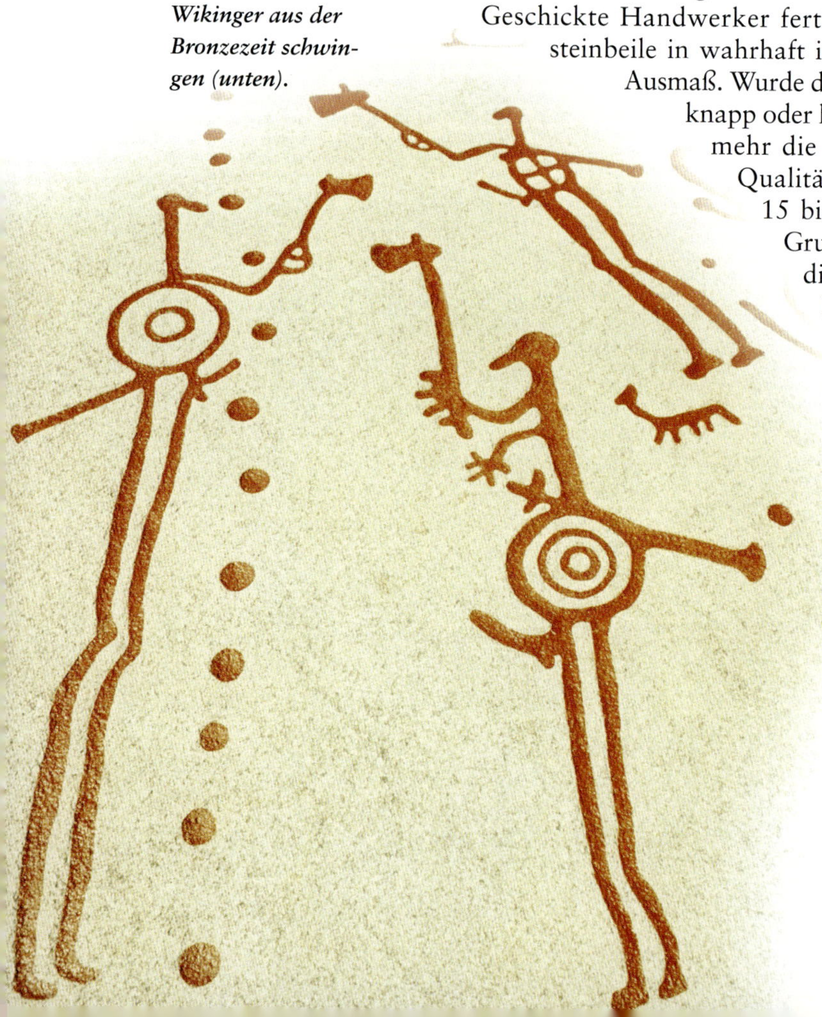

So entstanden in Nordeuropa die ersten Bergwerke. Die scharf geschliffenen Klingen der Beile waren unermüdlich bei der Arbeit. An Seeufersiedlungen, die auf Pfählen errichtet wurden, erkennt man heute noch die Abdrücke der Axtschläge an den erhaltenen Stämmen. Dieselben Markierungen findet man auch an anderen archäologischen Zeugnissen, z. B. an den Wänden der Stollen in den Feuerstein-Bergwerken oder an den Wänden der Höhlengräber und sogar an Schädelknochen.

Die Kunst des Schleifens

Die Erfindung des Steinschleifens wird Funden am Tell Mureybet zufolge der Natuf-Gruppe zugeschrieben, die im Gebiet von Palästina beheimatet war. Dort stellten die Menschen etwa um 10 500 v. Chr. Schmuckgegenstände wie Ohrgehänge und später Stäbe her. Die ersten geschliffenen Steinbeile traten 2000 Jahre später in Palästina auf. Die Fertigung eines solchen Beils erforderte großes Geschick. Der Handwerker wählte zuerst sorgfältig den Rohling aus – z. B. einen Block aus Feuerstein, Diorit oder Serpentin –, behaute ihn grob und schnitt ihn dann mit Abschlag-Steinen zu wie in der Altsteinzeit. Die Beilklinge schärfte er durch weiteren Zuschnitt. Dann wurde die Klinge auf den Schleifstein gelegt, einen Sandsteinblock, der mit Rillen durchzogen war. Der Handwerker rieb die Klinge an dem Schleifstein, wobei er sie immer wieder befeuchtete. Das Wasser und die feinen Sandsteinpartikel vermischten sich zu einem Schleifbrei, der das Werkzeug schärfte. Zum Schluss wurde der Stein durchbohrt und der Schaft befestigt.

Der Lohn der Mühe

Eine so langwierige Arbeit nimmt man nur für ein langlebiges, wirkungsvolles Werkzeug in Kauf. Der Vorteil des Steinbeils lag darin, dass es immer wieder neu zugeschnitten und geschärft werden konnte, wenn es einmal zerbrochen oder stumpf geworden war. Ethnologen, die in den

Diese Steinklingen aus dem französischen Département Morbihan stammen aus der Zeit um 5000 v. Chr. (oben).

In der Bronzezeit goss man in China Beile aus Metall (rechts).

In Papua-Neuguinea wird das Beil heute noch wie eh und je gebraucht, um Baumstämme auszuhöhlen und Pirogen daraus zu machen (ganz rechts).

1990er-Jahren die Stämme der Kim-Yal auf Neuguinea besuchten, konnten sich von der Wirksamkeit des Beils überzeugen. Die Kim-Yal fällen Bäume vom Umfang eines Telegrafenmastes in weniger als 10 Minuten. Die Fertigungsmethoden von Steinbeilen bei verschiedenen Stämmen des 20. Jh. bestätigten auch die Hypothesen der Paläontologen über ihre Herstellung.
Als man die Metallverarbeitung entdeckte, wurde das Steinbeil durch das Bronzebeil ersetzt, dessen Form man laufend verbesserte. Das Beil, das auch Kriegswaffe war, wurde in der Eisenzeit weiter verwendet und blieb bis heute ein wichtiges Werkzeug, dessen Form sich nicht wesentlich verändert hat.

Werkzeuge der Jungsteinzeit

Das Steinbeil gilt heute als Symbol der Jungsteinzeit, denn es gab nichts Besseres, um Wälder zu roden und Häuser zu bauen. Damals standen jedoch auch andere Werkzeuge hoch im Kurs: Vom Beil abgeleitet, aber im Gegensatz zu ihm mit einer Klinge quer zum Schaft, wurde die Harke zur Bearbeitung von Holz und zum Auflockern des Bodens eingesetzt. In manchen Pfahlbausiedlungen fand man beilähnliche Geräte, die wohl dazu dienten, die Pfähle in die Erde zu treiben. Bei der Ernte verwendeten die Bauern verschiedene Sicheln und Erntemesser mit gebogenem oder auch geradem Schaft. Die Schneide bestand entweder aus Mikrolithen oder aus kleinen, in den Schaft eingepassten Klingen. Die geernteten Samenkörner wurden in einem Mörser aus Stein, manchmal aus Holz, zerrieben. Es gab aber auch Mahlsteine in konvexer oder flacher Form – einige waren sehr rau und arbeiteten überaus effektiv.

Das Griffstück von Werkzeugen

Die Kraft vervielfältigt sich

Bereits vor über 35 000 Jahren erkannte der Mensch, dass ein Griff am Werkzeug dem Schlag mehr Wirksamkeit verleiht. So entstanden Gerätschaften, die auch aus unserem heutigen Leben nicht mehr wegzudenken sind.

Die Speerschleudern der Jüngeren Altsteinzeit vervielfachten die Kraft der Jäger (unten) und wurden zu wertvollen Objekten, wie dieses Exemplar mit Rehkitz- und Vogelmotiv aus der Zeit um 13 000 v. Chr. zeigt (rechts). Es wurde in Südwestfrankreich gefunden.

Der große Hirsch stand über 80 m von dem Jäger entfernt, was das Tier jedoch nicht zu beunruhigen schien. Sein Zögern wurde ihm jedoch zum Verhängnis. Ein langer Pfeil durchbohrte seine Kehle, abgeschossen von einer gefährlichen Waffe in den Händen eines geschickten Mannes. Wie vom Blitz getroffen brach das Tier zusammen. An jenem Abend konnten sich alle Mitglieder des Clans am Fleisch satt essen.

Die Jäger der Altsteinzeit waren Meister in der Kunst, lange, scharfe Klingen aus Stein herzustellen. Seit der Zeit um 35 000 v. Chr. wurden auch Speerspitzen aus Knochen oder Rentiergeweih an hölzernen Schäften befestigt. Diese Waffen waren deutlich leichter zu handhaben, wirkungsvoller und damit natürlich praktischer als reine Holzspeere, die unbrauchbar wurden, sobald die Spitze abstumpfte oder Beschädigungen aufwies.

Auf Spurensuche

Von all den damals verwendeten Gerätschaften sind nur die Steine und mitunter auch die Knochen gut erhalten. Doch dank eines neuen Wissenschaftszweigs, der so genannten Spurenanalytik (ein archäometrisches Analyseverfahren zur Untersuchung archäologischer Fundstücke), kann man feststellen, ob ein Werkzeug einen Griff hatte. Prähistoriker untersuchen die Artefakte unter dem Mikroskop auf winzige Spuren, die für das bloße Auge nicht sichtbar sind. So ist es möglich, die Arbeitsrichtung eines Werkzeugs zu bestimmen (rotierend, quer oder nach vorn stoßend) und festzustellen, ob damit trockene

Mikrolithen für Expertenhände

Mikrolithen sind kleine Werkzeugbestandteile aus Feuerstein. Manche messen nur wenige Millimeter. Sie sind spitz oder in geometrischen Formen zugeschnitten – Dreiecke, Trapeze, Halbmonde, Rechtecke. Zu ihrer Anfertigung waren Geschick und profunde Materialkenntnisse erforderlich. Der Handwerker musste an bestimmten Stellen eines Feuersteinplättchens kleine Kerben einschlagen. Brach er dann das Plättchen an diesen Stellen auseinander, erhielt er einen Mikrolithen und zwei neue Mikrostichel. Der Mikrolith erhielt seine endgültige Form durch Abreiben und Schleifen. Zum Schluss musste er nur noch an einem Griff befestigt werden.

Von den ersten Beilen aus der Jungsteinzeit (oben links) bis zu den heute in Indonesien gefertigten Exemplaren (Mitte und rechts) ist das Prinzip gleich geblieben: Die Kraft des Armes wird durch den Schaft verstärkt.

oder frische Haut abgeschabt oder ob es zum Schneiden von Knochen, Holz oder Fleisch verwendet wurde. An der Fläche und Intensität des Abschliffs erkennt man, ob ein Gegenstand häufig benutzt wurde, ob er mit einem Griff ausgestattet und sogar, ob der Besitzer Rechts- oder Linkshänder war.

Eine neuartige Werkzeugpalette

Zu Beginn der Jungsteinzeit fertigte der Mensch die ersten zweiteiligen Werkzeuge, die aus einem in der Regel hölzernen Träger bestanden, in den kleine zugespitzte oder scharfkantige Teile aus Feuerstein oder Knochen, die Mikrolithen, eingesetzt wurden. Diese Methode entwickelte sich in Europa ebenso wie im Nahen Osten ab dem 10. Jt. v. Chr. Unzählige solcher Mikrolithen dienten als Pfeilspitzen für die Jagd nach Vögeln und Niederwild. Andere wurden als Spitzen und Klingen für Harpunen, Speere, Kratzer und Messer verwendet. Der Vorteil der Flint-Mikrolithen lag darin, dass sie auswechselbar waren. Diese neue Technik, die genaue Materialkenntnisse erforderte, veränderte das damalige Werkzeugkonzept in starkem Maße.
Mit dem Griff ließ sich das Werkzeug wesentlich leichter in die Hand nehmen und führen. Der Mensch konnte eine viel bessere Arbeitshaltung einnehmen, weil das Werkzeug die Verlängerung seines Armes bzw. Körpers bildete. Daher benötigte er weniger Kraft und arbeitete dennoch wirkungsvoller.
Auch die Fischfangtechniken erfuhren eine Verbesserung. So waren z. B. Harpunen aus dem Magdalénien sehr komplexe Geräte. Sobald sie ein Tier berührten, löste sich die

Der geschliffene Stein dieses indianischen Beils wird von einem Stab aus Weidenholz umschlungen. Er bildet den Schaft dieser Waffe der Anasazi (11. Jh.).

Gut befestigt ist halb gewonnen

Manche Feuersteine wurden nur von einem einfachen Riemen gehalten, die meisten Werkzeuge weisen aber zusätzlich Spuren von Klebstoff auf, der die Verbindung festigte. Variationen gibt es nur in der Art, wie Griff und Werkzeug zueinander stehen oder sich ineinander fügen. Im Magdalénien gab es z. B. unterschiedliche Arten, wie der Schaft des Speeres mit der Spitze verbunden war. Beim Speer mit einfach abgeschrägter Kante war die Spitze am Schaft befestigt, bei Speeren mit Einkerbung am Ende war sie in den Schaft eingepasst. Die dünnen Flint-Klingen der Messer und die Mikrolithen steckten in einer Nut im Holzgriff. Verstärkt wurde die Verbindung z. B. durch Harz, Birken- oder Fischleim. Der Schaft von Schlagwerkzeugen weist oft ein Bohrloch auf, in dem das Werkzeug sitzt. Bei Äxten dagegen steckte der Schaft in dem durchbohrten Werkzeug, eine Technik, die für Axt und Hammer bis heute Gültigkeit hat. Gegen Ende der Jungsteinzeit ersann man eine weitere Verbesserung: Die Schneide der Hacke oder Harke wurde in eine Hülse aus Knochen oder Geweih gesteckt, die die Schläge dämpfte und dem Griff mehr Stabilität verlieh.

Die Symbolik des Schaftes

Bald erkannte der Mensch, dass die Länge des Schaftes die Handhabung der Werkzeuge beeinflusste und ihm selbst mehr Kraft verlieh. Seine Schlussfolgerung lautete: Je länger der Schaft, desto größer die Macht. Aus diesem Grund wurden in Asien, Ozeanien und Mittelamerika unabhängig voneinander zeremonielle Beile mit überdimensioniertem Schaft angefertigt. Sie hatten keinerlei praktischen Nutzen, doch die Länge des Schafts machte klar, dass sie für den Anführer bestimmt waren.

Spitze vom Schaft und blieb im Tier stecken, selbst wenn es im Wasser zu fliehen versuchte. Die eingedrungene Harpunenspitze blieb über eine Leine aus Leder oder geflochtenen Pflanzenfasern mit dem Jäger verbunden. Die Herstellung einer solchen Waffe war kompliziert, denn die meist aus Knochen gefertigte Spitze musste genau in den Schaft eingepasst werden, damit sie beim Wurf nicht verloren ging – befestigen konnte man sie ja nicht, da sie sich in genau dem richtigen Moment vom Schaft lösen sollte.
Die Erfindung der Speerschleuder, einem kurzen Holzstab mit einer Kerbe an einem Ende, revolutionierte die Jagd. Mithilfe dieses Gerätes konnte der Jäger den Speer wesentlich weiter und zielgenauer werfen und damit größere und weiter entfernte Beutetiere treffen.

Werkzeuge für die Landwirtschaft

Die ältesten Gerätschaften mit Griff stammen aus der Jungsteinzeit (um 6000 v. Chr.). Gefunden wurden sie in Pfahlbausiedlungen in den Kantonen Freiburg und Neuchâtel in der Schweiz und im französischen Jura, wo außerdem auch einzelne Schäfte auftauchten, die wohl als Griff dienten. Zusätzlich zu den Schabern, Messern und Harpunen – Weiterentwicklungen älterer Geräte – benutzten die ersten Bauern neue Werkzeuge: verschiedene Arten von Äxten, Erntemessern und Spitzhacken.
Für die Schäfte nutzte man verschiedene Hölzer: Tanne, Esche, ja sogar Geißblatt und Apfelbaum. Aus natürlichen Astgabelungen, deren Winkel dem Griff bzw. der Werkzeugführung genau entsprach, entstand die Idee des gebogenen bzw. abgewinkelten Schaftes.

Perfekt ist perfekt

Ende des 18. Jh. unternahmen einige Ingenieure den Versuch, die vor vielen Jahrtausenden erfundenen Werkzeuge zu verbessern. Zur allgemeinen Überraschung gelang es ihnen nicht. Die Äxte, Messer, Hacken und Harken waren perfekt auf ihre Funktion abgestimmt, und Verbesserungen ergaben sich lediglich aus der Verwendung neuer Materialien oder in unwesentlichen Details.
Unsere heutigen Geräte bestehen aus modernsten Werkstoffen, aus gehärtetem Stahl, Karbonstahl oder Glasfaser. Diese verleihen den Werkzeugen natürlich mehr Widerstandskraft und Sicherheit, doch an ihrer grundsätzlichen Form hat sich kaum etwas verändert.

Hochmoderne Pickel beweisen, dass ein perfekter Griff wahre Meisterleistungen ermöglicht – sogar an einer senkrechten Eiswand.

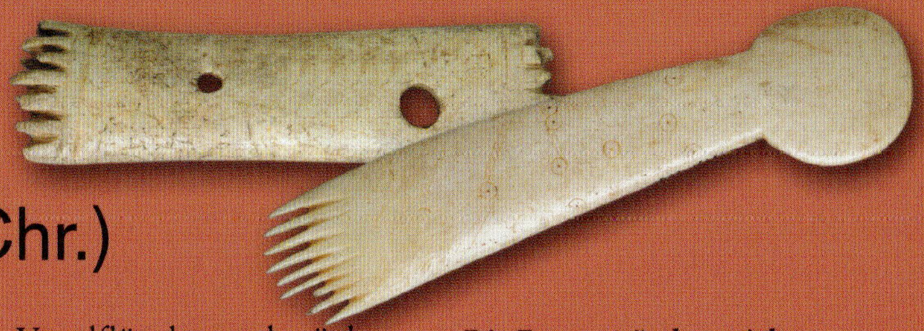

Der Kamm (um 8000 v. Chr.)

Die ersten aus Knochen zugeschnittenen Kämme fand man in skandinavischen Gräbern (9. Jt. v. Chr.). Kämme wurden sowohl von Frauen als auch von Männern verwendet. Im alten Ägypten, wo sich Kämme nur langsam gegen die zuvor gebräuchlichen langen Nadeln durchsetzten, bestanden sie aus Elfenbein oder Holz, manchmal auch aus Gold, und besaßen meist Zacken auf beiden Seiten. Sie waren zum Glätten von krausen Haaren geeignet. Kämme scheinen gleichzeitig Alltags- und Kunstgegenstände gewesen zu sein, und ihr Griff war oft prachtvoll verziert. Ein in der Gräberstadt Deir el-Medineh gefundener und im Museum von Kairo ausgestellter Kamm aus dem 14. Jh. v. Chr. (Beginn der 18. Dynastie) ist mit dem Ankh-Kreuz, dem Zeichen des Lebens, einem Abbild des Gottes Horus und einem Paar Vogelflügeln geschmückt. Die gebräuchlichsten Kämme in Rom, für die Kaiser Diokletian 301 n. Chr. einen Höchstpreis von 14 Denaren festsetzte, bestanden aus Buchsbaum, Knochen oder Elfenbein, seltener aus Bronze. Der Kamm als Gebrauchsgegenstand hat sich im Lauf der Jahrtausende kaum verändert. Allerdings war er zeitweise auch ein echter Luxusgegenstand. So wird in einer französischen Handschrift aus dem 12. Jh. ein Kamm aus vergoldetem Elfenbein beschrieben. Im Lauf der Zeit änderte sich das Material, aus dem Kämme gefertigt wurden: Mitte des 18. Jh. tauchen in Amerika erste Exemplare aus Schildpatt auf, und am Ende des 19. Jh. werden Kämme aus Zelluloid hergestellt. Die billig zu produzierenden Plastikkämme sind heute gebräuchlicher als Metallkämme.

Die Form veränderte sich, doch waren Kämme immer fein gearbeitet – dies zeigen sowohl aus der Eisenzeit stammende Kardierkämme aus Knochen (oben) als auch der Doppelkamm der Großen Hure in der Darstellung der Apokalypse auf den berühmten Wandteppichen von Angers (unten).

Kämme dienten im alten Ägypten zwar hauptsächlich zum Frisieren von Perücken, sie wurden aber auch zum Kunstgegenstand hochstilisiert, wie dieses Exemplar aus der Zeit vor etwa 3500 Jahren beweist.

Vielseitiger Einsatz

Da sich Fasern mit dem Kamm ebenso gut entwirren lassen wie Haare, wurde er seit der Erfindung des horizontalen Webrahmens im 5. Jt. v. Chr. auch für diesen Zweck eingesetzt. Ein Kamm mit gebogenen Eisenzacken diente auch zum Zusammendrücken der Schussfäden.

Die so genannte Hechel, ein kammartiges Werkzeug, wird zur Appretur, d. h. zum Reinigen und Glätten von Leinen- und Hanffasern, verwendet. Auch von den Bauern, speziell bei den Galliern, wurde der Kamm geschätzt. Sie verwendeten ihn bei der Ernte, um die Ähren von den Halmen zu trennen.

Das Schiff (um 8000 v. Chr.)

Eroberung der Meere, Ozeane und Kontinente

Fischen, Handel treiben, Krieg führen, neues Land und neue Rohstoffe entdecken – für die Menschen war es von Anbeginn an wichtig, sich auf dem Wasser fortbewegen zu können. Wen erstaunt es da noch, dass alle Völker, die an Flussufern bzw. Meeresküsten lebten, beinahe gleichzeitig das Schiff erfanden?

Wie dieses Schiff (oben) aussah und wozu es verwendet wurde, bleibt rätselhaft – die prähistorische Darstellung dieses skandinavischen Schiffes und seiner Besatzung gibt nur Aufschluss über seine Existenz.

Einige sehr alte Erfindungen, wie das Floß von den Salomon-Inseln (links) oder der Einbaum vom indonesischen Mentawai-Archipel (unten), sind heute noch in Gebrauch.

Aus Schilfrohr stellen dieser peruanische Schiffsbauers und sein Sohn Boote her, mit denen der Titicacasee befahren werden soll. Die Expedition der Kon Tiki *hat gezeigt, dass solche Boote auch hochseetüchtig sind.*

Mithilfe der ihnen zur Verfügung stehenden Ressourcen waren die Menschen schon früh in der Lage, schwimmende Fortbewegungsmittel zu nutzen. Ein in den Niederlanden gefundener Einbaum aus Kiefernholz und ein in Yorkshire entdecktes Holzpaddel (um 8000 v. Chr.) beweisen, dass es bereits in der Steinzeit Boote gab. Die Besiedlung vieler Pazifikinseln und Australiens, deren erste Bewohner vielleicht in noch früherer Zeit über das Meer kamen, zeugt davon, dass einige Völker dic Seefahrt sehr früh beherrschten.

Ein einfacher Baumstamm

Alles begann – so kann man es sich zumindest vorstellen – mit einem einfachen schwimmenden Baumstamm. Da dieses Transportmittel schwer zu lenken war und sich zudem leicht um die eigene Achse drehte, lernten die steinzeitlichen Menschen durch vielerlei Versuche, ihre Erfindung zu verbessern. Vielleicht banden sie mehrere Stämme zusammen bzw. verbanden Holzstücke oder Schilfbündel zu Plattformen, die mehr Platz boten. Dann entstand das Kanu. Wer die heute noch verwendeten irischen Curraghs oder die Kajaks der Inuit kennt – beide Bootstypen bestehen aus einem mit Rinde bzw. Häuten überzogenen Holzgerüst –, kann sich vorstellen, wie die ersten primitiven Boote wohl ausgesehen haben. In der Jungsteinzeit kamen einige Stämme auf die Idee, Baumstämme auszuhöhlen. Diese langen, geraden, flachen Pirogen, die z. B. in Amazonien heute noch in Gebrauch sind, werden in flachen Gewässern mit Stangen, im tieferen Wasser dagegen mit Stechpaddeln gesteuert.
Die Form und Bauweise der Boote ergab sich jeweils aus dem menschlichen Erfindungsreichtum und den vorhandenen Ressourcen. Die Ägypter

Grundlagen des Schiffbaus

Die wesentlichen Bestandteile eines Schiffsrumpfes werden von dem Kiel, dem Stevenknie (ein gekrümmter Balken, der den Kiel mit dem Vorsteven verbindet) und dem Vorsteven am Bug des Schiffes gebildet. Der Achtersteven, das Gegenstück zum Vorsteven am Heck des Schiffes, trägt die beiden großen Ruder an der Steuerbord- und Backbordseite, die zusammen das Steuerelement bilden. Am Kielbalken, der beim schwimmenden Schiff unter Wasser liegt, sind die Deckstützbalken befestigt. Sie stützen die Decksquerbalken ab, auf denen das Deck ruht. Die ersten mit einem Deck ausgestatteten Schiffe wurden erst am Ende des 2. Jt. v. Chr. von den Phöniziern gebaut. Die Außenhaut des Rumpfes bildet die von den Spanten getragene Beplankung des Schiffes.

Heutzutage beginnt der Bau eines Schiffes mit den tragenden Boden- und Seitenelementen des Rumpfes (Kiel, Vorder- und Achtersteven sowie Deckstützbalken), und erst dann wird die Beplankung angebracht. Im Altertum ging man umgekehrt vor: Man baute die Beplankung aus Brettern, die entweder dachziegelartig übereinander gelegt oder mit Zapfen Seite an Seite aneinander gelegt und befestigt wurden. Erst dann setzte man die verstärkenden Elemente ein. Das Kalfatern, d. h. das Abdichten der Bretterfugen mit Teer oder Pech zum Schutz gegen das Eindringen von Wasser, wurde vor 5000 Jahren in Mesopotamien erfunden. Die Bewohner der Pazifikinseln verwenden dazu den Saft des Brotbaums.

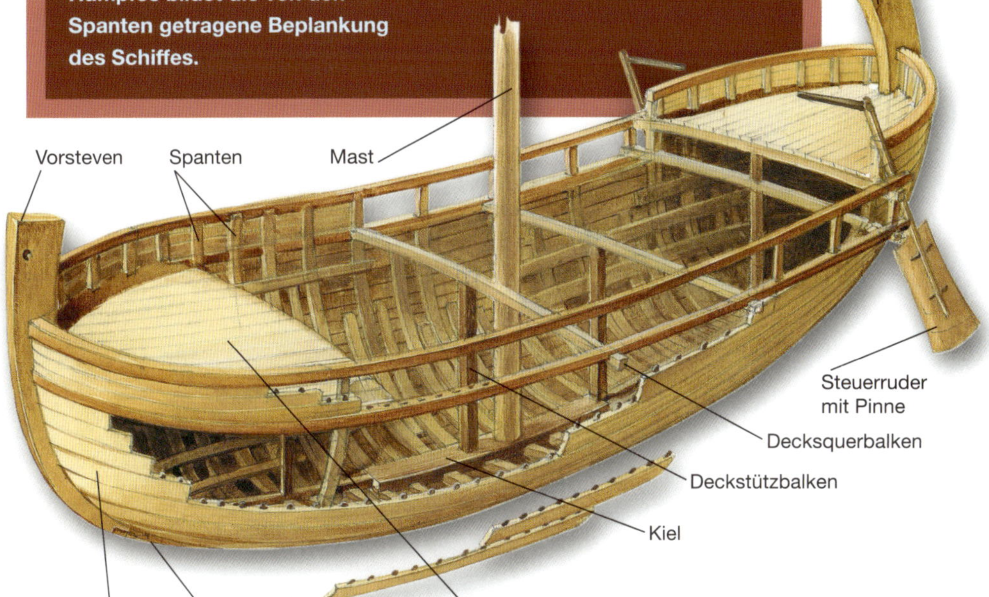

Hier sind die verschiedenen Teile des Schiffsrumpfes dargestellt, so wie sie im Musée d'Histoire von Marseille auf der Grundlage römischer Schiffe aus dem antiken Hafen rekonstruiert wurden.

Ab dem 3. Jt. v. Chr. wurde das Segel als natürlicher Antrieb genutzt – die Ruder blieben aber dennoch erhalten, wie dieses ägyptische Fresko zeigt (oben). Aufgrund der Windverhältnisse nutzte man das Segel hauptsächlich auf dem Meer. In der Flussschifffahrt blieb man dem Ruder treu, wie das Modell aus der Zeit um 1500 v. Chr. zeigt (rechts) .

beispielsweise hatten kaum Holz zur Verfügung. Sie stellten ihre ersten Kanus aus dem am Nilufer wachsenden Papyrusstrauch her. In Mesopotamien band man aufgeblasene Schläuche aus Tierhaut aneinander. Auf derartigen Flößen war es möglich, auch schwere Ladungen auf dem Euphrat und Tigris zu transportieren.

Die irakische Guffa, ein einfacher, kreisrunder Korb aus Haut oder aus geflochtenem und mit Teer abgedichtetem Schilfrohr, ist ein eindrucksvolles Beispiel für den unendlichen Einfallsreichtum des Menschen und für seine Anpassung an die natürlichen Gegebenheiten. Die Ersten, die den Schiffbau erfanden, waren die findigen Ägypter: Sie schnitten die runden Stämme der Flöße in dünne Bretter, die sie für das Grundgerüst des Schiffsrumpfs, die Beplankung, verwendeten.

Die Erfindung des Segels

Mit dem Schiff fahren, ja, aber welcher Antrieb war wirkungsvoll und kräfteschonend? Auch in dieser Frage gelang es den Menschen, eine Lösung zu finden, die noch besser als das schon bekannte Ruder war: Sie nahmen ein Stück Stoff und nutzten den Wind. Quellen berichten vom ersten Einsatz von Segeln im 6. oder 5. Jt. v. Chr. Zu dieser Zeit besaßen die Südsee-Insulaner Seefahrzeuge, die aus zwei über ein Holzstück miteinander verbundenen Pirogen bestanden. Matten aus Baumrinde oder geflochtenen Zweigen bildeten das zugehörige Dreieckssegel, Stechpaddel dienten als Steuerruder. Der Fund eines Segelbootes in einem auf die Zeit um 5000 v. Chr. datierten Grab in der sumerischen Stadt Eridu beweist, dass das Segel an mehreren Orten gleichzeitig erfunden wurde.

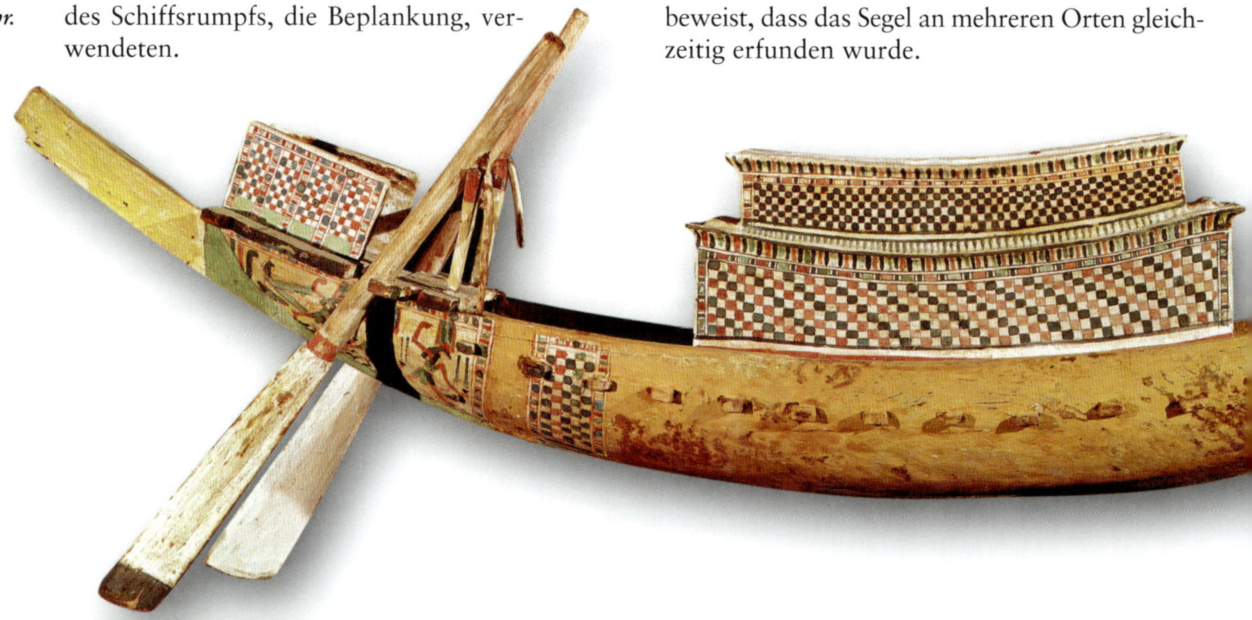

Segel oder Ruder?

Bug und Heck der langen, niedrigen ägyptischen Barken waren weit nach oben gebogen. Der so genannte Zweibeinmast bestand aus zwei am oberen Ende verbundenen Stangen, an denen das im rechten Winkel zur Rumpfachse stehende Segel befestigt war, so dass das Schiff nur mit achterlichem Wind (Rückenwind) segeln konnte. Zwei Ruder auf beiden Seiten des Hecks dienten als Steuer.
Um 2500 v. Chr. führten die Expeditionen der ägyptischen Seefahrer, von denen sie das Holz für den Schiffbau mitbrachten, zur Einführung neuer Lösungen. Es entstand der Rumpf mit flachem Boden aus schmalen, durch Zapfen miteinander verbundenen Brettern. Der Mast, nun in der Mitte des Schiffes, trug ein Segel, dessen Breite der Länge des Schiffes entsprach, so dass es dem Wind mehr Angriffsfläche bot. Das aus gewebtem Stoff bestehende Segel bediente man mithilfe von starkem, gedrehtem Tauwerk. Bei günstigem Wind wurde gesegelt, andernfalls gerudert. Die Rudersklaven saßen knapp über dem Wasserspiegel und waren über beide Seiten des Decks verteilt. Trotz allem erwiesen sich die ägyptischen Schiffe bei schlechtem Wetter aufgrund ihres zu geringen Gewichts als nicht hochseetauglich.

Robustere Bauweise

Erst die Phönizier verstärkten um 1200 v. Chr. den Rumpf durch Querbalken sowie den Kiel durch mehrere aneinander gefügte Längsbalken am Boden des Schiffes. Die 10–20 m langen Schiffe der Phönizier wurden aufgrund ihrer bauchigen Form Rundschiffe genannt. Sie waren stabiler, benötigten nur 3–4 Mann Besatzung und wurden ausschließlich durch den Wind angetrieben. So musste man nachts keine Ruhepause für die Ruderer mehr einlegen. Bald war die gesamte Handelsflotte im Mittelmeer mit Rundschiffen ausgestattet. Sie wurden mehr als 1000 Jahre lang verwendet. Die Römer erdachten noch einige Verbesserungen, brachten sie auf über 30 m Länge und vergrößerten auch die Segelfläche. Sie waren auch die Ersten, die den Rumpf zum Schutz gegen die gefräßigen Muscheln mit Bleiplatten verkleideten.

Vom Rundschiff zur Karavelle

Die phönizischen Schiffe waren jedoch nicht sehr wendig. Erst den späteren Beherrschern der Meere, angefangen bei den Griechen, verdanken wir schnellere und leichter zu manövrierende Wasserfahrzeuge. Die Möglichkeiten der Schiffe mit rechteckigen Segeln waren begrenzt, da sie

Die Öffnung der Handelsrouten

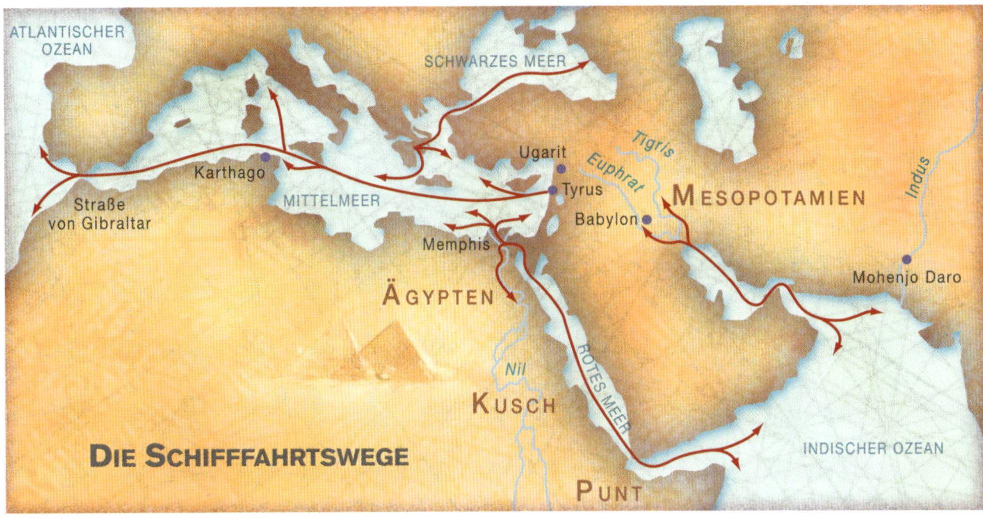

Der Handel war von jeher die wichtigste Triebkraft für den Austausch zwischen den Völkern. Mittelmeer, Nil und Indus, an dessen Ufern um die Stadt Mohenjo Daro herum eine hoch entwickelte Kultur (die so genannte Harappa-Kultur, um 2500 v. Chr.) erblühte, bildeten die Hauptverkehrswege, über die Handelswaren, technische Neuerungen und kulturelle Einflüsse ihren Weg nahmen.

Entlang den Küsten und Flüssen

Als die Ägypter die Flussschifffahrt beherrschten, machten sie sich auf, das Meer zu erobern, und erreichten um 3000 v. Chr. die Küste Kretas. Fahrten über das offene Meer bildeten allerdings die Ausnahme. In der Regel handelte es sich um Fahrten entlang der Küste, weil die Schiffe nicht hochseetüchtig waren. Um 2500 v. Chr. fuhren die Ägypter die Küste des Roten Meeres entlang, nilaufwärts durch die Savannen des Sudan, erkundeten die Länder Kusch und Punt (im heutigen Sudan, Äthiopien und Eritrea) und importierten von dort u. a. Holz, Harz, Elfenbein und Gold. Somit wurde ein regelmäßiger Warenaustausch begründet.

Aufschwung des Handels

In der reichen Stadt Ugarit trafen Güter aus dem gesamten Mittelmeerraum ein, darunter Eisen aus Zypern, aus dem die Waffen und Streitwagen hergestellt wurden, für die die Stadt berühmt war. Auch Bernstein aus dem Baltikum war dort erhältlich. Im 13. Jh. v. Chr. etablierten sich die Phönizier als beherrschende Macht im Mittelmeerraum. Sie richteten in Nordafrika zahlreiche Handelskolonien ein, von denen Karthago die bedeutendste war. Um etwa 1000 v. Chr. passierten sie als Erste die Straße von Gibraltar und holten sich Silber, Blei und Zinn aus Spanien.

Obwohl die Römer das Mittelmeer beherrschten und eine riesige Flotte von Handelsschiffen besaßen (rechts: Abbildung aus dem 2. Jh.), entwickelten sie die überlieferten Prinzipien des Windantriebs nicht weiter. Zur gleichen Zeit hatten die Chinesen längst erkannt, dass sich Schiffe mit parallel zur Schiffsachse ausgerichteten Segeln wesentlich exakter steuern lassen (mittleres Foto). Diese Tatsache war den europäischen Schiffbauern im 16. Jh. noch nicht bekannt (Abbildung unten: Kampf zweier Galeonen).

auf achterlichen Wind angewiesen waren. Erst mit den im 3. Jh. v. Chr. aufkommenden trapezförmigen Segeln wurde diese Einschränkung behoben. Die trapezförmigen Segel wurden so angebracht, dass sich ihre Stellung zur Schiffslängsachse verändern ließ. Nun konnte man auch mit Seitenwind segeln – und damit ließen sich ganz neue Ziele ansteuern! Aus dem trapezförmigen Segel entwickelte sich später das römische Segel in Dreiecksform, das sich zu Beginn des Mittelalters im ganzen Mittelmeerraum durchsetzte und bei manchen arabischen Schiffen, z. B. den Feluken, auch heute noch eingesetzt wird. Die skandinavischen Wikinger, hervorragende Seefahrer, erfanden im 8. Jh. das quadratische Segel, dessen hauptsächlicher Vorteil darin bestand, dass es schwenkbar war und somit jeden Wind ausnützen konnte.

Zunehmende Segelfläche ...

Zur gleichen Zeit statteten die Chinesen, deren technisches Niveau später die europäischen und arabischen Seefahrer verblüffen sollte, ihre Schiffe bereits mit mehreren Masten aus, um die Segelfläche zu vergrößern. Außerdem waren die Segel der chinesischen Dschunken an Latten befestigt, so dass man sie je nach Wind durch Reffen vergrößern oder verkleinern konnte. Als aufgrund des zunehmenden Handelsverkehrs auch das Wissen verschiedener Völker zugänglich wurde, gelang es im Mittelalter endlich, alle Elemente der Segelkonstruktion zu vereinigen. Der zu Beginn des 15. Jh. gebaute Dreimaster kombinierte quadratische und trapezförmige Segel, die je nach Wind gesetzt oder eingeholt wurden. Im 19. Jh. gipfelte diese Entwicklung in Klippern mit einer Segelfläche von annähernd 3000 m².

Das traditionelle Steuerruder der Ägypter, dessen Wirkung begrenzt war, da es nicht auf der Längsachse des Schiffes ansetzte, wich im Lauf der Zeit dem axialen Ruder, das von den Chinesen bereits im 1. Jh. v. Chr. erfunden worden war, in Europa aber erst Ende des Mittelalters übernommen wurde. Es bot den Vorteil, das Schiff unabhängig von der Windrichtung wirkungsvoll steuern zu können.

... und technische Perfektion

Die Galeere und ihre Nachfolger (Galeasse, Galeote, Brigantine, Fuste) bildeten bis in das 17. Jh. hinein das Rückgrat der Flotten im Mittelmeerraum. Sie wurden aus kretischen und karthagischen Schiffen entwickelt, per Segel und Ruder angetrieben, und gaben den Anstoß zum Entwurf der griechischen Triere, dem klassischen Modell des altertümlichen Langschiffes, das auch als Handelsschiff eingesetzt wurde. Diese riesigen, mit einem Rammsporn am Bug bewaffneten Schiffe wurden von in drei Reihen übereinander sitzenden Ruderern vorwärts bewegt. Als Unterstützung dienten ein oder mehrere quadratische Segel.

In Nordeuropa entwickelte sich das Segelschiff, von dem es auch mehrere Varianten gab, darunter die Karacke sarazenischen Ursprungs und die Kogge. Die Karacke, die sowohl als Kriegs- als auch als Handelsschiff im Einsatz war, wurde ab dem 16. Jh. durch die Galeone ersetzt, ein schweres, sicheres, aber dafür nicht sehr wendiges Schiff. Im Fieber der großen Entdeckungen entwickelte man dann die Karavelle, ein schneller Segler, der mithilfe zahlreicher Masten alle Arten von Segeln kombinierte, denn zur Überwindung der weiten Entfernungen brauchte man immer bessere Schiffe. Doch ohne die Erfindung geeigneter Navigationsinstrumente wären Langstreckenfahrten unmöglich gewesen. Im 2. Jh. v. Chr. wurde das Astrolabium erfunden – ein Scheibenmodell der Himmelskörper (die früheste Beschreibung stammt allerdings erst aus dem 6. Jh. n. Chr.), im 11. Jh. der Magnetkompass, am Ende des 13. Jh. die See- und Küstenkarten, in denen die Hafenstädte verzeichnet waren, und wenig später der Seekompass.

Ab dem 17. Jh. wurde die Segelfläche für Hochseeschiffe wesentlich vergrößert. Ein Viermaster (links) überquerte um 1850 den Atlantik in zwei Wochen. Im Mittleren Osten gibt es seit dem Mittelalter Schiffe mit dreieckigen Segeln, wie die ägyptischen Feluken (unten), die den Wind optimal ausnutzen.

Erste Seeschlachten

Wracks von Kriegsschiffen wurden nur sehr selten gefunden, aber lässt sich daraus schließen, dass das Meer erst spät als Schlachtfeld benutzt wurde? Wohl kaum. Thukydides (um 460–400 v. Chr.) berichtet, dass der korinthische Zimmermann Ameinoklis um etwa 700 v. Chr. die Triere (Dreiruderer) erfunden hat, eine griechische Galeere, die mit Segel und Rudern angetrieben wurde und mit einem Rammsporn ausgestattet war. In jedem Fall verfügten bereits die Ägypter über eine eigene Kriegsmarine. Die Schiffe auf den Reliefs im Tempel von Medinet Habu (um 1176 v. Chr.), die eine Seeschlacht – vermutlich gegen die Phönizier – darstellen, ähneln den zur gleichen Zeit auf dem Nil eingesetzten Schiffen, die friedlichen Zwecken dienten.

Ackerbau und Viehzucht (um 8000 v. Chr.)

Der lange Weg in die Sesshaftigkeit

Als der Mensch feststellte, dass die Samenkörner mancher Wildgräser essbar und nahrhaft waren, hatte er eine bahnbrechende Entdeckung gemacht, die eine radikale Veränderung seiner Ernährungsgewohnheiten und Lebensweise mit sich bringen sollte: Er gab in der Folgezeit sein nomadisches Dasein als Jäger und Sammler auf und begann, den Boden zu bestellen.

Nach dem Ende der letzten Eiszeit, etwa 9000 Jahre vor unserer Zeitrechnung, erwärmte sich das Klima langsam wieder und begünstigte die Ausbreitung von bis dahin seltenen oder gar unbekannten Pflanzenarten. In den Grassteppen des westlichen Asiens, dem so genannten Fruchtbaren Halbmond, wuchsen seit dem frühen 12. Jt. v. Chr. wilde Gräser – es gilt als gesichert, dass sich der Mensch vor der eigentlichen Erfindung der Landwirtschaft lediglich zu bücken brauchte, um reife Ähren abzupflücken. So setzte er die Tradition des Sammelns von Nahrungsmitteln fort, was seit 50 000 Jahren seine Haupt-

Auch Bauern des 21. Jh. können die Bedeutung der hier abgebildeten Szenen des ländlichen Lebens von vor 2500 Jahren mühelos entschlüsseln: pflügen, säen, ernten, das Erntegut abtransportieren …

Dieses Modell eines ägyptischen Kornspeichers entstand um 2000 v. Chr.

Mithilfe von diesem Mühlstein nebst zugehörigem Stößel wurde seit dem 4. Jt. v. Chr. Mehl gewonnen. Die Funde stammen aus der Bretagne.

ernährungsquelle bildete. Leider ist es unmöglich, den Beginn der Landwirtschaft und die ihr vorausgehenden Schritte exakt zu datieren. Zuerst galt es für den Menschen herauszufinden, welche Grassorten essbar waren, anschließend musste er die Körner ernten und aufbewahren, dann den Boden bestellen, die Körner aussäen und später wieder ernten. Es wird wohl etwa vier Jahrtausende gedauert haben, bis die Menschen der Jungsteinzeit den Getreideanbau zu beherrschen gelernt und auf diese Weise den Übergang von der Beute- zur Produktionswirtschaft vollzogen hatten. Erste Ernten wurden an mehreren Orten der Erde zwischen dem 8. und 6. Jt. v. Chr. nachgewiesen. Im Nahen Osten baute man Gerste und Weizen an, in Afrika Sorghum und Hirse, in Mexiko und Peru den Mais. Etwas später tauchten in China Hirse und Reis auf. Von diesen Brennpunkten aus entwickelten sich die Landwirtschaft und die bebauten Landflächen in beeindruckendem Maß. Dieser Vorgang, den man gern als „neolithische Revolution" bezeichnet und zu dem u. a. die Entdeckung landwirtschaftlicher Methoden gerechnet wird, schritt mit einer durchschnittlichen Geschwindigkeit von 1 km pro Jahr voran. So erreichten einige Weizenarten, die im Nahen Osten ihren Ursprung hatten, den Westen Europas rund dreitausend Jahre später.

Wilde und kultivierte Getreidearten

Die Ähren der Wildgetreidearten lösten sich leicht vom Stängel, sodass sich die Körner auch von selbst verteilten und die natürliche Aussaat der Pflanze gewährleistet war. Die kleinen Samenkörner dieser wilden Gräser waren von festen Spelzen umgeben, die sie schützten und es ihnen ermöglichten, neue Wurzeln zu schlagen. Diese Eigenschaften, die für die natürliche Fortpflanzung der Pflanzen von großem Vorteil waren, erwiesen sich für den, der sie anbauen, ernten und verzehren wollte, jedoch als hinderlich – allein die Körner von den Spelzen zu befreien, war äußerst mühsam. Der Mensch der Jungsteinzeit musste ein großes Maß an Geduld und Hartnäckigkeit aufbringen.

Als Sammler begnügten sich die Menschen zunächst mit den wenigen, durch eine Laune der Natur am Stängel verbliebenen Ähren. Genau diese atypischen, mutierten Körner wurden dann auch kultiviert. So nahm der Mensch, ohne es zu wollen und ohne es überhaupt zu wissen, durch sein Verhalten die erste Selektion des genetischen Erbmaterials der archaischen Getreidepflanzen vor. Die wilden Weizenarten (Einkorn oder Emmer), die im Fruchtbaren Halbmond angebaut und von Generation zu Generation manipuliert wurden, erfuhren auf diese Weise zahlreiche Hybridisierungen und Umwandlungen. Die genetische Vermischung – noch dazu wahrscheinlich kombiniert mit einer Kreuzung mit anderen Wildgräsern – führte zur Entwicklung „nackter" Weizenkörner ohne schützende Spelzen, die viel leichter zu reinigen und zu verzehren waren. So wurde der Weizen kontinuierlich verbessert und bereichert, bis tausende von verschiedenen Varianten entstanden waren. Das kultivierte Getreide erwies sich als widerstandsfähiger, nährstoffreicher – da es mehr Gluten enthielt – und als leichter zu ernten. Allerdings verlor es die Fähigkeit, sich selbst fortzupflanzen. Daher musste der Mensch, wollte er nicht seine Nahrungsgrundlage verlieren, wohl oder übel Ackerbau betreiben.

Die Ernährung wird umgestellt

Die Menschen der Altsteinzeit lebten hauptsächlich von der Jagd nach Hochwild und verzehrten daher meist Fleisch. Als Folge der Entdeckung des Anbaus wurde in der Jungsteinzeit dagegen das Getreide zum Hauptbestandteil der Nahrung und zum wichtigsten Eiweißlieferanten. Weizen, Gerste und Hirse wurden zunächst roh verzehrt,

Fladen und Brotlaib

Der Weg vom Korn, das von den Sammlern einfach roh gekaut wurde, bis zum ersten Laib Brot führt über mehrere wichtige Stationen. Am Anfang stand die Entwicklung spelzenloser Weizen- und Gerstenkörner, die das Dreschen und die nachfolgende Trennung von Spreu und Korn wesentlich erleichterten. Die Körner zerrieb man anschließend zu Mehl. Aus diesem Mehl (gegrillt oder roh) und Wasser bereitete man zunächst einen Brei zu. Später wurden dann flache Fladen im Feuer gebacken. Auch die Weiterentwicklung verschiedener Weizensorten war ein wichtiges Element in der Geschichte des Brotes. Je weiter die genetischen Verwandlungen des Getreides fortschritten, desto glutenhaltiger wurde es. Damit erhielt es neue Eigenschaften, denn erst das Gluten ermöglicht es dem Brotteig, aufzugehen. Manche Archäologen vertreten die Meinung, dass der Brotlaib im frühen Ägypten entstanden ist, denn dort kannte man damals bereits den Backofen. So stellt man sich vor, dass die Tochter einer Bauernfamilie, die eigentlich Fladen backen sollte, das vorbereitete Mehl-Wasser-Gemisch aus Nachlässigkeit draußen in der Sonne vergessen hatte. Als sie nach einigen Stunden nachsah, entdeckte sie den aufgegangenen Teig, der sich dann im Backofen in ein leichtes, geschmackvolles Brot verwandelte. Die im Flusswasser enthaltenen natürlichen Hefen führten demnach durch Zufall zur Entdeckung des Brotes, das für den Großteil der Menschheit über Jahrhunderte hinweg eines der wichtigsten Grundnahrungsmittel blieb.

Zwei ägyptische Bäckergehilfen mahlen Mais, um Brot daraus zu backen (oben, um 2000 v. Chr.).

wie Untersuchungen an menschlichen Überresten zeigen. Die Zähne weisen zahlreiche Rillen und Abnutzungen auf, die wohl beim ausgiebigen Kauen von umhüllten und schwer zu entspelzenden Getreidekörnern entstanden sind. Im Zuge der Entdeckung des Kochens – möglicherweise garte man die Körner noch vor der Erfindung von Tongefäßen einfach auf heißen Steinen – trat ein weiteres Phänomen auf: Die gegarte Nahrung war plötzlich zuckerhaltig! Hierdurch wurde der Nährwert des Getreides erhöht, da Zucker gegenüber reiner Stärke leichter verdaulich ist. Untersuchungen an Skeletten lieferten den Beweis: Sobald der Mensch das Getreide gegrillt verzehrte, wurden seine Zähne weniger beansprucht, dafür fand man jedoch erste Anzeichen für Karies, den treuen Begleiter des Zuckers!
Der Getreideanbau wurde – seit dem 7. Jt. v. Chr. im Mittleren Osten – durch den Anbau von Hülsenfrüchten ergänzt. In Anatolien und später auch in Europa baute der Mensch zusätzlich zum Getreide Linsen und später Erbsen an. In China kultivierte man Reis und Hirse, aber auch die Sojabohne. In Mittelamerika wurde die hauptsächlich auf Mais basierende Ernährung um die Kartoffel und die Tomate bereichert. Diese Erfindungen hatten zur Folge, dass der Mensch sich vielseitiger ernähren konnte. Dazu gesellten sich neue, bessere Zubereitungsmethoden, denn ab dem 7. Jt. v. Chr. verbreiteten sich langsam die Tongefäße, zuerst in Anatolien und im Mittleren Osten. Sie erleichterten das Kochen und die Aufbewahrung der Nahrungsmittel.

Der Mensch wird sesshaft

Die Möglichkeit, Ernten von Jahr zu Jahr vorauszuplanen, bewirkte eine radikale Veränderung des Lebens, obwohl man nicht genau sagen kann, was die steinzeitlichen Jäger dazu gebracht hat, ihre traditionelle Art der Nah-

Wie dieses Dorf in Äthiopien könnte man sich die Dörfer zur Zeit der Einführung der Landwirtschaft vorstellen (unten).

Wasser im Dienst des Menschen

Anbau und Ausweitung der landwirtschaftlichen Flächen erforderten eine Organisation, die nur gemeinsam erbracht werden konnte: So musste z. B. das Land urbar gemacht und gepflügt und das Getreide bis zur nächsten Ernte gelagert werden. Die ersten sesshaften Gemeinschaften ließen sich in den am besten geeigneten Gebieten nieder, immer in der Nähe von Flüssen mit fruchtbarem Schwemmland. Dennoch war die Landwirtschaft jahrtausendelang äußerst anfällig. Zu wenig oder zu viel Regen, Dürreperioden oder Überschwemmungen zogen sofort eine Hungersnot nach sich. Es wurde schnell deutlich, dass die Gemeinschaften nur überleben konnten, wenn sie lernten, das Wasser zu kontrollieren. Im Mittleren Osten, an Euphrat und Tigris, bemühten sich die neu gegründeten Stadtstaaten, die Verteilung des Wassers in den Griff zu bekommen. Wahrscheinlich entstand hier durch die Umleitung eines Flussarms die erste Form künstlicher Bewässerung. Seit Beginn des 3. Jt. v. Chr. waren die Bewohner des Zweistromlands in der Lage, Terrassen, Entwässerungsgräben und sogar durch Schleusen geregelte Bewässerungskanäle anzulegen. In Ägypten schuf man künstliche Wasserreservoirs, um die Nutzflächen zu vergrößern. Später, unter römischer Herrschaft, war die Bewirtschaftung der nordafrikanischen Provinzen nur mithilfe von Bewässerungsanlagen möglich. Im Norden Chinas legte man an den Lösshängen im Tal des Gelben Flusses Terrassen an, um die Felder vor Überschwemmungen zu schützen.

rungsgewinnung aufzugeben. Entweder wurde das Hochwild knapp oder die Bevölkerung nahm aufgrund der klimatischen Veränderungen rapide zu. Überall war der Wechsel zur sesshaften Lebensweise mit starkem Bevölkerungswachstum verbunden. Die Menschen schlossen sich in Gruppen, später in Dörfern zusammen. Daraus entwickelten sich Städte, Stadtstaaten und ganze Königreiche, die nach einer neuen Organisation, einer Regierung, verlangten.
Die Besitzer landwirtschaftlicher Felder gaben das Nomadentum auf. Schritt für Schritt richte-

Viele Regionen der Erde blieben von dem gewaltigen technischen Fortschritt, der die Landwirtschaft im 19. Jh. veränderte, gänzlich unberührt. Dieser ägyptische Kornspeicher (rechts) würde neben den chinesischen Reisterrassen (oben) oder dem Bewässerungsgraben im Sudan (links) ganz und gar nicht fehl am Platz wirken.

Zahme Rinder werden per Schiff auf dem Nil transportiert – ein in Ägypten über 3000 Jahre lang üblicher Vorgang.

ten sie ein System verschiedener Ackerkulturen ein. Sie verfügten über Getreide und Hülsenfrüchte, Ölpflanzen, Gewürzkräuter, faserige und pigmenthaltige Pflanzen. Um gute Ernten zu erhalten, verbesserten sie auch die landwirtschaftlichen Geräte wie Erntemesser, Hacken und Mühlen. Sie bauten Kornspeicher und Silos, in denen das Getreide aufbewahrt wurde, und sie lernten, Kochgefäße herzustellen.

Die ersten Haustiere

Da die Menschen keine Zeit für längere Jagdausflüge mehr hatten, mussten sie auf Tiere in ihrer näheren Umgebung zurückgreifen können. Die Tierhaltung beginnt daher etwa gleichzeitig mit dem Anbau von Feldfrüchten.
Die ersten Formen der Tierzucht entwickelten sich wahrscheinlich ebenfalls im Nahen Osten, etwa um die Mitte des 9. Jt. v. Chr. Zunächst wurden einfach nur wilde Ziegen- und Schafherden in eine provisorische Umzäunung getrieben, damit man sie melken und schlachten und ihre Wolle nutzen konnte. In Mesopotamien wurden Schafe und Ziegen noch vor Schweinen (um 7000 v. Chr.) und Rindern (um 6500 v. Chr.) als Nutztiere gehalten.
Bereits im 9. Jt. v. Chr., vielleicht sogar noch früher, wurden die aus Kojoten, Schakalen oder Wölfen hervorgegangenen Hunde in Nordamerika vom Menschen gezähmt, wohl um ihm bei der Jagd zu helfen. Die Domestikation des Rindes brachte im Nahen Osten entscheidende Fortschritte in der Landwirtschaft, denn seit der Erfindung des Hakenpflugs um 3000 v. Chr. wurde das Rind als Zugtier verwendet. Zur gleichen Zeit züchteten die Chinesen bereits den Maulbeerbaum und die Seidenraupe, und beinahe zeitgleich wurden in Ägypten die Bienen- und in den Anden die Lamazucht eingeführt. Jedoch dauerte es noch über ein Jahrtausend, bis die Steppenbewohner in der Ukraine das Wildpferd zähmten.

Spät entdeckte Delikatessen

Das Huhn war eines der letzten Tiere, die der Mensch für die Zucht entdeckte. In Ägypten führte man das Huhn als Zuchttier erst Ende des 13. Jh. v. Chr. aus Syrien ein, wo es ebenfalls erst vor kurzem aus Indien importiert worden war. Auf dem indischen Subkontinent waren Hühner bereits im 15. Jh. v. Chr. domestiziert worden.

War der Hirsch früher einmal ein zahmes Tier? Diese Frage stellte sich nach der Entdeckung dieses 4000 Jahre alten bemalten Hochreliefs in Mesopotamien.

Typisch Mensch!

Durch Zucht und Selektion gelang es dem Menschen, einige Tierarten zu verändern: Aus dem Wolf, dem Urahn aller Hunde, züchtete er beispielsweise den Basset, den Chihuahua und den Zwergspitz. Leider war er auch am Aussterben manch anderer Tierarten beteiligt, so etwa an dem des vor 3000 Jahren in Afrika verbreiteten Zwergelefanten und dem des vor 10 000 Jahren in Südfrankreich beheimateten Zwergflusspferds.

Bitumen
(7000 v. Chr.)

Diese um 2000 v. Chr. in Elam (Iran) aus Bitumen hergestellte Schale ist nahezu unversehrt erhalten geblieben.

Die Bewohner des Nahen Ostens erkannten früh, welchen Nutzen sie aus Bitumen ziehen konnten. Bitumen, ein festes bis zähflüssiges Kohlenwasserstoff-Gemisch, war in der Nähe erdölhaltigen Gesteins fast überall zu finden. Im Mittleren Osten, insbesondere am rechten Ufer des Euphrat bei der sumerischen Stadt Hit, auf der Inselgruppe Bahrain und am Ufer des Toten Meeres, das von den Griechen auch „Asphaltsee" genannt wurde, gab es Bitumen im Überfluss. Im Altertum verwendeten es die Menschen gern in seiner beinahe festen Form und pressten es zum Transport in Fladen. Doch auch in flüssigem Zustand wurde Bitumen (Naphta) genutzt und im Lederschlauch bzw. Tonkrug transportiert.

Ein vielseitiger Rohstoff

In Mesopotamien und Ägypten wurde Bitumen für verschiedene Zwecke eingesetzt. Die Ägypter verwendeten den Rohstoff in erster Linie für den Prozess der Mumifizierung, die Mesopotamier griffen dagegen in sehr unterschiedlichen Bereichen auf Bitumen zurück. In mehreren Schichten aufgetragen diente es z. B. zum Auffüllen der Ritzen zwischen den Backsteinen, die die Prozessionsstraßen pflasterten, oder zum Abdichten von Dächern, Terrassen, Mauern, Gefäßen und Tonkrügen. Eine große Rolle spielte Bitumen beim Kalfatern von Booten, vor allem von Barken aus geflochtenem Schilf. Diese handwerkliche Praxis wird in den irakischen Sümpfen auch heute noch ausgeübt.
In der Medizin wurde es im Zweistromland als Breigemisch mit anderen Substanzen für ableitende Breiumschläge bei Rheuma oder Lungenentzündungen eingesetzt. Dieses Rezept überdauerte sogar die arabische Besetzung dieses Gebiets. Schließlich schätzten die sumerischen und ägyptischen Kunsthandwerker Bitumen als Klebstoff, mit dem sie Einlegearbeiten aus Perlmutt, Knochen, Elfenbein oder harten Steinen an ihren Möbeln und Skulpturen befestigten. In unserer Zeit wird Bitumen noch zum Färben von Möbelholz verwendet und auch manchen Firnissen für Radierungen beigemischt.

Der frühe Ursprung der Fotografie

Das natürlich vorkommende Bitumen spielte eine entscheidende Rolle bei der Erfindung der Fotografie. Dem Franzosen Nicéphore Niépce gelang es 1822 als Erstem, mit einer Camera obscura aufgenommene Gegenstände auf einer Glasplatte zu fixieren, die mit lichtempfindlichen Bitumenschichten bedeckt war.

Auf Jamaika werden noch heute Boote mit Bitumen bestrichen – kalfatert –, um sie wasserdicht zu machen.

Entwicklung der Kunst

Das Abenteuer der Formgebung

Die Paläontologie hat nachgewiesen, dass der Mensch von jeher den Wunsch hatte, seinen Körper, seine Wohnstätten sowie rituelle oder zeremonielle Orte zu verzieren. Schon früh fertigte er Schmuckgegenstände und Zeichnungen an. Diese Hinterlassenschaften bilden den Ursprung dessen, was in späteren Zeiten als Kunst bezeichnet wurde.

Vor über 30 000 Jahren beerdigten einige Menschen im italienischen Grimaldi einen ihrer Angehörigen. Voll bekleidet, den Kopf von einem Netz aus kleinen Muschelschalen bedeckt, wurde er vorsichtig in sein Grab gebettet. Anschließend bedeckte man den Verstorbenen mit rotem Ocker. Um ihn herum wurden Opfergaben, Werkzeuge und Waffen gelegt. Bei der Ausgrabung förderten die Archäologen den noch immer von Muschelschalen bedeckten Schädel des Toten zu Tage. Etwa um die gleiche Zeit wurde in Weißrussland bei Sungir ein Mann begraben. Seine Kleidung war mit unzähligen winzigen durchbohrten Plättchen aus Mammut-Elfenbein verziert. Die Kleidung ist nicht erhalten geblieben, doch als man den Mann fand, lagen die Plättchen immer noch auf dem Skelett – dort, wo sich einst Mütze, Handschuhe, Jacke und Stiefel befanden.

Wer mag diese aus Knochenfragmenten und Muschelschalen (links) bestehende Halskette aus dem Tal der Marne zu Beginn der Jungsteinzeit wohl getragen haben?

Von dem Goldschmuck (unten) wissen wir, dass er um 2500 v. Chr. einer reichen Sumererin aus Ur zur Zierde gereichte.

2400 Jahre alt ist dieser Stempel aus Kolumbien, mit dem die Menschen ihre Haut verzierten.

Schmuck und Ornamente

Obwohl in einer Höhle in Südafrika eine 75 000 Jahre alte Halskette aus Schneckengehäusen gefunden wurde, sind sich die meisten Paläontologen einig, dass Schmuck erst am Ende der Mittleren Altsteinzeit bei den letzten Neandertalern und frühen Cro-Magnon-Menschen üblich wurde. Diese Menschen malten mit natürlichen Pigmenten Zeichen auf ihren Körper. Sie trugen Anhänger aus Muschelschalen, Säugetierzähnen oder Steinen und verzierten damit auch ihre Kleider und Haare. In der Jüngeren Altsteinzeit erlebte dieses frühe Bedürfnis nach Verschönerung eine Blütezeit, die bereits einen Vorgeschmack auf die rituelle Körperbemalung verschiedener Völker und unsere eigene Vorliebe für Schmuck und Make-up vermittelte. Die Menschen taten damit ihre kulturelle Identität, ihre Zugehörigkeit zu einem Clan, ihre familiäre Situation und ihren sozialen Status kund. Einige Jahrtausende später entstanden im Nahen Osten die ersten Perlen, Nadeln und Ringe aus Gold und Kupfer; auch Glas verwendete man schon früh zur Verzierung. Im Lauf der Zeit wurde der Schmuck auf der ganzen Welt immer vielfältiger und feiner.

Die Kunst der Wandmalerei

Schon in vorgeschichtlicher Zeit erkundeten die Menschen im Schein ihrer Fackeln die Tiefen der Höhlen. Die Wege waren hart und steinig, die Gänge eng und schmal. An Stellen mit sehr niedriger Decke mussten sie kriechen. Ein paar von ihnen waren in die Höhle von Niaux vorgedrungen, und einer von ihnen, ein Handwerker und Künstler, blieb vor der nackten Wand stehen. Er ließ den Schein seiner Fackel über die Felswand wandern, die sich im Wechselspiel von Licht und Schatten ständig veränderte. An einer bestimmten Stelle hielt der Mensch die Fackel still. Er hatte eine kleine Öffnung bemerkt, die im Feuerschein

Wandmalereien wie dieses berühmte Pferd aus der Höhle von Lascaux (15 000 v. Chr.) hatten vermutlich magische Bedeutung, die bisher aber nicht entschlüsselt werden konnte.

Geheimnisvolle Kunst

Lange Zeit wurde die Wandmalerei als rein dekorative Kunst betrachtet. Später entwickelte man aufgrund der Verbindungen zwischen den verschiedenen Fundorten neue Hypothesen. So nahm man an, die Tierbilder dienten als eine Art Jagdzauber, der das Gelingen der Jagd sicherstellen sollte. Diese Theorie hielt aber der Realität kaum stand. So ist z. B. bekannt, dass die Menschen in Lascaux hauptsächlich Rentiere jagten und verzehrten, auf den Wandmalereien sind jedoch viele Hirsche und nur ein einziges Rentier dargestellt. Es handelt sich um eine Kunst des Mysteriums, die im Licht der von Fackeln erleuchteten Höhlen optimal zur Geltung kam. Vielleicht stand sie mit religiösen oder magischen Zeremonien in Verbindung, deren tieferer Sinn sich uns verschließt, da wir den kulturellen Hintergrund der damaligen Menschen noch nicht entschlüsseln konnten.

Die berühmten Hände in der Höhle von Las Manos (Hintergrundbild) scheinen uns Zeichen geben zu wollen. Verbirgt sich hinter der geheimnisvollen Darstellung ein magisches Ritual?

kaum aufgedeckt. Er untersuchte die zur Verfügung stehende Fläche – wo sollte die Zeichnung entstehen, wie waren die Lichtverhältnisse, und eigneten sich alle Felspartien gleichermaßen? Musste man eventuell die Wand abschleifen, damit die Zeichnung besonders gut hervortrat? Nach sorgfältiger Überlegung begann er mit seiner Zeichnung. Das Loch in der Wand wurde für ihn zu einem Auge. Mit sicherer Hand ritzte er mit seinem Steinstichel die Umrisse eines Wisentkopfes in die Felswand. Noch heute schlägt uns dieses in erstaunlich modernem Stil gemalte Wisent in seinen Bann. Und seit der Erforschung beispielsweise der Höhle von Chauvet in Südostfrankreich – sie birgt die bislang ältesten bekannten Kunstwerke – wissen wir, dass es schon vor etwa 30 000 Jahren meisterhafte Künstler unter den Menschen gab.

Nach der Entdeckung der jüngeren, aus dem Magdalénien (um 15 000 v. Chr.) stammenden Höhlen von Lascaux in Frankreich und der Höhlen von Altamira in Spanien galt Europa als Zentrum der Wandmalerei – bis zu dem Augenblick, als im Gebiet der Mayakultur an Orten wie Poxté, Jovelté, Pusila (Guatemala) und Canchacan faszinierende Höhlen entdeckt wurden.

Ein früher, zweifellos sehr begabter Künstler gravierte um 14 000 v. Chr. Tierdarstellungen in dieses Rentiergeweih (unten).

Erstaunliche Maltechnik

Die frühen Maler verbanden die Pigmente der Farben mit Wasser oder Öl und erfanden auf diese Weise die Aquarellkunst bzw. die Ölmalerei. Sie erkannten, dass sie mit verwischten Farben und mit Farbabstufungen Nuancen erzielen und Details hervorheben konnten. Ebenso wussten sie schon, dass sie eine perspektivische Wirkung und gleichzeitig den Effekt von Bewegung und Fülle hervorbringen konnten, wenn sie die verschiedenen Tiere etwas versetzt hintereinander zeichneten. Viele im Negativ an den Höhlenwänden verewigte Hände zeigen, dass die Menschen auch die Schablonentechnik kannten.

Im Magdalénien nahm man die Techniken der Vorfahren in größerem Umfang wieder auf. Zum Auftragen der monochromen und polychromen Farben benutzte man die Finger, die Hand, Haarpinsel und Fellstücke. Flüssige Farben wurden mit dem Mund aufgesprüht – und dies so meisterhaft, dass sie an die heutigen Methoden der Sprüh-Malerei erinnern.

Die charakteristischen Merkmale der Höhlen von Lascaux und Altamira bestehen einerseits in der Größe einiger Fresken – Bewunderung erregt eine 4 m lange Kuh –, andererseits in der Tatsache, dass sie sich an den unzugänglichsten Stellen der Höhlen befinden. In Lascaux wurden in Felshöhlen 17 Spuren von Gerüsten entdeckt – die frühen Handwerker malten offenbar in teilweise sehr unbequemer Lage, was die Linienführung ihrer Zeichnungen aber in keinster Weise beeinträchtigt.

Die Farbpalette der Wandkunst

Die frühen Künstler liebten Farbtöne, die von Schwarz über Braun, Rot und Gelb bis Weiß reichen. Die Untersuchung der Farben, die in Lascaux an den Felsen, in Näpfen, Mörsern und auf Paletten gefunden wurden, lieferte Aufschlüsse über die verwendeten Techniken. Über 100 Fragmente schwarzer Farbstoffe wurden entdeckt, vor allem Manganoxid, das – mit anderen Mineralien gemischt – verschiedene Grau- und Olivtöne bis hin zu Tiefschwarz ergibt. Für die gelben Töne wurde Ocker, eine Mischung aus Ton und Eisenoxid, verwendet. Ocker liefert alle Farbschattierungen zwischen Blassgelb und Tiefbraun. Rote Farbe gewannen die Menschen aus gebranntem gelbem Ocker, weiße aus Kaolin, einer weißen Tonerde. Die groben Mineralien wurden mit Steinen in kleinen Felsmulden, Tierknochen oder großen Muschelschalen zerrieben. Das so gewonnene Pulver vermischte man mit anderen mineralischen oder pflanzlichen Pigmenten oder mit Knochenasche. Anschließend fügte man das Bindemittel – Wasser oder Öl – hinzu.

Der Mensch als Objekt der Kunst

Obwohl die Wandmalerei in Europa weiter entwickelt war als die plastische Kunst, fand man in den Höhlen schöne aus Ton modellierte Tierfiguren, z. B. die Wisente von Tuc d'Audoubert. Vor allem aber entdeckte man in ganz Europa kleine, stark stilisierte Frauenstatuen, die nach der römischen Liebesgöttin als „Venus" bezeichnet werden. Reliefs von Tieren und behauene Werkzeuge gab es sowohl in Europa als auch in Mittelamerika, ebenso wie Speerschleudern, die mit Steinsticheln und -meißeln oder durch Abschleifen gefertigt wurden.

Die Bildhauerei entstand bei den Ägyptern und Sumerern. Dort verfügte man über Werkzeuge aus Bronze und Kupfer, mit denen sich der Stein leichter bearbeiten ließ. Das Spitzeisen, der gerade Meißel und der Bohrmeißel, die damals entstanden, wurden seither nicht verändert.

Da Steine im Zweistromland selten und mancherorts gar nicht vorhanden waren, mussten riesige Blöcke – vermutlich per Schiff – an die Stelle transportiert werden, wo ein Bauwerk errichtet werden sollte. Zu jener Zeit wurde die Kunst um einen neuen Realismus bereichert. Die Plastiken stellten Tiere und Menschen dar, wie sie zuvor schon auf den zylindrischen Siegeln abgebildet waren. Sie wurden zum Teil mit Muschelschalen oder Halbedelsteinen geschmückt und waren als Opfergabe für einen Tempel bestimmt oder dienten als Dekoration für die Prachtbauten der Stadt.

Die legendäre Venus von Willendorf (um 30 000 v. Chr), die dem heutigen Schönheitsideal so gar nicht entspricht, war zu ihrer Zeit ein Symbol für Reichtum und Fruchtbarkeit (links).

Leicht könnte man diesen stilisierten Katzenkopf aus Terrakotta (links) für ein Werk eines Gegenwartskünstlers halten – er stammt jedoch aus der Bronzezeit.

Dieser aus einem Rentiergeweih geschnitzte Stab (rechts) stammt aus der Zeit um 14 000 v. Chr. Er zeugt von vollendeter Handwerkskunst – allerdings ist unklar, wofür er verwendet wurde.

Stilisierte Kunstwerke sind aus allen alten Kulturen bekannt. Ein schönes Beispiel ist diese Skulptur einer stillenden Mutter aus der Jalisco-Periode in Mittelamerika (um Christi Geburt).

Schwung in den Alltag brachte diese Gruppe ägyptischer Musikantinnen (rechte Seite). Das eindrucksvolle Fresko entstand zu Beginn des Neuen Reiches (um 1500 v. Chr.)

Diese blaue Töpfervase aus Ägypten stammt aus dem 14. Jh. v. Chr. (unten).

Kunstvolle Keramik

Die Herstellung von Keramik, von Werken aus gebranntem Ton, war in Japan seit dem 11. Jt. v. Chr. bekannt, im Zweistromland sowie in Afrika seit dem 7. Jt. v. Chr. Die Erfindung der Glasur – einer Mischung aus Ton und Bleierz oder Kalium- bzw. Natriumsilikat – zuerst in Ägypten und später in Mesopotamien gegen Ende des 4. Jt. v. Chr. bedeutete einen technologischen Fortschritt in der Töpferkunst. Erstens waren die glasierten Töpferwaren nicht mehr so porös und zweitens eröffneten sich den Künstlern neue Verzierungsmöglichkeiten. Von der Glasur war es nur noch ein kleiner Schritt bis zum Glas. Aus einzelnen Glasurtropfen schufen die Töpfer Perlen, kleine Stäbe und Nippfiguren, die als Schmuck verwendet wurden – zuerst für die Frauen, später als Grabbeigaben. Als es um 1500 v. Chr. gelang, vollkommen durchsichtiges Glas herzustellen, wurden daraus zunächst Vasen und Flakons gefertigt.

Die Technik wird ausgefeilter

Die künstlerischen Techniken deckten die verschiedensten Bereiche ab, von der Architektur bis zur Metallurgie, vom Mosaik bis zum Guss. Vor rund 6000 Jahren erfanden die Sumerer eine neue Methode zur Verzierung von Bauwerken, das mehrfarbige Mosaik. Zunächst ging es nur darum, die zerbrechlichen Ziegel aus getrocknetem Ton vor Nässe zu schützen. Dazu bedeckte man ihre Außenfläche mit Terrakotta-Kegeln, deren Bodenfläche mit lebhaften Farben bemalt oder mit farbigen Steinen verziert war. Die Kegel wurden so angeordnet, dass die Farben geometrische Muster bildeten, die zum Teil von Matten oder Vorhangstoffen beeinflusst waren. Getrieben von ihrer Vorliebe für Schmuck, Juwelen und kostbare Statuetten suchten die Metallgießer im Mittleren Osten nach einem Gussverfahren, das die Fertigung feinerer Formen gestattete. So wurde um etwa 3000 v. Chr. das Wachsausschmelzverfahren erdacht und entwickelt. Dieselbe Methode wird auch heute noch zur Herstellung kleiner Objekte verwendet. Eine indische Bronzestatuette, die Tänzerin von Mohenjo Daro, ist die älteste Figur, die im Wachsausschmelzverfahren gegossen wurde.

Die ersten Musikinstrumente

Die Musik begleitet den Menschen seit seinen frühen Tagen. Wann die ersten Musikinstrumente entstanden, ist nicht bekannt, aber man weiß, dass es bereits im Magdalénien (am Ende des Jungpaläolithikums) mit Körnern gefüllte Flaschenkürbisse gab, die beim Schütteln ein rasselndes Geräusch erzeugten. Außerdem hatte man Kratzbretter, d. h. mit Rillen versehene Oberflächen, auf denen man ein Holz- oder Knochenstück hin und her bewegte. Summer – Holzstücke mit einer aufgewickelten Schnur, die beim schnellen Abwickeln ein summendes Geräusch von sich gaben – sowie Knochenpfeifen bereicherten das Repertoir von Instrumenten. Manche von ihnen gibt es immer noch, so beispielsweise den Flaschenkürbis, der heute Maracas heißt.

In der Jungsteinzeit entstand aus der Pfeife die Flöte, die meist aus Schilfrohr, manchmal auch aus einem langen Knochen geschnitzt oder aus Terrakotta geformt wurde. Bald tauchten die ersten Trommeln aus ausgehöhlten Baumstümpfen auf, über deren Hohlraum ein Stück Tierhaut gespannt wurde. Bekannt ist auch ein Vorläufer des Xylophons, bei dem verschieden dicke Holzstücke hellere und dunklere Töne hervorbrachten. In Asien verwendete man dicke Bambusstangen, die gegen einen Stein geschlagen wurden. Etwa zur gleichen Zeit entstand der mit einem Schilfhalm bespannte musikalische Bogen. Eines seiner Enden wurde in den Mund gesteckt, der somit als Resonanzkörper diente. Aus diesem Instrument entwickelten sich die mit mehreren „Saiten" bespannten Zithern, die in den alten Kulturen Amerikas allerdings nicht bekannt waren.

Haben Tiere ein Farbempfinden?

Das berühmteste Beispiel für die Existenz eines Farbempfindens bei Tieren liefert ein in Südostasien lebender Vogel. Das Männchen muss vor der Brautwerbung sein Nest mit möglichst vielen blauen Gegenständen dekorieren: Blumen, Schmetterlinge, Federn von anderen Vögeln usw. Bevor er mit der Werbung beginnt, lässt er das Nest von der Auserwählten begutachten. Ist es in der richtigen Farbe geschmückt, kann er fortfahren. Um der Sache auf den Grund zu gehen, haben Verhaltensforscher in Abwesenheit des Männchens die blauen Gegenstände gegen gleichartige rote ausgetauscht. Als das Weibchen in Begleitung des Männchens zum Nest kam, fing es sofort an zu zetern und flüchtete kurz darauf. Dies war der Beweis, dass es tatsächlich auf die blaue Farbe ankommt.

Ägypten – Heimat von Musik und Tanz

Obwohl aus Ägypten weder Noten noch Musiktheorien überliefert sind, zeigt die Fülle der Darstellungen von Instrumenten und Musikanten, dass Musik, Gesang und Tanz einen wichtigen Platz im weltlichen und religiösen Alltag einnahmen. Schon im Alten Reich hatte die Musik eine wichtige häusliche Funktion. Im Mittleren Reich wurde sie auch Teil des Götterkultes. Ein Priesterorchester spielte, während die Priester die heiligen Handlungen im Tempel vollzogen oder wenn die Figur einer Gottheit gezeigt wurde. Der Pharao umgab sich in seinem Palast mit begabten Musikern, die höfische Musik komponierten und aufführten. Einige dieser Musiker bekleideten beneidenswert hohe Ränge und durften sich sogar ein eigenes Grabmal errichten lassen. Der „Vorsteher der Sänger" Nefer (5. Dynastie) wurde zusammen mit seiner Frau Katai in einem vornehmen Grab in Sakkara beigesetzt. Die musikalische Ausbildung fand in Einrichtungen statt, die entweder zum Palast oder zu spezialisierten Schulen gehörten. Die großen Häuser der Adligen und Würdenträger unterhielten ebenfalls eigene Orchester und Tänzer, die bei Festen und Banketten für gute Stimmung sorgten. Die Musik blieb jedoch nicht nur den Reichen vorbehalten. Sie sorgte für Schwung bei der alltäglichen Arbeit, bei Familienfesten und beim Militär. Es gibt mannigfaltige Darstellungen: ein Hirte mit seiner Flöte, eine Jagdszene, in der Frauen mit einem Tamburin die Vögel aufscheuchen, oder Musikanten und Sänger, die die Arbeiter bei der Ernte oder bei der Weinlese bei Laune halten.

Die Töpferei (um 7000 v. Chr.)

Kunstwerke aus Tonerde

Die Töpferei – von den Archäologen als Keramik bezeichnet – hat sich in verschiedenen Regionen der Erde unabhängig voneinander entwickelt. Ihre weltweite Verbreitung ging allerdings nur von wenigen dieser ursprünglichen Zentren aus.

Seit der Jungsteinzeit erfanden die Töpfer funktionale Gefäße wie diese 4000 Jahre alten Flaschen mit Kragenrand – ein Design, das auch heute noch üblich ist.

Die ersten von Menschen geformten Gegenstände aus Ton waren nicht für den täglichen Gebrauch bestimmt. Die ausgegrabenen Statuetten und kleinen Figuren, die etwa 10 000 Jahre älter sind als das erste Tongeschirr, legen den Gedanken nahe, dass die gebrannte Tonerde zunächst für religiöse Riten verwendet wurde. Im Allgemeinen umfasst der Begriff Tongeschirr alle Gegenstände und Gefäße, in denen der Mensch seine Nahrungsmittel aufbewahrt, transportiert oder in irgendeiner Weise zubereitet oder kocht. Die Entstehung von Tongeschirr scheint sehr stark mit der sesshaften Lebensweise und einer Ernährung auf der Grundlage von pflanzlichen Lebensmitteln und gekochtem Getreidebrei verknüpft gewesen zu sein.

Ursprünge der Töpferei

Lange Zeit waren die Archäologen der Meinung, dass die Töpferei etwa um 7000 v. Chr. in Mesopotamien erfunden wurde und eine natürliche Folge von Landwirtschaft und Viehzucht war. Doch ist diese allgemeine Annahme nur bedingt gültig. In Japan existierte die Töpferei bereits lange vor der Landwirtschaft. So kannte die Frühkultur Jomon den Umgang mit Ton seit dem 12. Jt. v. Chr. Die Fischer und Sammler der Jomon-Kultur lebten seit ungefähr 10 000 v. Chr. in sesshaften Gruppen, ja sogar Dörfern zusammen. Sie ernährten sich hauptsächlich von Pflanzen und es ist wahrscheinlich, dass die ersten Gefäße zur Aufnahme der gesammelten Nahrungsmittel dienten, obwohl man auch weiterhin geflochtene Körbe verwendete. Die in großer Zahl gefundenen Jomon-Keramiken sind mit Mustern verziert, die mithilfe von Schnüren in den noch rohen Ton eingedrückt wurden. Sie tauchen in ganz Japan auf, ihr Ursprung liegt jedoch auf der Südinsel Kyushu. Zur gleichen Zeit entdeckten auch die jungsteinzeitlichen Menschen in der Sahara die Töpferkunst. Die große Zahl von Funden zeugt von der riesigen Ausdehnung des Gebietes, in dem Getreide sammelnde Nomaden eine primitive Form von Töpferwaren herstellten. Auch hier besteht ein Zusammenhang zwischen der Töpferei und dem Sammeln von Nahrung. In der Karibik und im Norden von Südamerika trat die Töpferkunst erst wesentlich später auf (um 3000 v. Chr.), doch auch hier war

In der plastisch formbaren Tonerde hatten die Bildhauer ein ideales Material entdeckt – eine Voraussetzung für die Entstehung z. B. dieser japanischen Keramik vom Ende des 1. Jt. v. Chr. (rechts).

sie nicht das Werk sesshafter Bauern, sondern die Erfindung von Jägern und Sammlern. Im Nahen Osten dagegen entstand die Töpferei im Zuge der Sesshaftwerdung und der Entwicklung des Ackerbaus.

Die Töpferei eroberte Europa auf zwei unterschiedlichen Wegen: Der erste nahm seinen Anfang in Anatolien und verlief entlang der Donau. Hier entstand die so genannte Bandkeramik, die sich durch sehr hohe Brennqualität, aufgemalte Girlandenornamente und einfache Formen auszeichnete. Der zweite Weg führte von der Ostküste des Mittelmeers über das Meer nach Südfrankreich und Spanien. Dies war der Bereich der Cardium-Keramik, in deren Flächen und Wände Muster eingedrückt waren. Die Ornamente wurden mithilfe von Muschelschalen in der noch weichen Tonerde erzeugt. Diese Form von Keramik breitete sich in Frankreich seit dem Anfang des 6. Jt. v. Chr. über das Languedoc, das südliche Rhonetal und die Mittelmeerküste aus. Die Bandkeramik erreichte das Pariser Becken etwa 700 Jahre später.

Tonerde gibt es überall

Alle Töpferwaren der Welt bestehen aus demselben Rohstoff, der Tonerde. Sie ist mancherorts sehr weich und leicht zu bearbeiten, in anderen Fällen ist hierzu mehr Kraft notwendig. Tonerde ist oft mit anderen Materialien vermischt – mit

Sauberes und kühles Trinkwasser

Über die poröse Oberfläche eines unglasierten Tongefäßes kann die darin enthaltene Flüssigkeit verdunsten und so die Umgebung um 3–4 °C abkühlen. Gleichzeitig werden dabei Verunreinigungen ausgefiltert. Diese Eigenschaften – früher ein echter Luxus – werden auch heute noch in vielen warmen Ländern unserer Erde genutzt, wo man mit Wasser gefüllte Tongefäße auf das Fensterbrett stellt.

Ein rundum gelungenes Modell kommt nicht aus der Mode – dies zeigen die Gefäße, die heute noch in Teilen Afrikas geformt und gebrannt werden (links und unten). Sie sehen genauso aus wie dieses hängende Gefäß aus der Jungsteinzeit im Donaugebiet.

Kalk oder Metalloxiden –, aber sie lässt sich immer formen und anschließend trocknen oder brennen. Für jedes Einsatzgebiet gibt es die optimale Tonerde, die ein guter Töpfer kennt. Kochgefäße werden z. B. aus kalkfreier Tonerde hergestellt, da diese sehr hitzebeständig ist. Außerdem muss die Tonerde „gemagert“ werden, d. h. ihr wird das Fett entzogen. Je nach Verfügbarkeit und Verwendungszweck des Gegenstands geschieht dies durch die Beimischung von feinem Sand, dem Staub von zerriebener Töpferware, Knochen oder Stroh. Fügt man der zuvor zerbröselten Erde diese Stoffe hinzu, entstehen in der formbaren Masse kleine Risse. Durch diese winzigen Öffnungen kann dann beim Brennen das Wasser entweichen. Ist die Mischung fertig, gibt man Wasser hinzu und lässt das Ganze ruhen, manchmal mehrere Wochen lang. Anschließend wird die Masse mit der Hand geknetet und geformt. Die ersten Modelliertechniken waren recht primitiv. Hohle Formen entstanden z. B. dadurch, dass man die Hand oder einen Stößel in die Masse drückte oder den Ton auf eine nach außen gewölbte Unterlage strich.

Welche Technik für welches Gefäß?

Die Töpfer suchten nach immer neuen Methoden, um die Keramik haltbarer zu machen. Wenn man die Gefäße z. B. aus vielen kleinen Tonerdeplättchen zusammensetzte, die man mit Wasser aneinander fügte, wurde das Gefäß insgesamt widerstandsfähiger. Das Gießen erforderte zwar sehr viel Können, aber man konnte damit sehr regelmäßig geformte Gegenstände (besonders Schalen) herstellen und reliefartige Verzierungen erzeugen. Um das Tragen zu erleichtern, stattete man die Gefäße mit Henkeln aus, durch die man

Dieses prächtig dekorierte Gefäß aus dem 4. Jt. v. Chr. (links) beweist, dass die ägyptischen Keramikkünstler bereits viel Sinn für Schönheit hatten. Einen frühen Töpfer vor seinem Brennofen stellt diese korinthische Votivplatte aus dem 6. Jh. v. Chr. dar.

einen Finger oder eine Schnur stecken konnte. Schließlich gab es noch eine Methode, bei der Wülste aus Tonerde geformt und übereinander gelegt wurden. Anschließend verstrich man die Übergänge und glättete die Unregelmäßigkeiten der Oberfläche sorgfältig mit Wasser. Erst wesentlich später wurde die Töpferscheibe erfunden, mit deren Hilfe es möglich wurde, Gefäße in Serie zu fertigen.

Chinesisches Porzellan

Im 15. Jh. v. Chr. entwickelte sich in der Shang-Dynastie in China eine neue Art von Steinzeug, das Seladon. Das typische Seladongrün entstand durch ein Gemisch auf der Grundlage von Pflanzenasche und Feldspat, das man auf hohe Temperatur erhitzte. Während der Han-Dynastie (206 v. Chr. bis 220 n. Chr.) wurden in der heutigen Provinz Zhejiang viele Brennöfen gebaut. Darin wurde unter Zusatz von Metalloxiden, mit deren Hilfe sich lebhafte Farben erzeugen ließen, Email mit Biskuitporzellan verbunden. Im 3. Jh. gelang es endlich, aus Kaolin ein rein weißes Porzellan zu brennen.

Die Kunst des Brennens

Die Erkenntnis, dass gebrannte oder zumindest an der Sonne getrocknete Töpferware haltbarer ist als ungebrannte, verdankt der Mensch wohl dem Zufall – und der Bezwingung des Feuers, das die Keramik als Kunstform erst ermöglichte. Vermutlich beherrschte er die Kunst des Brennens bereits lange vor der Erfindung des Brennofens. Die ersten Gegenstände aus Ton wurden auf heißen Steinen oder über der offenen Feuerstelle gehärtet. Später legte man sie zum Brennen in eine Grube und bedeckte sie mit Zweigen, Stroh und Erde. Dadurch wurde der Brennvorgang verlangsamt und zog sich über mehrere Tage hin. Die Erfindung des Brennofens stellt einen entscheidenden Wendepunkt in der Geschichte der Töpferei dar. Er erzeugte wesentlich höhere Temperaturen und bewahrte und verteilte die Hitze gleichmäßiger. Dort, wo die Hitze 1000 °C überstieg, schmolzen die in der Tonerde enthaltenen Metalloxide. Auf diese Weise wurde die Verschmelzung zu Glas und die Glasur entwickelt.

Diese zeremonielle Keramik aus der Bronzezeit zeugt von dem Geschick der Künstler im 2. Jt. v. Chr.

Ornamente als archäologischer Schlüssel

Schon die früheste, noch ganz einfache Keramik war verziert – die Töpfer der Jungsteinzeit zeichneten Striche und geometrische Muster und manchmal „signierten" sie ihre Produkte mit einem Daumenabdruck.

Die Ägypter mit ihrer ausgeprägten Vorliebe für feinere Verzierungen versahen ihre Keramik mit einem Überzug. Dazu wurden die Gegenstände in ein Gemisch aus Wasser und fein pulverisiertem Tonstaub getaucht und anschließend vor dem Brennen noch damit poliert. Auf diese Weise wurde ihre Oberfläche so glatt wie die eines Kieselsteins. Für die Archäologie erweisen sich die Verzierungen, die von Epoche zu Epoche und in den verschiedenen Regionen der Welt äußerst unterschiedlich sind, als sehr aufschlussreich. Sie unterscheidet mit Spitzen, Messern oder Stöckchen eingeritzte Verzierungen, mit Stempeln bzw. Siegeln oder z. B. Schnüren eingedrückte Dekorationen sowie modellierte und aufgemalte Verschönerungen.

Farbige Keramik

Die Tatsache, dass Tonerde beim Brennen ihre Farbe ändert, wurde bereits seit der Jungsteinzeit für dekorative Zwecke genutzt. Die endgültige Farbe ergibt sich aus der Zusammensetzung der Erde und der Brenntemperatur. Kalkarme Tonerde ist rot und wird zunächst braun und dann schwarz. Kalkhaltige Tonerde verändert sich dagegen von rot über orange bis hin zu blassem Gelb. Zudem wirken sich auch die in der Tonerde enthaltenen Metalloxide auf die Farbnuancen aus. Die Ägypter fügten dem Keramiküberzug roten oder weißen Ocker hinzu, um die natürliche Farbe der Modelliermasse zu verstärken oder abzuschwächen, sodass sie immer eine möglichst einheitliche Farbe erhielten.

Die Glasur als ästhetische Krönung

Seit dem 4. Jt. v. Chr. produzierten sowohl Ägypter als auch Assyrer, Chaldäer und Perser glänzende, farbig glasierte Keramikobjekte. Sie nutzten die Eigenschaften der in der Tonerde enthaltenen Kieselerde, die bei sehr hohen Brenntemperaturen glasig wird. Um 3000 v. Chr. erfanden die Ägypter eine Glasur, deren Farbe zwischen leuchtend gelb und farblos variierte. Sie basierte auf gefärbtem Glas, dessen Farbe man mithilfe von Kupfer, Eisen, Blei, Natriumkarbonat oder Kalk erzeugte.

Die chinesische Keramik erreichte im 2. Jt. v. Chr. ihre Vollendung, wie dieses Gefäß beweist.

Der Webstuhl (um 6000 v. Chr.)

Die Ursprünge des Webstuhls

Vor mehr als 8000 Jahren bereitete die Erfindung des Webens im Nahen Osten den Weg für immer kompliziertere Webtechniken. Schon bald kleidete sich der Mensch lieber in gewebte Stoffe als in Felle und Tierhäute: So geht diese Erfindung mit der Aufgabe der Jagd und des Sammlertums und den Anfängen des Ackerbaus und der Viehzucht einher.

Fest in Frauenhand war die Kunst des Webens, die viel Fingerfertigkeit und Geduld verlangte – dies bezeugt auch diese Statue einer an einem Bandwebstuhl sitzenden Maya-Frau aus dem 8. Jh.

Im Nahen Osten waren die Menschen der Jungsteinzeit bereits in der Lage, Körbe herzustellen. Sie hatten sich sogar zu Experten in der Kunst des Flechtens von Netzen, Körben und Matten entwickelt, die sie ja tagtäglich brauchten. Die Technik war dieselbe, ob man nun Binsen flocht oder feinere Fasern zu Stoffen verwebte, aber die allzu weichen Fasern mussten mithilfe einer zunächst einfachen und später immer ausgereifteren Vorrichtung gespannt werden. Schon die ältesten Stoffreste sind sehr regelmäßig gewebt. Einen sehr alten Stoff (um 6000 v. Chr.) entdeckte man in Anatolien, ein anderer, den man in der ägyptischen Oase Fayum fand, wurde um 5000 v. Chr. hergestellt.

Die Kunst, den Faden zu spinnen

Die Frauen nutzten alle verfügbaren Materialien. Sie verwoben Flachs, aber auch Wolle, die aus Ziegen- und Kamelhaar gewonnen wurde. Zunächst galt es, die Fasern vorzubereiten. Der Flachs musste gekämmt, d. h. von seiner Hülle befreit, und die Wolle entfettet und mit den Fingern entwirrt werden. Im Nahen Osten erfand man die Spindel und den Spinnrocken, mit denen sich lange Fäden erzeugen ließen. Während der Jungsteinzeit bestanden Spindeln aus einem einfachen kurzen Holzstab, der durch eine Stein- oder Tonplatte, das „Spinnrad“, gesteckt wurde. Damit konnte man ihn lange und regelmäßig drehen, wie einen Kreisel. Die Spinnerin ergriff die auf dem Spinnrocken aufgerollten Fasern, drehte sie zwischen den Fingern und befestigte ihr Ende in einer Kerbe der Spindel. Dann setzte sie die Spindel in Gang und sorgte durch Drehen am „Spinnrad“ dafür, dass sie sich laufend weiter drehte. Hierdurch wurde die Wolle gleichzeitig gedehnt und gedreht – und je stärker man die Fasern dehnte, desto reißfester wurden sie. So entstand ein weicher und gleichmäßiger Faden. Die aus Wolle, Flachs, Baumwolle oder Seide gefertigten Stoffe waren unterschiedlich dick und konnten gefärbt, verziert, zugeschnitten, genäht und auf vielfältige Weise verändert werden. Die Kunst der Schneiderei und der Herstellung passender „Accessoires“ war geboren.

Immer ausgefeiltere Methoden

Zunächst nutzten die Frauen einen einfachen Webrahmen, an dem sie der Reihe nach die Längsfäden (Kettfäden) aufspannten. Diese Arbeit ist auf einer etwa 6400 Jahre alten Keramik vom Fundort Badari in Ägypten bildlich festgehalten worden. Der Schussfaden wurde dann mit

der Hand geführt, immer abwechselnd über und unter den Kettfäden hindurch. Bald wickelten die Frauen den Schussfaden um ein Holzstäbchen, das sozusagen als „Schiffchen“ diente. Auf großen horizontalen und auch auf den vertikalen Webrahmen beschwerten sie die Fäden mit einem Stein, um sie stärker zu spannen. Die erste technische Weiterentwicklung war die Verwendung zweier horizontaler Holzstäbe, an denen jeweils die geraden und ungeraden Kettfäden angebracht wurden. Zog man einen dieser Stäbe hoch, wurden die geraden von den ungeraden Kettfäden getrennt, und das Schiffchen konnte schneller hindurchgeschoben werden, da es nicht mehr einzeln über und unter die Kettfäden geführt werden musste. Für die Rückführung des Schiffchens zog man dann den anderen Holzstab in die Höhe.

Eine weltweit genutzte Erfindung

Seit dem 4. Jt. v. Chr. wurde in Indien Baumwolle angebaut und verarbeitet, die sich von dort aus bis in den Nahen Osten, Afrika und Europa verbreitete. Zur selben Zeit verwob man sie aber

Diese ägyptische Begräbnisprozession (links) zeigt, wie entwickelt das Weberhandwerk im 15. Jh. v. Chr. war. Die Tradition des Webens ist noch an vielen Orten der Erde lebendig, wie man an diesen beiden Frauen aus Indien (kleines Foto, links) und Guatemala (unten) sieht.

Korbflechterei

Man vermutet, dass bereits die letzten altsteinzeitlichen Jäger und Sammler Matten, Netze und Behälter flochten. Die ältesten erhaltenen Fragmente, die die Flechtkunst belegen, reichen aber nicht weiter als in die Jungsteinzeit zurück. Diese 8000 Jahre alten Überreste, die in der ägyptischen Wüste und in der Höhle Los Murcielagos in Spanien entdeckt wurden, zeugen von hoch entwickelten handwerklichen Fähigkeiten. Dieselben Methoden werden heute noch verwendet.

Manche Gegenstände weisen darauf hin, dass sogar die Sparterie bereits bekannt war, ein Flechtwerk aus Bast oder Holz, das so dicht war, dass man z. B. Getreidekörner darin aufbewahren konnte. Die Korbflechter stellten auch Matten aus Stroh oder anderen Fasern her, die man in Ägypten und Mesopotamien zum Einwickeln und Transportieren von Waren verwendete. Sie dienten auch als Teppiche, Zeltleinwand sowie als Zwischenwände und Dachbedeckung.

Der technische Fortschritt wird an diesem mittelalterlichen Webstuhl (links) erkennbar. Er ist bereits mit einem pedalbetriebenen Rad ausgestattet. In Japan wurde dagegen im 18. Jh. noch in ganz traditioneller Weise gewebt (oben).

Textilfarbstoffe bringen Farbe in den Alltag

Textilfarbstoffe sind seit der Jungsteinzeit in Gebrauch. Im Nahen und Mittleren Osten spielten sie wegen ihrer Seltenheit und ihrem Preis eine wichtige wirtschaftliche Rolle. Sie waren die Grundlage für Reichtum und Ruhm mancher Regionen. Im Industal kannte man z. B. seit dem 3. Jt. v. Chr. den Färberkrapp, die syrische Küste war dagegen seit etwa 1500 v. Chr. für ihr aus der Murexmuschel extrahiertes Purpur berühmt. Farben wurden aus Pflanzen, Wurzeln, Körnern, Rinden, Insekten und Muscheln bzw. Schnecken gewonnen. Das Rot verdankte man der Schildlaus und der Kermesschildlaus, das Blau den Blättern des Färberwaids und der Indigopflanze, Gelb und Orange dem Safran. Bestimmte blaue Pigmente gewann man auch, indem man Flechten in den ammoniakhaltigen Urin tauchte. Die durch Erfahrung entwickelten Rezepte gab man nur geheim weiter. Die ersten schriftlichen Aufzeichnungen aus dem 8. Jh. v. Chr. liefern nur wenige Anhaltspunkte. Fäden oder Stoffe wurden zuerst gereinigt und entfettet. Bestimmte Fasern, etwa Wolle, behandelte man zur Fixierung mit einem „Beizmittel" wie Alaun oder Metallsalz. Dazu tauchte man sie in ein warmes Wasserbad, in dem die Pigmente gelöst waren. Die natürlichen Farbstoffe wurden erst im 19. Jh. durch synthetische Farbstoffe ersetzt. Den ersten, Anilin, erfand William Henry Perkin 1856.

Die leuchtenden Farben dieser Wollknäuel auf dem Markt von Chichi Castenango in Guatemala (rechts) verbreiten Fröhlichkeit.

auch in Mexiko und Peru, wo die Pflanze wild wuchs. Die Länge der Seidenfäden, die in China seit dem 3. Jt. v. Chr. verwendet wurden, scheint im Fernen Osten die Grundlage für technische Weiterentwicklungen der Webstühle gewesen zu sein. So erfand man in China um 2000 v. Chr. den Webstuhl mit Pedal. In den westlichen Ländern wurde die Seidenweberei erst im Mittelalter eingeführt.

In Europa hatten sich die Webrahmen bis dahin nur in einigen Details weiterentwickelt. Die Erfindung des Spinnrads im 13. Jh. war der erste Schritt in Richtung Mechanisierung. Mit einigen entscheidenden technischen Erfindungen, wie dem „fliegenden Schiffchen", auch „Schnellschütze" genannt, von John Kay (1733), der Spinnmaschine von James Hargreaves (1764) und der Kardiermaschine von Richard Arkwright (1775) gewannen die Spinnmaschinen und Webstühle an Qualität. Die Pläne zur Automatisierung, Mitte des 18. Jh. von Jacques de Vaucanson angestoßen, wurden mit dem automatischen Webstuhl, den Joseph-Marie Jacquard Anfang des 19. Jh. erfand, Realität. So nahm die industrielle Revolution ihren Lauf.

Das Kaugummi
(um 4500 v. Chr.)

Schon vor über 6500 Jahren kannten die Menschen eine Art Kaumasse. 1997 fanden Archäologen in Schweden ein „prähistorisches Kaugummi" auf Birkenholzbasis. Es wies Zahnspuren auf, die für langes Kauen charakteristisch sind. Auch ist bekannt, dass die Ägypter zur Zeit der Pharaonen eine aus dem Harz des Mastixstrauchs bestehende Kaumasse zur Herstellung von Kaugummi verwendeten.

Prächtig ist die Kaugummiblase, die diese Papua-Frau hervorbringt.

CHEWING-GUM

Im 19. Jh. gab es in den USA die ersten auf der Basis von Chiclé, dem Harz eines in Yucatán beheimateten Baumes, hergestellten Kaugummis. 1869 wurde das Patent auf Kaugummi angemeldet, eine Mischung aus Kautschuk und verschiedenen Geschmacksstoffen. Das Kaugummi erlebte sofort einen riesigen Aufschwung und wird seit 1900 industriell hergestellt. Das amerikanische Wort Chewing-gum wurde in viele Sprachen aufgenommen, in Frankreich stand es ab 1906 im Wörterbuch.

Die Trommel (um 4000 v. Chr.)

Die Menschen bemerkten, dass ein ausgehöhlter Baumstamm oder ein hohler Behälter einen hervorragenden Klangkörper bildet. Spannte man darüber eine Tierhaut und schlug mit der Hand oder mit Stöcken darauf, vibrierte die darin enthaltene Luft. Wurde diese Entdeckung bereits im Neolithikum gemacht? Manche Wandmalereien lassen es vermuten. Auch könnten einige Keramikgegenstände aus Osteuropa Reste von Trommeln sein – gegen Ende des Neolithikums meisterte der Mensch bereits das Binden mit Schnüren, so dass er den Trommelüberzug hätte spannen können. Die echte Trommel ist dadurch gekennzeichnet, dass sich die Spannung der Haut regulieren lässt, um die Resonanz konstant zu halten und die Tonhöhe zu verstellen.

Fest steht, dass in Ägypten ab dem 4. Jt. v. Chr. Trommeln existierten. Zylinder aus Terrakotta oder aus Bronze, die an beiden Enden mit Hautstücken verschlossen waren, dienten beim Militär als Musikinstrument. Sie wurden von den Nubiern im Süden des Landes eingeführt und begleiteten die marschierenden Armeen. Bei den Römern und Griechen wurde die Haut über einen Holzrahmen gespannt. Das fertige Instrument ähnelte einem mit Schellen besetzten Tamburin, wie es bereits die Hebräer verwendeten. Im Fernen Osten (China) wurde der Trommelkörper oft aus Metall hergestellt. Die Trommel gibt es in verschiedenen Formen und Größen, doch das Prinzip ist immer gleich geblieben.

Die Trommel war in Mexiko (links oben) seit dem 1. Jh. v. Chr. ebenso bekannt wie seit Jahrhunderten in Afrika (oben: Musikanten aus Burundi).

Kajal (um 3750 v. Chr.)

Die alten Ägypter liebten Düfte und Salben, die Vorläufer der Kosmetika, und legten Wert auf ein gepflegtes Erscheinungsbild. Seit der ersten Hälfte des 4. Jt. v. Chr. zeichneten Männer und Frauen ihre Augenkonturen mit einem dunklen Puder, dem Kajal, nach. Diese Erfindung verbreitete sich über alle Grenzen und über die Jahrhunderte hinweg.

Heilende Wirkung

Wie so viele Kosmetika hatte auch das Kajal anfangs prophylaktische Wirkung. Es ist ein Gemisch auf der Grundlage von Antimonpulver, das die Tränendrüsen anregt. Der verstärkte Tränenfluss reinigt die Augen und beugt Augenkrankheiten vor, seien sie durch Wind und Wüstenstaub oder durch Insekten bedingt. Außerdem wirkt Antimon keimtötend. Diese Eigenschaften waren den Ägyptern im Alten Reich wohl schon aus Erfahrung bekannt, denn sie verwendeten zum Wassertransport Kupfergefäße, die mit Antimon überzogen waren.

Das Auge des Falken

Die Ägypter benutzten Kajal als Zierde. Es ließ die Wimpern dichter wirken und schmeichelte den Augen. Seine Verwendung hatte aber auch symbolische Bedeutung: Das schwarz umrandete Auge erinnerte an Horus, den Falkengott mit dem prüfenden, durchdringenden Blick, der Sonne und Mond repräsentierte.

Der verzierte ägyptische Kajal-Flakon (15. Jh. v. Chr.) zeigt, dass diese antiseptische Schminke früher ebenso geschätzt wurde wie heute beispielsweise bei den Tuareg in der Republik Niger.

Eine jahrhundertealte Tradition

Kajal wurde auch außerhalb von Ägypten verwendet. Laut Bibel waren die Augen der gottlosen israelitischen Königin Isebel (9. Jh. v. Chr.) damit geschmückt. Sie stammte aus Phönizien, dem Land der Händler im Mittelmeerraum, die u. a. mit ägyptischen Waren handelten. Auch nach der Entstehung und Ausbreitung des Islam im 7. Jh. war Kajal bei den Frauen weiterhin beliebt. In der islamischen Welt, von Nordafrika bis in den östlichen Mittelmeerraum, umrahmen die Frauen heute noch ihre Augen und die ihrer Kinder, um sie vor bösen Flüchen zu schützen. Manchmal streichen sie die Farbe sogar nach dem Durchtrennen der Nabelschnur um den Nabel des Neugeborenen, um es vor Infektionen zu schützen. Die westlichen Frauen legten zwar lange Zeit mehr Wert auf das Schminken des Teints und des Mundes, doch seit Mitte des 20. Jh. haben sie mit der Wimperntusche die Anziehungskraft orientalischer Blicke (wieder-) entdeckt.

Parfum (um 3500 v. Chr.)

In den Tempeln Thebens ehrten die Priester vor 5500 Jahren die Götter durch duftendes Räucherwerk – so entstand das Parfum (lateinisch: *per fumum*, „durch den Rauch"). Die Räucherwaren wurden nach heiligem Brauch aus dutzenden verschiedener Zutaten gefertigt. Man gab Trauben, Honig, Myrrhe, Kardamom und vieles mehr in erhitzte Gefäße, wo sie in der Wärme ihr Aroma entfalteten. Dies ist die einfachste Methode, Parfum herzustellen.

Die Frauen der gallo-romanischen Zeit (1. Jh.) kannten den Wert des Parfums und verwahrten es in kostbaren kleinen Phiolen (links und oben).

Bald schon verwendeten die Ägypter andere Techniken der Zubereitung. Sie bemerkten, dass Fett die Eigenschaft besitzt, Düfte zu konservieren. Sie ließen duftende Blütenblätter, Gewürze oder Harze in Fett ziehen und erhielten auf diese Weise parfümierte Öle und Salben. Diese nutzten die Ärzte zur Heilung von Krankheiten.

Die Ägypter glaubten, dass alle Krankheiten von Dämonen verursacht wurden, die durch offene Wunden in den Körper eindringen konnten. Da die Öle beim Auftragen auf die Haut wohlriechende Düfte entwickelten, sollten sie die Dämonen verjagen. Öle und Salben blieben aber nicht nur den Kranken und den Göttern vorbehalten. Seit 3500 v. Chr. wurde das Parfum bei Frauen ein regelmäßiger Bestandteil ihrer Toilette. Die ägyptischen Herrscherinnen bis hin zu Kleopatra nutzten es bereits, um ihre Wünsche auf subtile Weise durchzusetzen.

Dieses bronzene Räuchergefäß in Gestalt eines Falken (Ende 12. Jh.) zeigt die Schönheit der islamischen Kunst (unten).

Zunehmende Raffinesse

Die Griechen, später auch die Römer, erweiterten das Repertoire der Düfte. Die Athleten der frühen Olympischen Spiele massierten vor den Wettkämpfen ihren Körper mit duftenden Ölen. Die Römer erfanden im 1. Jh. v. Chr. den Parfumflakon aus geblasenem Glas. Im 1. Jh. n. Chr. verfasste Plinius der Ältere in seiner Naturgeschichte die erste wissenschaftliche Abhandlung über die Herstellung und Klassifizierung der verschiedenen Parfums.

Später erfanden die Araber den Destillierkolben und das Destillierverfahren. Dabei erhielten sie durch Erhitzen einer Mischung aus Wasser und Pflanzenextrakten ein konzentriertes Öl, d. h. eine Parfumessenz. Mit ihrer genauen Kenntnis zahlreicher Gewürze erweiterten die Araber auch die Vielfalt der Duftstoffe. Die Kreuzritter brachten im 12. Jh. diese neuen Techniken aus dem Heiligen Land zu uns nach Europa und verhalfen dem Parfum zu einem erneuten Durchbruch.

Das Rad (um 3500 v. Chr.)

Eine Erfindung von großer Tragweite

Mit der Erfindung des Rades machte der Mensch einen gewaltigen Schritt nach vorn. Das Rad revolutionierte das Transportwesen und legte den Grundstein für Kommunikation und Austausch. In der Mechanik ermöglichte es den Bau komplexer Maschinen. Kaum eine andere Erfindung hatte größere Auswirkungen auf den Alltag.

Scheibenräder wurden sehr lange verwendet, wie diese Darstellungen eines Streitwagens aus Ugarit (oben) und aus Sumer (links) zeigen. Sie stammen beide aus dem 1. Jt. v. Chr., obwohl das Rad bereits zwei Jahrtausende zuvor erfunden worden war.

Töpferscheibe, Spinnrad, Streitwagen, Mühle und Fahrrad haben etwas gemeinsam – das Rad, ohne das keine dieser Erfindungen existieren würde. Aber wann wurde das Rad erfunden? Die Möglichkeiten, die zylindrische und auch scheibenförmige Gegenstände eröffneten, wurden dem Menschen zum ersten Mal bewusst, als er mehr oder weniger runde Steine, die er in der Natur fand, und später dann gefällte Baumstämme zum Bau seiner Hütten verwendete. Ein Baumstamm, der rollt, muss nicht getragen werden und kostet daher wesentlich weniger Anstrengung. Schritt für Schritt setzte sich ein Gedanke fest: Wenn es gelänge, Gegenstände, die selbst nicht rund sind, mithilfe runder Gegenstände zu rollen, müsste man nichts mehr ziehen oder über den Boden schleifen, was manchmal mit schier unüberwindlichen Schwierigkeiten verbunden war. Welche Gedankenkette führte den Menschen von diesem Ausgangspunkt zum Rad? Der Zufall hatte hier sicherlich die Hand nicht im Spiel; vielmehr müssen wir uns eine lange Reihe von Versuchen vorstellen, deren Schritte kaum mehr rekonstruierbar sind. Im Gegensatz zu den Töpferscheiben aus Ton, die etwa zur gleichen Zeit, um 3500 v. Chr., erfunden wurden, haben die Holzräder die Zeit nicht überdauert.

Die ersten Wagen

Wenn man bedenkt, welcher Fortschritt sich aus der Erfindung des Rades ergeben hat, kann man sich kaum vorstellen, dass der Mensch auch ohne das Rad zurechtgekommen wäre. Und dennoch wurden die Pyramiden des Alten Reiches erbaut,

als das Rad noch nicht existierte. Die ägyptischen Architekten ließen Rampen konstruieren, um die riesigen Steinblöcke, aus denen die Mauern bestehen, an ihren Bestimmungsort zu bringen. Auch die Inka haben monumentale Bauwerke errichtet, ohne dazu das Rad zu benutzen. Die Historiker setzen die Erfindung des Rades übereinstimmend etwa um die Mitte des 4. Jt. v. Chr. an. Bei der ältesten überlieferten Darstellung handelt es sich um ein Piktogramm, das in eine Tafel im Inanna-Tempel von Erech im unteren Zweistromland eingeritzt ist (3200 v. Chr.). Es zeigt einen Wagen mit zwei Scheibenrädern. Die beiden Räder scheinen aus mehreren Holzstücken zu bestehen, die mit Riemen zusammengefügt wurden. Zu dieser wenig stabilen Konstruktion kommt noch hinzu, dass die Achsen fest mit dem Chassis verbunden waren, so dass man den Wagen bei jeder Richtungsänderung hochheben musste. Und doch bewirkte diese Art von Wagen große Veränderungen – nun konnte man lange Strecken anders als reitend zurückzulegen und schwere Ladungen kraftsparend transportieren.

Fortbewegung, Transport – und Kampf

Der Vorläufer aller Fahrzeuge war der Travois, eine Trage aus zwei langen Stangen, deren eines Ende auf der Erde schleifte. Das andere Ende wurde von einem Menschen oder einem Tier gezogen. In einem an den beiden Stangen befestigten dreieckigen Gestell konnte man Lasten befördern. Irgendwann legte man dann die beiden Stangen über eine Achse, an der auf jeder Seite ein Rad angebracht war. Darauf wurde eine rechteckige Kiste gebaut – und fertig war der Wagen. Die ersten von Ochsen oder Eseln gezogenen Exemplare hatten zwei oder vier Scheibenräder und waren sehr schwer und unbeweglich. Eine abgewandelte Form dieses Typs mit Seitenwänden und einem hohen Schutzgitter vorn wurde auch im Krieg eingesetzt. Er diente als mobile Plattform auf dem Schlachtfeld, eignete sich jedoch nicht für Angriffe.

Pferde und Speichenräder

Die wichtigste und für die Zukunft des Transportwesens entscheidende Weiterentwicklung tauchte in Mesopotamien zu Beginn des 2. Jt. v. Chr. auf: das Speichenrad. Es war wesentlich leichter als das Scheibenrad und bestand aus Holz oder Bronze. Damit wurde es möglich, Streitwagen mit zwei Rädern und halbrundem Chassis zu bauen, die wesentlich leichter und schneller waren als ihre Vorgänger. Wie so häufig in der Geschichte der Erfindungen, kam diesem Fortschritt eine weitere Entwicklung zur Hilfe: Das Pferd, im 18. Jh. v. Chr. von den Hethitern, die das Land überfielen und die Amoriter stürzten, eingeführt, verbreitete sich schnell im gesamten Kulturkreis des Zweistromlandes. Ausdauernd, leicht zu dressieren und zu lenken, war das Pferd bald das beliebteste Zugtier für die leichten Streitwagen, die zunächst nur im Krieg, später auch zum Transport von Mensch

Dieses verkleinerte Modell des Sonnenwagens aus dem dänischen Trundholm zeigt, dass das Speichenrad bereits im 16. Jh. v. Chr. existierte, auch wenn das Geschirr etwas abenteuerlich anmutet (links).

Von den Assyrern wurden seit Beginn des 1. Jt. v. Chr. riesige Räder gebaut.

Mit dem Streitwagen zum Sieg

Dem leichten Streitwagen war es zu verdanken, dass der nomadische Kriegerstamm der Hyksos die ägyptischen Armeen des Mittleren Reiches überrennen konnte. Er war leicht, wendig und für die Schlacht geeignet: Ein Krieger lenkte das Fahrzeug und der andere hatte beide Hände frei, um mit Pfeil und Bogen oder mit dem Säbel zu kämpfen. Auf unebenem Terrain erwies sich der Streitwagen allerdings als instabil, und die Pferde waren den Pfeilen und Projektilen der Gegner schutzlos ausgeliefert. Aus diesem Grund ersetzte man den Streitwagen im römischen Kaiserreich durch die Kavallerie.

Die Ägypter hatten von den einfallenden Hyksos gelernt, wie man leichte Streitwagen aus Bronze baut.

Die Entwicklung des Rades verlief vom Scheibenrad (links) über die Wagen- und Karrenräder (Mitte) bis hin zum modernen Fahrradreifen (rechts).

und Ware eingesetzt wurden. Schon damals stellte die Möglichkeit der schnellen Fortbewegung das Leben der Menschen auf den Kopf und erleichterte die Kommunikation: Aus militärischen, politischen und kommerziellen Gründen erbauten daher die Römer ein Straßennetz, das zu Beginn des 3. Jh. fast 100 000 km lang war.

Weitere Verbesserungen

Zur Zeit des römischen Imperiums machten die Kelten eine wichtige Entdeckung. Sie stellten die Felge in erhitztem Zustand aus einem Stück her und schützen sie mit Bandeisen gegen die Abnutzung. Zusätzlich legten sie ein Holz- oder Bronzelager, ja sogar kleine Kugeln aus hartem Holz, zwischen Nabe und Achse, um die Reibung zu verringern und das Material zu schonen. Das sich ständig weiterentwickelnde Rad wurde für alle von Tieren gezogenen Fahrzeugtypen wie Karren, Kaleschen, Post- und Reisekutschen unverzichtbar und sollte später zum wichtigsten Bestandteil des ersten mechanischen Fortbewegungsmittels werden – des Fahrrads. Ende des 19. Jh. versah man das Rad mit einem Gummiüberzug. So entstand der Reifen, der zusammen mit dem Explosionsmotor die Grundlage für die Erfindung des Automobils bildete. Seitdem wurden die Reifen ständig verbessert, z. B. durch Leichtmetallfelgen und Verbundfasern.

Das Rad als Kraftverstärker

Das Rad wurde jedoch keineswegs nur für den Transport verwendet. Seit dem 3. Jt. v. Chr. waren in Mesopotamien Mühlsteine und Drehmühlen im Einsatz, um Korn zu zerkleinern und Öl und Wein zu produzieren. Diese archaischen Vorrichtungen, die von Hand oder einem Tier gedreht wurden, gelangten im 4. Jh. v. Chr. bis nach Ägypten, erreichten Westeuropa aber erst drei Jahrhunderte später.
Im 2. Jt. v. Chr. trat eine neue Erfindung nahezu gleichzeitig im Nahen Osten und in einigen Regionen Afrikas und Asiens auf. Es handelt sich um die erste große hydraulische Maschine, das Wasserschöpfrad. Am Ufer vieler Flüsse wurden damals große Räder mit Vorsprüngen und Schöpfgefäßen am seitlichen Rand aufgebaut. Angetrieben wurden sie durch Wasser- oder Muskelkraft. Das Rad schöpfte Wasser in die seitlich angebrachten Gefäße, hob es in die Höhe und goss es in Kanäle, die die umliegenden Felder bewässerten. Das Wasserschöpfrad, das auch heute noch zum Landschaftsbild mancher Regionen in Afrika und im Nahen Osten gehört, bildete möglicherweise die Grundlage für die Wassermühle, die Ende des 1. Jt. v. Chr. im römischen Imperium entstanden ist.

Revolutionäre technische Neuerungen

Im Lauf der Zeit wurde das Rad zur Grundlage wichtiger Erfindungen. Das Zahnrad, das die Chinesen wahrscheinlich schon seit dem 3. Jt. v. Chr. kannten, tauchte etwa im 4. Jh. v. Chr. bei den Griechen auf und wurde später von Archimedes von Syrakus „wiederentdeckt“, der auch als der Erfinder der Verzahnung gilt. Auf die in Griechenland verwendete Wassermühle mit horizontalem Antriebsrad folgte die Mühle mit vertikalem Rad. Sie weist zum ersten Mal ein Tellerradgetriebe auf, das die Drehung des Mühlrades auf die Achse überträgt, an der der Mühlstein befestigt ist. Vitruv, der diesen Mechanismus im Jahr 25 v. Chr. erklärte, konnte die Maschine daher folgerichtig als zusammengesetztes, von einem Räderwerk künstlich angetriebenes Werkzeug beschreiben. Von da an wandte der Mensch immer neue Methoden zur Kraftübertragung und -verstärkung an. Einer Weiterentwicklung des Zahnrades mit kleinen Holzstäben, die im rechten Winkel zu seiner Oberfläche standen und als Zähne dienten, stand eine große Zukunft bevor, denn es blieb bis ins 18. Jh. hinein in Gebrauch.
Ohne Zahnräder wären weder das Schaufelrad noch die Windmühle, die schon den Propellerantrieb vorwegnahm, noch die Uhr oder die Fahrradkette je erfunden worden.

Mithilfe des Rades lässt sich sogar Wasser fördern: Über ein von einem Zugtier bewegtes horizontal angebrachtes Rad wird Wasser aus einem Brunnen gefördert und anschließend in die Bewässerungskanäle geleitet. Diese über 2000 Jahre alte Methode findet auch heute noch Verwendung.

Vom Menschen angetrieben: Das Laufrad

Die Technik, ein Rad durch Menschenkraft anzutreiben, war seit der Römerzeit bekannt. Sie wurde oft in Bergwerken eingesetzt, aus denen ständig Grundwasser herausgeschöpft werden musste. Der Mann, der das Rad drehen sollte, setzte seine Füße auf Zapfen, die an der Innenwand des Radzylinders angebracht waren, und trieb das Rad mit jedem Schritt an. Bei jeder Umdrehung wurden Näpfe ins Wasser getaucht, die dann nach oben wanderten und ihre Ladung in einen Bottich kippten. Dieser Mechanismus wurde im Mittelalter als Hebevorrichtung verwendet. Der Festungsbaumeister Vauban ließ im 17. Jh. auf diese Weise das Wasser aus den Brunnen der Festungen schöpfen.

Vom Zahnrad, das von Charlie Chaplin zum Sinnbild der Industrialisierung gemacht wurde, bis hin zu den Riesenrädern in den großen Vergnügungsparks wurde das Rad zum Symbol für Bewegung, Unternehmergeist und Eroberung.

Maschinen erleichtern das Leben

In dem aus dem 4. Jh. v. Chr. stammenden Werk *Mechanica* der Aristotelischen Schule wird die Rolle erwähnt. In Kombination mit der Winde ermöglichte sie die Entwicklung neuartiger Pressen, die schließlich durch die Erfindung der Schraube perfektioniert wurden. Aus Winden und Rollen konstruierte man auch die ersten Hebevorrichtungen. Angeblich geht der Flaschenzug mit drei Rollen, der die Zugkraft, die durch die Winde auf das Seil ausgeübt wird, vervielfacht, auf Archimedes zurück. Diese vom Rad abgeleiteten Erfindungen ermöglichten das Heben immer schwererer Lasten und bereiteten den Weg für die architektonischen Meisterleistungen der Griechen und Römer und letztendlich auch für die modernen Maschinen.

Von der Spindel zum Spinnrad

Das Spinnrad wurde in Asien erfunden und gelangte erst zwischen dem 8. und 9. Jh. im Zuge arabischer Eroberungsfeldzüge nach Spanien. Vorher hatte man ein Rad verwendet, das jedoch nur eine Vergrößerung der Spindel darstellte. Erst wenn man es mit der Hand drehte, wurde auch die Spindel gedreht. So hatten die Spinnerinnen zuerst das Rad zu drehen und dann den Faden auf die Spule zu wickeln. Das Spinnrad war dagegen mit einem Pedal ausgestattet, sodass die Hände frei blieben. So konnte man gleichzeitig spinnen und wickeln, was die Arbeit sehr beschleunigte. Im Mittelalter entwickelte sich dann eine richtige Textilindustrie.

Moderne Zeiten

Um 1800 zeichnete der Engländer George Cayley Pläne für ein Speichenrad, das für ein Flugzeug bestimmt war. Zunächst kam dieses leichte und doch widerstandsfähige Rad jedoch dem Fahrrad zugute. Ein anderer Engländer, James Starley (auch Vater der Fahrradindustrie genannt), stellte 1870 ein Rad her, dessen Speichen sich wieder befestigen ließen, wenn sie zu viel Spiel hatten. Da sie nicht durch die Nabe verliefen, konnten sie den starken Beschleunigungs- und Bremskräften besser Paroli bieten.

Im 20. Jh. spielte der Kreiselkompass (Gyroskop) eine immer wichtigere Rolle für die Navigationssysteme von Schiffen und Flugzeugen. Maßgeblich an seiner Erfindung beteiligt war der deutsche Ingenieur Hermann Anschütz-Kaempfe. Im Jahr 1908 übernahm die deutsche Marine den Kreiselkompass, der bereits kurze Zeit später Eingang ins Deutsche Museum in München fand. Bereits 1912 wurde mithilfe des Kreiselkompasses der erste Autopilot für ein Flugzeug gebaut.

In seiner ultraleichten Form ist das Rad perfekt an die Anforderungen des Leistungssports angepasst.

Sägen (um 3500 v. Chr.)

Feuersteine mit feinen Zacken aus vorgeschichtlicher Zeit stellen wahrscheinlich schon erste Vorläufer der Säge dar. Die ersten bekannten Sägen aus Metall (um 3500 v. Chr.) wurden zuerst aus Kupfer, später aus Bronze hergestellt. Um 1200 v. Chr. kamen Sägen aus Eisen in Gebrauch, mit denen es möglich war, Baumstämme zu Brettern zu zersägen. Seit Mitte des 7. Jh. v. Chr. wurden auch Steine mit Eisensägen zurechtgeschnitten, wie Spuren an Steinen der ägyptischen Pyramiden beweisen.

Schweißen (um 3500 v. Chr.)

Die goldenen Blätter wurden vor 5000 Jahren an die Segmente dieser sumerischen Halskette geschweißt (links).

Die Bandsäge (oben) wird seit 2500 Jahren unverändert nach demselben Muster gebaut.

Schon im 4. Jt. v. Chr. entwickelten die Mesopotamier das Schweißverfahren, um Goldplättchen zusammenzufügen. Gold verschmilzt beim Erhitzen ganz leicht mit sich selbst, ohne sichtbare Spuren zu hinterlassen. Dieses so genannte autogene Schweißverfahren wurde um 1500 v. Chr. weiterentwickelt, als die Hethiter Eisen zu nutzen begannen. Vergeblich versuchten die Schmiede die Eigenschaften des Goldes auf Kupfer und Bronze zu übertragen. Wohl durch Zufall stießen sie bei ihren zahlreichen Versuchen mit dem Erhitzen aller möglichen Metalle auf die Idee, Metalle mithilfe eines anderen Metalls (in ihrem Fall Zinn) zu verbinden (heterogenes Schweißen). Das Feuerschweißen im Schmiedeofen ist das einzige Verfahren, das bis ins 19. Jh. angewendet wurde. Erst seit der Erfindung des Lichtbogenschweißens im 20. Jh. wird das Schweißen in großem Maßstab zur Montage von Bauteilen eingesetzt.

Weiterentwickelte Verfahren

Heute bedient man sich des Ultraschallschweißens, des so genannten US-Schweißens, um verschiedene Metalle oder auch Metall- und Keramikteile miteinander zu verbinden – etwa bei Batterien elektrisch betriebener Fahrzeuge. So wurde der Titan-Brennstofftank der Ariane-V-Rakete per Elektronenstrahl-Schweißverfahren montiert. An unzugänglichen Stellen ersetzen heute Schweißroboter den Menschen. Gegenwärtig sind etwa 300 verschiedene Schweißtechniken im Einsatz.

Nageln (um 3500 v. Chr.)

Der Renaissance-Maler Angelico hat die Nägel, mit denen Christus ans Kreuz geschlagen wurde, auf Leinwand gebannt.

Um Metallplättchen aneinander zu befestigen oder um sie auf Gegenständen aus Holz, Stein oder Kupfer anzubringen, verwendete man in Mesopotamien um 3500 v. Chr. Lederriemen oder hölzerne bzw. knöcherne Zapfen. Auf der Suche nach haltbareren Verfahren wurde ein Zapfen aus gehämmertem Kupfer bzw. gehämmerter Bronze, der Nagel, entwickelt. Die verschieden großen Nägel aus Mesopotamien sehen den heutigen Exemplaren zum Verwechseln ähnlich. Allerdings waren auch Kupfer und Bronze nicht hart genug, um wirklich zu halten. Der Nagel wurde erst in großem Stil einsetzbar, als er aus Eisen hergestellt wurde.

Die Schrift (um 3200 v. Chr.)

Die Entstehung der Schrift

In der sumerischen Stadt Uruk stießen Archäologen im großen Tempel auf Tontafeln aus der Zeit um 3200 v. Chr. Sie listeten den Bestand an Getreidesäcken und Vieh auf, der dem Tempel gehörte. Somit ist die Schrift ursprünglich kein Kind der Dichtkunst, sondern ein effizientes Hilfsmittel der Verwaltung gewesen.

Mit zunehmendem Wohlstand und steigenden Überschüssen wuchs auch das Bedürfnis, den Überblick über die Vorräte zu behalten. Schon bald war das menschliche Gedächtnis nicht mehr in der Lage, mit den expandierenden Lagerbeständen und dem lebhaften Warenverkehr Schritt zu halten. Immer häufiger musste auf Gedächtnisstützen zurückgegriffen werden, wie sie die Menschheit seit Beginn der Jungsteinzeit entwickelt hatte, seien es Einkerbungen in Knochen oder Stein, Tonfigürchen oder in Stein geritzte Zeichnungen.

Innerhalb der Siedlungen, in denen mehrere tausend Einwohner lebten, gewannen Aufgaben wie Buchführung und das Erstellen von Aufzeichnungen immer größere Bedeutung. Beweise dafür findet man etwa in Uruk, der ersten am Euphrat entstandenen Stadt, die umfangreiche Handelsbeziehungen zu anderen Gemeinschaften unterhielt.

Während der etwa 4000 Jahre alte Knochen aus China (oben) magische Zeichen trägt, zeigt die Keilschrifttafel (um 3100 v. Chr.) eine Warenliste (rechts).

Ein Geschenk der Götter

Doch lässt sich eine so herausragende Erfindung wie die Schrift wirklich darauf reduzieren, dass sie den frühen Buchhaltern das Leben erleichterte? Sind ihre Anfänge nicht doch in anderen Bereichen zu finden – vielleicht in den mesopotamischen Tempeln, wo es üblich war, aus den Eingeweiden von Tieren warnende Vorzeichen herauszulesen? Solche Götterbotschaften zu sammeln war die Aufgabe der Seher, und es ist durchaus denkbar, dass sie diese Zeichen in Schrift übertrugen. Genau dies taten die Seher in China, einem weiteren Zentrum, das ein Schriftsystem hervorgebracht hatte.

Die ersten bekannten Schriftzeichen Chinas stammen aus dem 13. Jh. v. Chr. Man findet sie auf Knochen von Hirschen und Horntieren oder Bruchstücken von Schildkrötenpanzern. Die Seher erhitzten diese Fragmente und deuteten die durch die Hitze entstandenen feinen Risse. In der chinesischen Tradition wird die Schrift als ein Geschenk der Götter betrachtet – ebenso wie in Ägypten, wo sie am Ende des 4. Jt. v. Chr. auftauchte. Das griechische Wort Hieroglyphe bedeutet „heiliges Schriftzeichen".

Allmächtige Verwaltung

Doch keine Theorie führt an der Tatsache vorbei, dass die Schrift innerhalb städtischer Gesellschaften entstand, die über

Die Stellung des Schreibers

Wer schreiben konnte, brauchte den Rücken nur krumm zu machen, wenn er sich über die Papyrusrolle beugte, auf der festgehalten wurde, was im Reich der Pharaonen vor sich ging. „Werde Schreiber, dann musst Du keine anstrengende und mühsame Arbeit tun." Dieser etwa um 1225 v. Chr. erteilte Rat ist bezeichnend für die Stellung der Schreiber. Als Beamter war er ein wichtiges Rädchen in der Verwaltung und genoss bestimmte Privilegien, z. B. war er von Steuern befreit. Während seiner Lehrzeit in den so genannten „Lebenshäusern", die den Tempeln angegliedert waren, lernte er Tinte herzustellen und seinen Pinsel vorzubereiten. Erst dann konnte er damit beginnen, die während des Neuen Reiches gebräuchlichen etwa 700 Hieroglyphenzeichen zu schreiben.

Im alten Ägypten nahm der Schreiber eine herausragende gesellschaftliche Stellung ein. Die hier verewigte Persönlichkeit lebte im 3. Jt. v. Chr.

eine soziale und politische Hierarchie sowie eine etablierte Religion verfügten, Handel trieben und die Metallbearbeitung beherrschten. In der Stadt Uruk wurde eine Schrift entwickelt, bei der keilförmige Schriftzeichen aneinander gereiht wurden – die Keilschrift. Sie verbreitete sich schnell und wurde ab Ende des 3. Jt. v. Chr. im gesamten Nahen Osten gebräuchlich. In Ägypten traten die ersten Hieroglyphen im späten 4. Jt. auf, doch erst die politische Einigung des Landes brachte den Durchbruch der Hieroglyphenschrift. Somit entwickelte sich die Schrift analog zu den Anforderungen einer zentralen Verwaltung, die ein Heer von Schreibern bzw. Mandarinen unterhielt. Ihre Aufgabe bestand darin, die Bevölkerung zu zählen, Katasterbücher zu erstellen und über die Ernten Buch zu führen.

Gesetzgebung und Briefwechsel

Auch der Handel unterlag der Kontrolle der Schreiber, die über die Reichtümer des Landes wachten. Mithilfe von Handelsverträgen ließ sich der Warenverkehr verfolgen – etwa zwischen Mesopotamien und Ägypten, die damals sowohl wirtschaftliche als auch diplomatische Beziehungen unterhielten. Die Schrift spielte eine wichtige Rolle bei der Entwicklung der Außenpolitik,

Diese Terrakotta-Tafeln mit „Umschlag" (unten rechts) aus Kappadokien im östlichen Kleinasien stammen aus der Zeit um 1900 v. Chr. Man kann sie als Urform unserer heutigen Briefe ansehen.

Unmittelbar zugängliche Bilder

Am Anfang aller Schriftsysteme stand ein Bildzeichen, ein Piktogramm, das sich auf Sachen, Wesen, Begriffe oder Ideen bezog. In den ältesten mesopotamischen Dokumenten sieht man häufig Getreidesäcke oder eine Hand, die wohl eine Besitzurkunde unterschreibt. Während sich einem diese Zeichnungen fast auf Anhieb erschließen, muss man sich in die sumerischen Tafeln erst hineindenken, um beispielsweise einen stilisierten Rinderkopf erkennen oder das Wort für Himmel erfassen zu können. In der Folgezeit entfernten sich die Schriftzeichen immer stärker von der bildhaften Wirklichkeit; sie wurden

abstrakter und bestanden z. B. in der Keilschrift aus senkrechten und waagrechten Keilen und Winkelhaken.

Ungeachtet der Jahrtausende blieben die ägyptischen Hieroglyphen dagegen bildhaft; die Ausdrucksmöglichkeiten waren jedoch so differenziert, dass Fachleute heute z. B. bestimmen können, zu welcher Art ein in Stein geritzter Vogel oder eine auf Papyrus gezeichnete Pflanze gehört.

Die Wiedergabe von Lauten

Dennoch erfuhren all diese Schriftsysteme eine gemeinsame Entwicklung. Sie wurden zunehmend komplexer und gaben schließlich vollständige Sätze wieder, d. h. sie bezogen den Satzbau mit ein. Darüber hinaus konnten nun mithilfe der Zeichen, die bislang Gegenstände oder Begriffe dargestellt hatten, gesprochene Laute wiedergegeben werden. Ein Zeichen stand zugleich für einen Begriff oder einen Lautwert. Beispielsweise konnte man das sumerische Bildzeichen, das einen Pfeil darstellt, tatsächlich als Pfeil (ti) interpretieren – es stand aber auch für das Wort „Leben", das ebenfalls ti hieß.

Ebenso bezog sich die Hieroglyphe, die eine Hacke darstellt, sowohl auf dieses Gerät ägyptischer Bauern als auch auf die Liebe, ein phonetisch gleich klingendes Wort (beide Worte werden mer gesprochen). Das Nebeneinander von Begriffszeichen und phonetischen Zeichen zog wiederum die Verwendung begleitender Zeichen nach sich, die Aufschluss über die Kategorie gaben, zu der das jeweilige Zeichen gehörte.

denn mit ihrer Hilfe wurden Verträge fixiert – darunter auch der zwischen den Ägyptern und Hethitern von 1258 v. Chr., der nach der Schlacht von Kadesch geschlossen wurde. Er gilt zu Recht als der wichtigste zwischenstaatliche Vertrag im 2. Jt. v. Chr. Aufgrund eines Vertrages konnte sich der König von Assyrien, Assuruballit, im 14. Jh. v. Chr. bei dem ägyptischen Pharao Amenophis III. beschweren, dass er das Gold nicht erhalten habe, welches ihm im Gegenzug für die Unterzeichnung eines Friedensabkommens zugesichert worden war: „In deinem Land ist das Gold wie Staub, man muss es nur aufheben. Warum bist du damit so geizig?" Seine Mitteilung findet sich auf einer 1887 im ägyptischen Amarna entdeckten Tontafel und zählt zur umfangreichen diplomatischen Korrespondenz der Pharaonen Amenophis III. und Amenophis IV. Die keilförmigen Schriftzeichen weisen darauf hin, dass es damals bereits offizielle Übersetzer gab.

Von Sumer nach China

Die Keilschrift gibt die sumerische Sprache ebenso gut wieder wie die akkadische – ein Beweis dafür, dass die Keilschrift weit über die Grenzen von Sumer hinausgelangt war. Akkadisch sprach das semitische Volk, das nach den Sumerern um 2000 v. Chr.

In bildhaften Zeichen übermittelte das im Grab Thutmosis III. in Theben gefundene Totenbuch (links) seine Botschaften.

Mesopotamien beherrschte. Die Keilschrift wurde sowohl in den mesopotamischen Reichen Babylonien und Assyrien als auch in Elam und anschließend im Perserreich verwendet – ebenfalls bei den Hethitern in Anatolien, im Reich von Urartu in Armenien und bei den Kanaanitern in Palästina. In Asien trug die chinesische Schrift zur kulturellen und politischen Einheit des Reiches der Mitte bei und wurde schließlich von den Koreanern und den Japanern übernommen.
Diese frühen Schriftsysteme hatten den Vorteil, dass die Bilder von den Lauten unabhängig waren. Somit konnten die Schriftzeichen auch von einer Bevölkerung übernommen werden, die eine andere Sprache oder andere Dialekte sprach.

Geschichtsschreibung und Literatur

Die Kodifizierung religiöser und politischer Regeln ist eng mit gesellschaftlichen Entwicklungsprozessen verbunden. Hammurabi, von 1792 bis 1750 v. Chr. König von Babylonien, hielt die in seinem Reich geltenden Gesetze in einem Kodex fest, „um das Recht im Land zu proklamieren, die Schlechten und Niederträchtigen auszugliedern, um die Unterdrückung des Schwachen durch den Starken zu verhindern“. Mit der Veröffentlichung des Kodexes, der seinen Namen trägt, beabsichtigte der König, „dem Volk wie die Sonne zu erscheinen und sein Land zu erleuchten“.
Mit der Schrift wurden Geschichtsschreibung und Literatur geboren. Fortan besaß die Menschheit ein unvergängliches Gedächtnis, denn sie konnte von ihrer Vergangenheit berichten, ihr Wissen weitergeben oder Legenden erzählen. Es ist sicher kein Zufall, dass eine der ältesten Erzählungen von der Suche nach Unsterblichkeit handelt. Die Rede ist von den Dichtungen des Gilgamesch, des sagenhaften Königs von Uruk. Das in den ersten Jahrhunderten des 2. Jt. v. Chr. entstandene Werk umfasste etwa 3600 Verse auf 11 Tontafeln.

Entwicklung der frühen Schriften

Die chinesische ist die einzige dieser frühen Schriften, die heute noch verwendet wird. Schon vom 4. Jh. v. Chr. an lag ihr Schriftbild fest und blieb bis zu der von der kommunistischen Führung im Jahr 1956 initiierten Schriftreform praktisch unverändert. Die ägyptische Schrift

Aus der Haltung der Schreiber geht hervor, dass sie aufmerksam notieren, was ihnen der König diktiert (links).

In rund 2500 Jahren hat sich an den chinesischen Schriftzeichen fast nichts geändert. Die oben abgebildeten Begriffszeichen stammen aus dem 6. Jh. v. Chr. und sind identisch mit denen auf den Neonschildern in einer Straße von Schanghai.

Aus dem 2. Jh. v. Chr. stammt der berühmte Stein von Rosette, der hier neben einer Tafel und einem Siegel abgebildet ist.

überdauerte das Ende des Pharaonenreichs nicht. Ab dem 3. Jh. v. Chr. wurden im Ägypten der aus Makedonien stammenden Ptolemäer griechische Buchstaben eingeführt. Für die Abschrift religiöser Texte verwendete man zwar weiterhin aus Hieroglyphen abgeleitete hieratische Zeichen, doch ging dieses Wissen verloren, als die Tempel im 4. Jh. geschlossen und die Schreiber vertrieben wurden. Wie andere Schriften war auch die Keilschrift einer kleinen Elite vorbehalten.

Als Babylonien unter den heftigen Angriffen der Perser im Jahr 539 v. Chr. zusammenbrach, erlosch das Gedächtnis der alten mesopotamischen Kulturen. Erst mit der zwischen 1851 und 1905 erfolgten Entzifferung der akkadischen und sumerischen Inschriften wurde es wiederentdeckt.

Das erste Alphabet – eine Revolution

Bevor sie in Vergessenheit geriet, hinterließ die Keilschrift der Menschheit ein wichtiges Erbe: das erste Alphabet, im 14. Jh. v. Chr. in Ugarit in Syrien entwickelt. Obwohl seine 22 Zeichen nur Konsonanten wiedergaben und die Vokale beim Sprechen oder Lesen eingefügt werden mussten, war ein entscheidender Schritt getan, denn nun ließ sich mit einer geringen Anzahl von Zeichen jedes beliebige Wort schreiben! Durch die Phönizier, ein Handelsvolk, das an der Küste des heutigen Syrien und Libanon lebte, gelangte diese revolutionäre Neuerung ins Abendland. Diese Seefahrer verbreiteten ihr Alphabet, das von dem in Ugarit gebräuchlichen abgeleitet war, im gesamten östlichen Mittelmeerraum. Es wurde von den Griechen aufgegriffen, die es ihrer Sprache anpassten und ihm Vokale hinzufügten. Im 5. Jh. v. Chr. lagen die 24 Buchstaben des griechischen Alphabets fest.

Enträtselung der Schriftsysteme

Mithilfe des Steines von Rosette, auf dem ein und derselbe Text in Hieroglyphenschrift, in demotischer (im 3. Jh. entstandene ägyptische Kursivschrift) und in griechischer Schrift zu lesen ist, gelang Jean-François Champollion 1822 die Entzifferung der ägyptischen Hieroglyphen. In der zweiten Hälfte des 19. Jh. lüftete der Engländer Sir Henry Rawlinson dank einer anderen dreisprachigen Inschrift, die man auf einem Felsen in Behistun im Zagrosgebirge im Iran fand, das Geheimnis der Keilschrift. Michael Ventris, der 1952 die Linear-B-Schrift der Kreter und Mykener entschlüsselte, hatte alle Sprachen gelernt, die seit vier Jahrtausenden rund um das Mittelmeer gesprochen wurden, doch blieb die Linear-A-Schrift, die aus der Zeit von 1750 bis 1450 v. Chr. stammt, auch für ihn ein Rätsel. Nicht weniger geheimnisvoll ist die aus dem 3. Jt. v. Chr. stammende Schrift der Baumeister von Mohenjo Daro und Harappa im Industal, das eines der vier antiken Zentren der Schriftentwicklung war.

Diese kretische Tafel (um 1450 v. Chr.) wurde in Linear-B-Schrift abgefasst, deren Entzifferung 1952 gelang. Die ältere Linear-A-Schrift konnte hingegen bis heute nicht entschlüsselt werden.

Handys haben eine spezielle SMS-Sprache hervorgebracht, die vielleicht irgendwann verloren geht und nicht mehr zu entziffern ist. Die hier verfasste Nachricht heißt: Dreimal darfst du raten, bin schon unterwegs, bis bald.

Das Siegel
(um 3200 v. Chr.)

Zeitgleich mit der Schrift erfanden die Völker Mesopotamiens Briefe und Briefumschläge aus Ton. Um diese zu verschließen und die Echtheit des in ihnen enthaltenen Dokuments zu bestätigen, verwendeten sie Siegel – mit Gravuren versehene, polierte Steine, die im weichen Ton einen erhabenen Abdruck hinterließen. Anhand des jeweiligen Motivs ließ sich der Verfasser des Schriftstücks erkennen.

Der Abdruck (oben) dieses sumerischen Rollsiegels aus dem 3. Jt. v. Chr. (links) scheint eine ganze Bildergeschichte zu erzählen.

Unterschriften

Das Siegel war gleichsam eine Signatur, die den Unterzeichnenden an sein Wort band. Es ist auf offiziellen Dokumenten, diplomatischen Verträgen, Handelsabkommen und sogar auf zwischen Privatleuten geschlossenen Vereinbarungen zu finden und in allen alten Handelskulturen zu finden.

Bei der Gestaltung des Siegels entwickelte jede Kultur ihren eigenen Stil. In der Induskultur verzierte man die aus schuppigem, weichem Speckstein bestehenden Siegel mit Tiergemmen. Die minoische Kultur verwendete das gleiche, leicht zu bearbeitende Material, in das Schriftzeichen eingraviert wurden, darunter die ersten kretischen Hieroglyphen. Das Vorhandensein eines Siegels außerhalb der Grenzen seines Ursprungslands bezeugt das Bestehen grenzüberschreitender wirtschaftlicher oder diplomatischer Beziehungen.

Kunstvolle Gravuren

Im Gegensatz zu den übrigen Kulturen, die flache Stempelsiegel hervorbrachten, wurden zwischen Euphrat und Tigris zylinderförmige Rollsiegel verwendet. Ein solches Siegel wurde mithilfe eines dünnen Stockes oder einer Schnur, die durch sein Inneres führte, über eine Tonfläche gerollt, auf der dann der Siegelabdruck – eine regelrechte Miniaturfreske – entstand. Da Rollsiegel über eine größere Oberfläche als Stempelsiegel verfügen, sind die von ihnen erzeugten Abdrücke reich an Bildern. Auf ihnen findet man mythologische oder religiöse Szenen, Darstellungen von Schlachten oder Alltagstätigkeiten, wodurch sie den heutigen Forschern wertvolle Informationen über das damalige Leben liefern. Siegel waren fälschungssichere Prägestempel und wurden innerhalb der Familie weitervererbt.

Dieses schwere, mit Goldintarsien versehene Bronzesiegel stammt aus der chinesischen Han-Dynastie (206 v. Chr. bis 220 n. Chr.) und wird von einer Schildkröte, einem Symbol der Ewigkeit, geschmückt.

Frühe Buchdruckkunst

In China wurden Siegel häufig aus Jade gefertigt. Sie waren würfelförmig und oftmals mit Schriftzeichen versehen. Aus der ungeheuren Vielfalt der chinesischen Lettern ließen sich problemlos einmalige Signaturen zusammenfügen. Tränkt man ein solches Siegel mit Tinte, so kann man seinen Abdruck auf Papier stempeln. Die Siegel muten wie die Vorläufer der Lettern der Buchdruckkunst an, die sich zu Texten aneinander reihen ließen.

Schreibmaterialien

Vom Stein zum Papyrus

Ohne geeignete Materialien, auf die man gravieren, malen oder zeichnen konnte, hätte sich die Schrift nie entwickelt. Das verwendete Schreibmaterial sagt viel über die Kulturen aus, die Schrift verwendeten.

Dieses Heft eines ägyptischen Schülers stammt aus der Zeit um 3500 v. Chr. und besteht aus zwei Holztafeln, die mit hieratischen Schriftzeichen bedeckt sind.

Auf der Suche nach einer Möglichkeit, dauerhafte Spuren ihrer irdischen Existenz zu hinterlassen, bot sich den Menschen Stein als natürliche Schreibunterlage an. So findet man an den Mauern ägyptischer Tempel Hieroglyphen, die den damaligen, aber auch allen künftigen Generationen von den Taten der Pharaonen berichten sollten. Selbst in den Tiefen der Gräber – Ruhestätten für die Ewigkeit – wurden die Wände mit Zaubersprüchen bedeckt, die die Seele des Verstorbenen in die Unterwelt geleiten sollten.

Der Ruhm der ägyptischen Kultur wurde in Stein gemeißelt. In Hieroglyphenschrift sind Geschichte, Glaubensvorstellungen und Kunst sowie die Gesetze der Gesellschaft Ägyptens verewigt. Der vollständigste bis heute erhaltene Gesetzestext Mesopotamiens ist der Kodex Hammurabi (18. Jh. v. Chr.). Er wurde in eine Stele eingraviert und befindet sich heute im Louvre in Paris.

Wertvolle Tontafeln

Den Kern der mesopotamischen Geschichte enthüllen zerbrechliche Tontafeln, von denen häufig nur noch Bruchstücke erhalten sind. Sie hatten je nach Epoche eine viereckige oder runde Form und verliehen den königlichen Annalen – religiösen Schriften, medizinischen oder literarischen Texten – auf beeindruckende Weise Gestalt. Bevor der Schreiber zum Griffel greifen konnte, musste er den Ton zunächst kneten und formen, weshalb sich stets in Wasser geweichte Tonkugeln in seiner Nähe befanden. Nachdem er die Schriftzeichen in die Tafeln geritzt hatte, wurden diese entweder in der Sonne oder im Ofen getrocknet. Schließlich wurden sie, wie unsere heutigen Bücher, in Regalen der königlichen oder privaten Bibliotheken aufgereiht. Seit dem 2. Jt. v. Chr. sind uns Dokumente auf mit Wachs überzogenen Holz- oder Elfenbeintäfelchen überliefert. Die Tafeln eines Werkes konnten paarweise mit Metallscharnieren verbunden werden. So entstand das Polyptychon, der frühe Vorläufer des Buches, der sich wie ein Paravent auseinander falten ließ.

Die mesopotamischen Schreiber bevorzugten allerdings nach wie vor Tontafeln, was angesichts des in dieser Region im Überfluss vorhandenen Tones und Schilfrohrs (aus ihm wurden die Griffel gefertigt) kaum verwundert. Ohne den weichen Ton, in den sie gedrückt wurde, wäre die dreidimensionale Keilschrift übrigens nicht das gewesen, was sie war – das Material eignete sich in erster Linie für gerade Linien. Die Keilform ergab sich durch den mehr oder weniger tief in den Ton gedrückten Griffel.

Papyrus – ein Geschenk der Natur

Dem Nil hatte Ägypten u. a. den Papyrus zu verdanken. Seit 2500 v. Chr. lieferte diese Pflanze, aus der die Ägypter kleine Boote, Seile, Matten oder Sandalen fertigten, den Schreibern ein ideales Ausgangsmaterial für ihr Handwerk. Die aus Papyrusstängeln geschnittenen dünnen Streifen wurden kreuzweise übereinander geklebt, ge-

Da Papyrus – die Pflanzen sind rechts unten zu sehen – selten war, benutzten die Ägypter für alltägliche Mitteilungen oder künstlerische Entwürfe Tonscherben (links). Wie man im China des 18. Jh. Papier trocknete, zeigt die unten stehende Rekonstruktion. Ebenfalls aus dem 18. Jh. stammt die auf Hebräisch abgefasste Bibelrolle aus Pergament (ganz unten).

Der Einsatz von Tinte

Zum Schreiben auf Papyrus verwendeten die ägyptischen Schreiber meist schwarze Tinte. Nur zum Schreiben der Götternamen griffen sie zu roter Tinte. Die schwarze Tinte war sehr dicht und wurde aus mit Gummiarabikum vermischtem Ruß hergestellt. Diese Technik kam dem in China angewendeten Verfahren, wobei Eisensulfid mit dem Saft des Lackbaums vermischt wurde, sehr nahe. Rote Tinte wurde mittels Ockerfarbe oder Zinnober gewonnen. Der Schreiber vermischte die pulverförmige Tinte mit Wasser, bis diese die gewünschte Dicke erlangt hatte.

trocknet und schließlich abgeschliffen, um eine schöne, ebene Oberfläche zu erhalten. Diese Papyrusbogen ließen sich mittels Stärkepaste an den Rändern zusammenkleben. Die so entstandenen Rollen konnte der Schreiber mit seiner linken Hand je nach Bedarf abrollen. Papyrus wurde anfangs ausschließlich für bedeutende Texte verwendet. Alltagsnotizen wurden dagegen auf flachen Steinen oder auch auf Tonscherben (Ostraka) vermerkt. Erst seit den Ptolemäern, die ein Monopol auf Papyrus hatten, wurde Papyrus auch für alltägliche Texte benutzt. Schilfrohrstängel, die an einem Ende zerquetscht wurden, sodass ihre Fasern eine Art Pinsel bildeten, glitten mühelos über den Papyrus hinweg – ideale Voraussetzungen für das Zeichnen von Hieroglyphen. Ohne diese Unterlage aus Pflanzenfasern wäre die Entstehung der hieratischen Schrift undenkbar gewesen.

China – die Wiege des Papiers

Neuer Papyrus war teuer und sein Export für die Staatsfinanzen eine beliebte Einnahmequelle. Die Ägypter kannten auch Pergament, in einem Kalkbad gesäuberte und sorgsam abgeschmirgelte Tierhäute. Das Pergament wurde seit dem 3. Jh. v. Chr. vor allem in Pergamon (daher der Name) produziert, war jedoch noch teurer als Papyrus und löste dieses erst im mittelalterlichen Abendland ab. Zwischenzeitlich erfanden die Chinesen im 2. Jh. das Papier. Diese Entdeckung eröffnete der Schrift unvergleichliche Verbreitungsmöglichkeiten – diese geniale Erfindung gelangte allerdings erst im 12. Jh. nach Europa.

Der Wein (um 3200 v. Chr.)

Die Entdeckung eines göttlichen Trankes

Von der ersten wild wachsenden Weinpflanze, die wohl um 7000 v. Chr. auftrat, bis zur Anlage des ersten Weinbergs war es ein weiter Weg. Neben Bier ist Wein eines der ältesten vom Menschen zubereiteten Getränke.

Die Botanik kennt rund 60 Rebarten, die wiederum in zahlreiche Sorten unterteilt werden. Eine davon ist *Vitis vinifera*, deren Trauben sich zu Wein vergären lassen. Sie scheint nach dem Ende der letzten Eiszeit aufgetreten zu sein. Damals profitierten zahlreiche Pflanzen von der Klimaerwärmung und verbreiteten sich in den warmen und trockenen Gebieten, insbesondere in

Um 1500 v. Chr. hatten die Ägypter (oben) die Kunst der Weinerzeugung bereits in Wort und Bild festgehalten. Auch die Römer (nebenstehendes Flachrelief) erzeugten damals bereits edle Tropfen.

Zentralasien und im Mittleren Osten. In der Kaukasusregion konnten Botaniker mehrere wilde, eng mit *Vitis vinifera* verwandte Weinreben identifizieren, was vermuten lässt, dass diese Art ursprünglich aus diesem Teil der Welt stammte. Man nimmt an, dass es auf natürliche Weise – möglicherweise auch durch das Eingreifen des Menschen – zu Kreuzungen zwischen den ersten Weinreben kam. Schließlich entstand eine Pflanze, die sich besonders gut zur Weinherstellung eignete. Das Vorhandensein von Traubenkernen an steinzeitlichen Fundstätten aus dem 7. Jt. v. Chr. zeigt, dass bereits damals Trauben gesammelt wurden. Es gibt jedoch keinen Beweis dafür, dass der Anbau von Weinreben vor dem 6. Jt. beherrscht wurde. Um regelmäßig Früchte hervorbringen zu können, muss die Weinrebe am Ende des Winters zurückgeschnitten werden. Dies besorgten vermutlich zunächst Ziegen- und Schafherden, die jedes Frühjahr die jungen Triebe abfraßen. Dieser zufällig erfolgte erste „Rückschnitt" steht zweifelsohne in Zusammenhang mit der Domestikation der Tiere durch den Menschen.

Der erste vom Menschen bewirtschaftete Weinberg geht mindestens auf das Jahr 3200 v. Chr. zurück, auf eine Zeit, als die Ägypter (und möglicherweise nach 3000 v. Chr. auch die Phönizier) damit begannen, Weinreben anzupflanzen und zu pflegen, indem sie sie regelmäßig jedes Jahr zurückschnitten. Nur knapp 200 Jahre später ist der Weinbau in Mesopotamien und rund um das Schwarze Meer belegt.

Das Winzerhandwerk

Die ersten Trauben wurden als Obst verzehrt. Die Entdeckung des Weines, der durch die Gärung von Traubensaft entsteht, erfolgte wohl rein zufällig – vielleicht aus Nachlässigkeit oder Vergesslichkeit. Denn um den Gärprozess, also die allmähliche Umwandlung des Traubenzuckers in Alkohol, auf natürliche Weise in Gang zu setzen, genügt es, die saftigen Beeren einige Stunden lang in der prallen Sonne liegen zu lassen … Die Herstellung von Wein verbreitete sich im gesamten antiken Mittelmeerraum. Zahlreiche Funde belegen, dass die damaligen Weinbautechniken den modernen Verfahren bereits sehr ähnlich waren. Die Reben wurden jährlich geschnitten und die Trauben im Herbst geerntet. In Ägypten verwendete man dazu große Tragkörbe aus Korbweide. Anschließend zerstampfte man die Trauben in Holzfässern mit den Füßen, wodurch die Gärung in Gang gesetzt wurde. Den Saft füllte man zusammen mit der Haut der Trauben in Tonkrüge um, wo sich der Gärprozess vollendete. Dann filterte und würzte man die Mischung, bevor sie schließlich in geschlossenen Amphoren gela-

Dieser Zierbuchstabe aus dem Traktat der Medizin von Aldebrand von Florenz (1356) zeigt eine bemerkenswert detailgetreue Weinkelter. Schon damals wurde Wein als Medizin betrachtet.

Diese Krugform war eine Schöpfung der Ägypter und wurde zum Transport und zur Lagerung von Wein verwendet. Die Römer übernahmen die Amphore 1500 Jahre später von den Griechen.

Ein hoch geschätztes Gift

Laut der Legende hatte einer der frühen Perserkönige einen Krug mit Trauben füllen lassen und diesen anschließend vergessen. Nachdem er sah, wie sich die Trauben nach der Gärung verändert hatten, lehnte er es ab, davon zu kosten, und ließ in den Krug vorsichtshalber das Wort Gift eingravieren. Doch eine seiner Kurtisanen wollte sich umbringen und nahm das vermeintlich tödliche Getränk zu sich. Sie starb natürlich nicht, sondern empfahl auch dem Herrscher, diesen köstlichen Trank zu probieren. Diese Geschichte belegt, dass der Mensch bereits in frühester Zeit die Freuden des Alkohols entdeckt hatte.

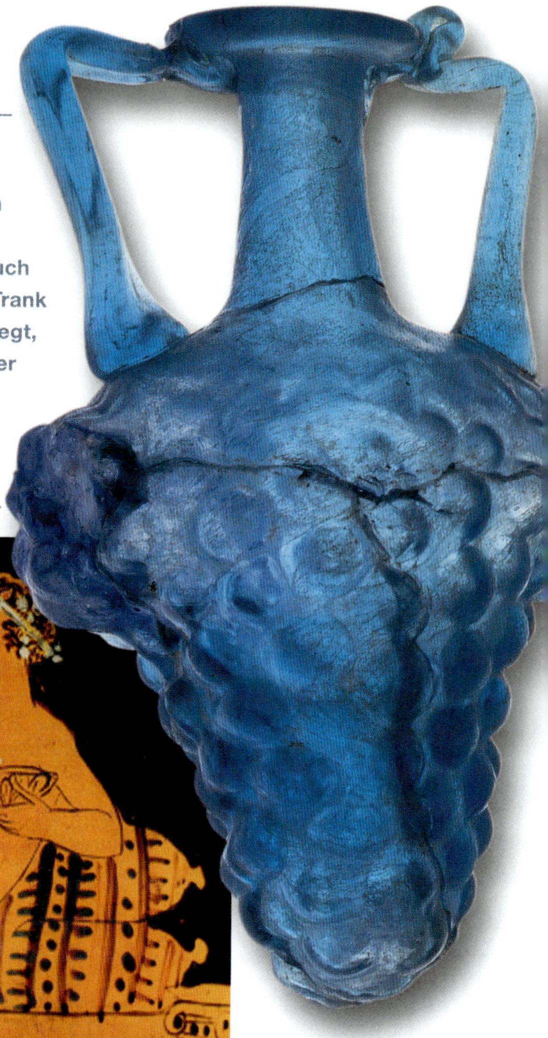

Diese wie eine Traube geformte Karaffe schmückte einst die Festtafel eines Patriziers aus der gallo-römischen Epoche (2. Jh.).

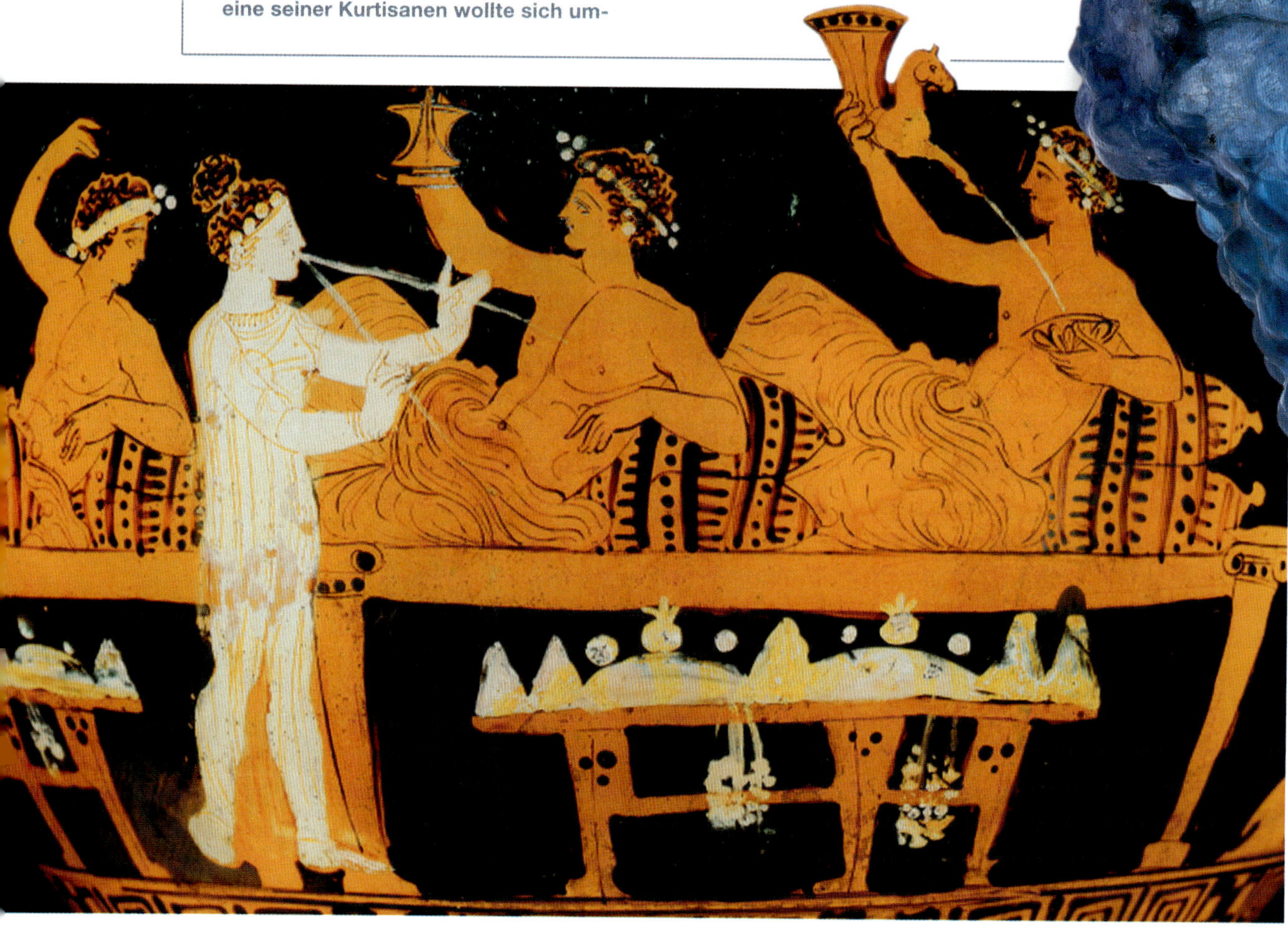

Der Trank des Dionysos steht im Mittelpunkt dieses Festmahls, das eine attische Vase aus dem 4. Jh. v. Chr. ziert.

gert wurde. Schon früh wusste man, dass sich Wein nicht nur aus Trauben, sondern auch aus dem Saft von Palmen und Datteln herstellen ließ.

Der Geschmack des Weines

Stärker verändert als die Technik des Weinanbaus hat sich der Geschmack des edlen Tropfens, und ein heutiger Weinliebhaber wäre wohl sehr überrascht, gäbe man ihm den Nektar der Antike zu kosten ... Um den Wein haltbarer zu machen, wurden ihm unterschiedliche Zutaten beigemischt. In Ägypten handelte es sich hierbei beispielsweise um sehr süßen Dattelsaft, in Griechenland um Honig, Gewürze und Harz, in China um Pfeffer. Die Römer hatten eine ausgeprägte Vorliebe für sirupartige Weine und beklagten sich über den zu bitteren Geschmack der gallischen Erzeugnisse. Im Mittelalter trank man stärkende Weine, die seit dem Ende des Römischen Reiches in Fässern gelagert wurden. Im Lauf der Jahrhunderte entwickelten sich die Weine immer weiter. Mit der Entdeckung neuer Sorten, die besser an die regionalen klimatischen Bedingungen angepasst waren, ging die Erkundung der besten Lagen für den Weinanbau einher. Bereits in Sumer hatten die an Hängen angebauten Weine einen besseren Ruf als die aus den Ebenen stammenden. Zu dieser Feststellung gelangte auch der römische Dichter Vergil einige Jahrhunderte später, als er behauptete, dass „die Reben die freien Höhen lieben".

Seit der Antike kreuzten auf dem Mittelmeer Handelsschiffe, die unterschiedliche, in Amphoren abgefüllte Weine von einer Küste zur anderen transportierten. Die Römer liebten Weine aus dem Pelusion, einer bekannten Weinbau-

Die Vielfalt alkoholischer Getränke

Schon lange vor dem Traubensaft vergoren die ersten sesshaften Menschen eine Vielzahl von Substanzen, um daraus alkoholhaltige Getränke herzustellen. Im Nahen Osten handelte es sich hierbei seit dem 5. Jt. v. Chr. um mit Wasser vermischte Gerste-, Weizen- und Hirsekörner. Ein mit dieser Mischung – im Grunde ein flüssiger Brotteig – gefüllter Krug wurde einfach in die Sonne gestellt. Unter Einwirkung der Wärme und der in den Körnern natürlich vorkommenden Hefen entstand ein Bier, das mit Kräutern oder Dattelsaft gewürzt wurde. In China war im 2. Jt. v. Chr. die Vergärung von Reis und Hirse zu Tchoo bekannt.

In Indien und auf Sri Lanka wurde im 9. Jh. v. Chr. Reis mit Melasse oder Kokospalmensaft vergoren – ähnliche Getränke genießt man dort noch immer. Die Japaner stellten ausschließlich aus Reis einen noch heute sehr beliebten Wein, den Sake, her. Etwa um die gleiche Zeit erzeugten die asiatischen Nomaden, die Tataren und die Bevölkerung des Kaukasus auf der Basis von Stutenmilch einen Alkohol, der als Kumys oder Kefir bezeichnet wird.

In Mittel- und Südamerika wurde aus Agavensaft Pulque gewonnen, der es ermöglichte, mit den Göttern zu kommunizieren. Die Pulque-Herstellung hat heute wahrhaft industrielle Ausmaße angenommen. Die Maya produzierten aus vergorenem und mit Gewürzen gemischtem Honig den spritzigen Balche-Trank. Von den vielen alkoholischen Getränken, die die Andenvölker Perus und Boliviens hervorbrachten, ist das älteste der Maisalkohol oder Chicha, der noch heute konsumiert wird.

Bei der Kava-Zeremonie auf den Fidschiinseln genießt man ein aus Rauschpfeffer hergestelltes Getränk.

Aus dem Saft der Agave (links) lässt sich das bis heute geschätzte Getränk Pulque gewinnen.
Schon im Alten Reich brauten die Ägypter Bier (rechts).

region im Nildelta, während die Griechen des ptolemäischen Alexandria unter hohem Kosten- und Zeitaufwand Weine aus ihrem Heimatland importierten.

Eine Plage aus der Neuen Welt

Alle Rebsorten Europas, vom griechischen Muskateller der Antike bis hin zum Pinot Noir der Abteien Burgunds, stammten von *Vitis vinifera* ab – jener Weinrebe, die lange Zeit „Europarebe“ genannt wurde. Mit der Eroberung der Neuen Welt entdeckten die Siedler auf amerikanischem Boden neue Rebsorten, aus denen sie Wein zu erzeugen versuchten. Trotz aller Bemühungen produzierten sie jedoch nur Wein von mäßiger Qualität. Deshalb versuchte man, die Europarebe auch in Amerika heimisch zu machen – vergeblich. Damals wussten die Siedler noch nicht, dass sich die amerikanischen Rebsorten zwar nicht so gut zur Weinherstellung eigneten, dafür aber einen bemerkenswerten Vorteil boten: Sie waren gegen den Befall von Rebläusen resistent. Als dieser Parasit zu Beginn des 20. Jh. nach Europa gelangte und nahezu alle Reben befiel, standen die europäischen Rebsorten beinahe vor der Ausrottung. Aus diesem Grund pfropft man seitdem Europareben auf Amerikareben auf. Die so gezogenen Pflanzen sind reblausresistent und bringen schmackhafte Trauben hervor. Alle heutigen Chardonnay- oder Cabernet-Sauvignonreben sind letztlich das Ergebnis dieser langjährigen Forschungsarbeit. Heute können die Weinbauern weltweit aus einer großen Sortenvielfalt von Pfropfreben und Hybridreben, die aus sorgfältigen Kreuzungen hervorgegangen sind, wählen. Es gibt weiße und rote, frühe und späte, mehr oder weniger aromatische bzw. ertragreiche Sorten. Außerhalb jener Gebiete, wo sich althergebrachte Traditionen über die Jahrhunderte behauptet haben, wird heute jeweils die Rebsorte angebaut, die sich in Bezug auf die Bodenbeschaffenheit, den Niederschlag, die Temperaturen, die Hanglage und natürlich auf den erwünschten Geschmack am besten eignet.

Von australischen Aborigines gezeichnete Tänzer bewegen sich anmutig zum Klang einer Flöte (links).

Die Flöte
(um 3200 v. Chr.)

Die Flöte zählt zu den ältesten bekannten Musikinstrumenten und entwickelte sich wohl aus der Praxis heraus, in ein Schilfrohr oder in einen Knochen zu blasen, um Vogelrufe nachzuahmen, Raubtiere zu verscheuchen, in Gefahrensituationen Alarm zu schlagen oder auch böse Geister zu vertreiben. Erst kürzlich stießen Archäologen am Höhlenfundplatz Isturitz im Baskenland auf einen Gegenstand, der möglicherweise als Vorläufer aller Flöten betrachtet werden kann. Dieses aus einem Vogelknochen gefertigte Instrument aus dem frühen Aurignacien (um 20 000 v. Chr.) gehört zum gleichen Typ wie jene Instrumente, die 14 000 Jahre später weit verbreitet waren. Die erste Zeichnung eines Flötenspielers wurde in Ägypten entdeckt und stammt aus der Zeit um 3200 v. Chr.

Weltweite Verbreitung

Seit 2700 v. Chr. gab es in China mehrere Arten von Flöten, darunter die Panflöte (Syrinx), die Längsflöte und die Querflöte mit zentralem Anblasloch. Entdeckungen in den Gräbern von Ur belegen, dass die Sumerer in der gleichen Epoche Doppelflöten aus Silber oder Schilfrohr verwendeten. Der ägyptische Nay ohne Anblasloch erschien am Übergang vom Alten zum Mittleren Reich. Diese Flöte hatte einen dunklen Klang und besaß keine Halbtöne. Sie wurde nur von Männern gespielt, und zwar in Orchestern, in denen es bereits Klarinetten, Trompeten, Harfen, Oboen und Trommeln gab. Wie in den meisten anderen antiken Kulturen wurde die Flöte auch bei religiösen Zeremonien gespielt, gab den Rhythmus für die Arbeit auf den Feldern vor oder diente schlicht der Entspannung und dem Wohlbefinden des Zuhörers.

Diese chinesische Musikerin (7. Jh.) entlockt ihrer Panflöte eine Melodie.

Aus dem Baskenland stammt diese Knochenflöte aus der Altsteinzeit (rechts).

Auf dem Weg zum perfekten Klang

Erst im 15. Jh. wurde die Querflöte wieder entdeckt und in die Musik integriert. Im 17. Jh. führte die französische Musikerfamilie Hotteterre eine entscheidende Neuerung ein. Das bis dahin aus einem Stück gefertigte Instrument wurde in drei Segmente unterteilt. Es ließ sich nun dank des verschiebbaren Kopfsegments regulieren. Zu Beginn des 18. Jh. erhielt die Flöte ein viertes, auswechselbares Segment mit variabler Länge, wodurch sich die Tonhöhe verändern ließ. 1832 schuf der deutsche Flötenbaumeister Theobald Boehm einen komplexen Mechanismus von Tasten und Hebeln, die dazu dienten, die Löcher zu verschließen und auf mehreren Registern zu spielen.

Die Harfe (um 3000 v. Chr.)

Die Menschen hatten wohl schon früh herausgefunden, dass eine gespannte Schnur, an der man zupfte, zu schwingen begann und wunderbarerweise einen Ton erzeugte. Bald schon stellten sie fest, dass Schnüre oder Saiten verschiedener Länge unterschiedliche Töne hervorbrachten – das Konzept der Harfe war geboren. So entdeckte man schon vor Jahrtausenden einen Zusammenhang, der erst im 6. Jh. v. Chr. theoretisch untermauert wurde, als Pythagoras die Verbindung zwischen Tonhöhe und Saitenlänge nachwies. Die ältesten Harfen stammen aus dem 3. Jt. v. Chr. und wurden in Ur in Mesopotamien verwendet. Sie besaßen 6–12 Saiten, die an einem gebogenen vertikalen Holz befestigt wurden. Das gleiche Modell findet man seit dem Alten Reich auf ägyptischen Darstellungen von sitzenden oder knienden Instrumentenspielern.

Ein Instrument für Tanz und Gesang

Während die Ägypter der Bogenharfe treu blieben, konnte sich in Mesopotamien in der Folgezeit die Winkelharfe immer stärker durchsetzen. Im Ägypten des Neuen Reiches brachte die Bogenharfe oder Bint eine große Formenvielfalt hervor, so z. B. die große zwanzigsaitige Harfe, die reich mit floralen und geometrischen Motiven verziert war. In den antiken Kulturen des Nahen Ostens sowie in Ägypten war die Harfe allgegenwärtig, doch Griechen und Römer gaben sie allmählich zugunsten der Kithara und der Lyra auf. In Mesopotamien schrieb man der Musik einen göttlichen Ursprung zu und kombinierte in rituellen Zeremonien Harfe und andere Saiteninstrumente mit Gesängen, Schlaginstrumenten und Blechblasinstrumenten. Das Harfenspiel war ein von den Damen der oberen Gesellschaftsschicht Ägyptens überaus geschätzter Zeitvertreib. Das Instrument wurde häufig bei Familienkonzerten gespielt, begleitete aber ebenfalls die heiligen Tänze, Prozessionen und Totenmahle.

Mit zurückgelegtem Kopf wartet dieser Harfenspieler von Amorgos auf den Kykladen seit 4300 Jahren auf Inspiration.

Vom Trigonon zur Pedalharfe

Am Ende des Neuen Reiches entstand in Ägypten die durch eine Säule verstärkte dreieckige Harfe, von den Griechen Trigonon genannt. Seit dem 8. Jh. v. Chr. in Europa bekannt, war sie der Vorläufer verschiedener Instrumententypen, darunter der keltischen Harfe. Diese besaß Hebel, mit denen sich die Tonhöhe verändern ließ. Seit der Renaissance wurde das Instrument zusehends komplexer. Nach einer annähernd 150 Jahre umfassenden Periode der ständigen Verbesserungen fand die Harfe Anfang des 19. Jh. zu ihrer heutigen Form, als Sébastien Érard die Doppelpedalharfe entwickelte. Nun war es wie beim Klavier möglich, auf der Harfe alle Töne zu modulieren.

Diese heute gefertigte traditionelle eritreische Harfe ist den ersten in der Antike gebräuchlichen Harfen vermutlich sehr ähnlich.

Die Töpferscheibe (um 3000 v. Chr.)

Kleinod des Keramikers

Das Aufkommen der Töpferscheibe war eine Folge der Erfindung des Rades und revolutionierte die Entwicklung der steinzeitlichen Keramik. Von nun an wurde in großem Maßstab produziert und es entstanden immer neue Formen.

Die ersten Töpferwaren gehen auf die Frühe Jungsteinzeit (um 8000 v. Chr.) zurück. Bereits um 5000 v. Chr. hatte sich die Töpferkunst vor allem in Ägypten zu einem wichtigen Produktionszweig entwickelt. Die Töpfer in jener frühen Zeit modellierten die Gegenstände ausschließlich von Hand. Um die gewünschten Formen zu erzielen, legten sie Tonwülste übereinander, die sie dann aneinander drückten und verstrichen. Mit einem feuchten Lappen wurde die Oberfläche anschließend geglättet.

Frühe Tournette

Die Erfindung des Rades Mitte des 4. Jt. v. Chr. gab den Anstoß zu weiteren grundlegenden Entdeckungen, insbesondere auf dem Gebiet der Mechanik. Eine der ersten Neuerungen, die fast zeitgleich mit dem Rad entwickelt wurde, war die Tournette, eine langsam drehende Töpferscheibe, die erstmals im mesopotamischen Ur auftrat. Zunächst handelte es sich dabei um eine einfache, aus Holz oder Ton gefertigte, waagrecht befestigte Scheibe. Mit ihrer Hilfe konnte der Handwerker das unter seinen Händen entstehende Tongefäß drehen, anstatt, wie bislang üblich, selbst die Position zu wechseln.

Als diese Scheibe schließlich auf einer vertikalen Achse befestigt wurde, konnte erstmals von einer echten Tournette gesprochen werden. Dieses Arbeitsgerät war jedoch schwer zu handhaben. Der auf ebener Erde sitzende Handwerker hatte die Scheibe ständig neu anzustoßen, und der Impuls musste so groß sein, dass die Scheibe für einige Zeit in Bewegung blieb.

Als es endlich gelang, mit der Tournette etwa hundert Umdrehungen pro Minute zu erreichen, erwies sich die Fliehkraft als wertvolle und unerwartete Hilfe. Nun konnte der Töpfer den Ton zwischen seinen Händen nach oben ziehen und daraus Gefäße, Schalen, Krüge usw. formen. Vermutlich wurde rein zufällig entdeckt, wie sich die Drehgeschwindigkeit der Scheibe erhöhen ließ, als man auf einer Achse eine Scheibe befestigte, die schwer genug war, damit sie sich, einmal in Rotation, von selbst weiterdrehte.

Noch heute verwenden Töpfer auf den Molukken einen Bambusstab, um den Hals von Gefäßen zu biegen, einen Spachtel mit zwei Zacken, um das Dekor aufzumalen, und Messer, um die Ränder fertig zu stellen (oben rechts). Ähnliches Handwerkszeug setzten die minoischen Töpfer von Knossos bereits vor 3600 Jahren ein (oben).

Geheimnisvolle Zentrifugalkraft

Die Zentrifugalkraft, die ein Objekt in einem in Rotation befindlichen System nach außen drückt, war eine empirische Entdeckung, die lange Zeit rätselhaft blieb. Galilei (1564–1642) und Newton (1642–1727) legten die Grundlagen der Dynamik, indem sie zeigten, dass die Mechanik nichts anderes ist als das Verhältnis zwischen Kraft und Beschleunigung. Um 1920 erfand der Chemiker und Nobelpreisträger Theodor Svedberg die ersten Ultrazentrifugen, die sich mit einer Geschwindigkeit von 1000 Umdrehungen pro Minute und schließlich 1000 Umdrehungen pro Sekunde bewegten. Heute setzt man die Zentrifugalkraft häufig ein, etwa zur Trennung von Feststoffen und Flüssigkeiten.

Töpferscheibe mit Fussantrieb

Lange träumten die Töpfer davon, endlich beide Hände zur Herstellung ihrer Werkstücke frei zu haben. Im Mittelalter populär war eine Töpferscheibe, die aus zwei durch eine senkrechte Achse verbundenen Scheiben bestand. Indem man die untere Scheibe mit dem Fuß antrieb, bewegte sich die obere Scheibe, die das Werkstück trug. Doch erst im 15. Jh. kam die echte Töpferscheibe mit Fußantrieb auf, bei der die Töpferscheibe durch ein großes Schwungrad mit dem Fuß angetrieben wurde.

Töpferscheibe mit Stab

Die schnell drehenden, handbetriebenen Töpferscheiben verbreiteten sich im gesamten Mittelmeerraum. Die Ägypter setzten sie seit ungefähr 2750 v. Chr. ein und viele Fundstücke zeugen von ihrer Verwendung auf Kreta (um etwa 2000 v. Chr.) und schließlich in Griechenland. Doch diese Scheiben hatten den Nachteil, dass der Töpfer sie mit einer Hand ständig in Bewegung halten musste. In der Folgezeit ersann man eine Töpferscheibe, die durch eine zweite Scheibe, die Schwungscheibe, angetrieben wurde. Am Rand hatte die Schwungscheibe ein Loch, in dem ein langer Stab steckte, der das Antreiben der Scheibe erleichterte. Dieses Modell war in römischer Zeit weit verbreitet und überdauerte das gesamte europäische Mittelalter.

Noch praktischer ist natürlich eine Töpferscheibe, die der Handwerker mit den Füßen antreibt, da er dann die Hände frei behält. Einige frühe Zeichnungen zeigen Töpfer, die vor einer Töpferscheibe sitzen und mit einem Fuß einen Stab betätigen. In Wahrheit war diese Vorrichtung jedoch nur eine Abwandlung der bereits früher erfundenen Töpferscheibe mit Stab.

So sah zu Beginn des 19. Jh. eine Töpferwerkstatt in England aus (oben). Unter freiem Himmel formt dieser indische Töpfer (unten) seinen Krug mithilfe einer Töpferscheibe.

Von der Hütte zur Siedlung

Die Geburt der Städte

Weit war der Weg von der ersten vorgeschichtlichen Unterkunft im Schutz einer Felswand zu der von starken Mauern umgebenen städtischen Siedlung – eine langsame, aber stetige Entwicklung, die über Zeltlager und Dörfer führte, wie die folgende Zeitreise in die Vergangenheit zeigt.

Das um 3700 v. Chr. im südlichen Mesopotamien entstandene Uruk verfügte über alle Kennzeichen einer antiken Stadt. Es lag innerhalb einer 9,5 km langen Umfassungsmauer, die seit 3000 v. Chr. von 900 Türmen überragt wurde, die einen Abstand von jeweils 9 m hatten. Im Zentrum erhob sich der heilige Bezirk Eanna, der dem Ruhm der Göttin Inanna und auch der Baumeister von Uruk diente. Eine dreifache Treppe führte zu dem der Göttin geweihten Tempel, der auf einer Zikkurat thronte – einem Stufenturm mit einer Seitenlänge von 55 m, der an ägyptische Stufenpyramiden erinnert. Wie alle Bauten in Sumer wurde auch die Zikkurat aus luftgetrockneten Lehmziegeln errichtet, doch ihre Erbauer fanden geniale Wege, um das Gebäude zu stabilisieren und vor schädlichen Witterungseinflüssen zu schützen. Zwischen den Ziegelsteinschichten, die die Stockwerke bildeten, wurde Schilfrohr eingebettet. Zugleich hatten zahllose Rinnen und Entwässerungsröhren die Aufgabe, eindringendes Wasser abzuleiten. In anderen Zikkurats fanden Archäologen Verschalungen aus gebranntem Ton, die den Unterbau aus luftgetrockneten Ziegelsteinen umgaben. Balken, die im Inneren eine Verankerung bildeten, stabilisierten das Bauwerk. In der Folgezeit wurde diese stufenförmige Bauweise auch für Wohnhäuser eingesetzt.

Rätselhaftes Jericho

Die Entwicklung der Wohnsiedlungen verlief nicht geradlinig. Zu den Städten, die den Wissenschaftlern Rätsel aufgeben, zählt Jericho. Es ist bekannt, dass die Stadt im 8. Jt. v. Chr. von einer 3 m dicken und 4 m hohen Umfassungsmauer umgeben war, die das Alte Testament beschreibt. Ein 10 m breiter Turm erhob sich 4 m über die Stadtmauer, was eine Gesamthöhe von 8 m ergab. Diese Mauern soll Josua, der Nachfolger Mose, unter Hörnerschall umkreist und so zum Einsturz gebracht haben. Doch diese für die damalige Zeit gigantische Stadtmauer schützte Häuser von einem viel älteren Typ, einer runden, teilweise in den Boden eingegrabenen Zwischenstufe zwischen Hütte und Haus. Sie gehörten zum so genannten Natufien, einer Kultur, in deren Verlauf ab dem 11. Jt. v. Chr. in Palästina die ersten Jäger und Sammler sesshaft wurden. Es erscheint kaum glaublich, dass schon 3000 Jahre später eine so gewaltige Mauer errichtet wurde.

Diese auf einem Siegel dargestellte Zikkurat stammt aus der Zeit um 1000 v. Chr. (oben). Links eine Ansicht der Ruinen der sumerischen Stadt Uruk.

Machtkonzentration und Hierarchie

In Uruk wurde bereits das Organisationsmodell, das im Orient während der gesamten Antike vorherrschen sollte, sichtbar. Paläste, Tempel und Wohnhäuser der Elite wurden auf Terrassen errichtet und dominierten die Unterstadt, wo das einfache Volk lebte. Bald fanden sich Händler und Handwerker der einzelnen Berufsgruppen jeweils in bestimmten Straßen zusammen (auf Akkadisch *sûqu*, wovon sich das arabische Wort für Markt, *Suk*, ableitet). Somit spiegelte das Stadtbild die gesellschaftliche Hierarchie und die Differenzierung der Berufe wider. Eine bedeutende Rolle spielte die antike Stadt des Orients auch als wirtschaftlicher Zentralort für die dörfliche Umgebung. Ihre Entstehung hing u. a. damit zusammen, dass innerhalb Ackerbau betreibender Gemeinschaften politische und religiöse Anführer hervortraten. Die sumerische Zikkurat oder die ägyptische Pyramide sind Sinnbilder für die Konzentration von Macht, die die „urbane Revolution" ermöglichte.

Das goldene Zeitalter der Städte Mari, Ebla und Ugarit

Bisweilen führt ein einziger Schlag mit der Hacke zur Entdeckung einer Zivilisation – so geschah es 1933 im syrischen Mari am Ufer des Euphrat. Diese im ersten Drittel des 3. Jt. v. Chr. entstandene Stadt ging durch die Angriffe von König Hammurabi von Babylonien in der ersten Hälfte des 18. Jh. v. Chr. unter. Doch welche außergewöhnlichen Schätze hat sie hinterlassen! Mari war von einer reichen Kultur und einer intensiven Wirtschaftstätigkeit geprägt, die auf der Kontrolle über den Mineralien- und Holzhandel beruhte. In der Stadt gab es zwei Kanäle; einer diente der Trinkwasserversorgung, der andere wurde für die Schifffahrt genutzt. Ein kreisförmiger Damm schützte Mari vor dem Hochwasser des Euphrat. Das Stadtzentrum wurde von Verwaltungssitzen und religiösen Bauten beherrscht. Von eindrucksvoller Größe war der Königspalast, wo man aufrecht stehende Statuen mit gefalteten Händen fand – plastische Darstellungen von einer vollkommen neuen künstlerischen Qualität.

Ebla bildete im 3. Jt. v. Chr. gemeinsam mit Mari das größte Königreich der Region. Seine Ausstrahlung war gewaltig und erstreckte sich auf die gesamte syrische Steppe. Seinen Wohlstand verdankte es der Ausfuhr von Wollstoffen sowie

Im Louvre in Paris kann man ein Modell der Stadt Mari bewundern (oben). Ebenso eindrucksvoll ist die Darstellung der Ende des 3. Jt. v. Chr. errichteten großen Zikkurat von Ur (unten).

Von der hethitischen Stadt Hattusa in der heutigen Türkei sind nur Ruinen übrig geblieben (rechts).

Dieser ägyptische Bauer verwendet zur Bewässerung seiner Äcker noch immer das antike Schaduf (unten).

dem Handel mit Holz, Silber und Kupfer. Der Königspalast wurde von einem König verwaltet, dem ein Minister zur Seite stand. Er führte strenge Aufsicht über das Erntegut sowie die Aufzucht der Schafherden und verteilte anschließend die Güter. Dieses sehr rationalisierte Verwaltungsmodell sollte eine große Verbreitung finden.

Wasser in der Stadt

Die am Ufer von Flüssen errichteten mesopotamischen Städte hatten ausreichend Wasser, mit dem sie ihre höher gelegenen Gärten bewässern und den Alltagsbedarf decken konnten. Doch wie konnte man das Wasser dorthin bringen, wo es gebraucht wurde? Seit dem 3. Jt. v. Chr. sind Hebemaschinen mit Gegengewicht belegt. Noch heute findet man in Ägypten den Schaduf, mit dessen Hilfe das Wasser aus dem Fluss in die höher gelegenen Bewässerungskanäle befördert wird. In Mesopotamien lagen die Wassergräben häufig unter freiem Himmel, es gab aber auch unterirdische Kanäle, in denen das Wasser zu den Brunnenschächten geleitet wurde. Den Palästen und Privathäusern stand also Wasser zum Kochen oder Waschen zur Verfügung.

Andere Gräben leiteten das Schmutzwasser ab. Die ältesten bekannten Abwasserkanäle fand man in Habuba Kabira in Syrien. Sie stammen aus der Zeit um 3100 v. Chr. Später folgten die des ebenfalls in Syrien gelegenen Mari, dann die von Tell Asmar im Irak. In Mohenjo Daro im Tal des Indus verfügte die gesamte Stadt ab dem 3. Jt. v. Chr. über ein Netz von Entwässerungsröhren und Klärgräben.

Ebenfalls im heutigen Syrien lag Ugarit, ein großer kanaanitischer Hafen, der sich gegen Ende des 2. Jt. v. Chr. zusehends entwickelte. Die aufblühende Stadt, die über einen Königspalast und Tempel verfügte, legte Befestigungswälle sowie ein rechtwinklig verlaufendes Straßensystem an. Die Bevölkerung war durch den Handel mit Ägypten und dem Mittelmeerraum wohlhabend geworden und entwickelte eine Vorliebe für Gegenstände aus Bronze und Silber sowie für Goldschmuck. Die prosperierende Stadt wurde im 13. Jh. v. Chr. durch ein Erdbeben zerstört.

Çatal Hüyük und Lepenski Vir

Schon seit dem 7. Jt. v. Chr. lebten in Çatal Hüyük in der heutigen Türkei und in dem an der Donau gelegenen Lepenski Vir viele Menschen und legten den Grundstein für die späteren großen städtischen Siedlungen. So zählte Çatal Hüyük auf einer Fläche von annähernd 13 ha etwa 1000 Familien, was eine geschätzte Bevölkerungszahl von 5000 Personen ergibt. Diese Zahlen rechtfertigen den Ausdruck Stadt durchaus, auch wenn einige Merkmale noch sehr archaisch waren. So gab es wohl keine Umfassungsmauer, kaum Straßen und auch keine Türen – in das Innere der Häuser gelangte man über das Dach. Die Wohnhäuser waren nicht groß, ihr Innenraum maß im Durchschnitt 25 m². Die Vorräte wurden in Schuppen gelagert. Die entdeckten Heiligtümer zeugen von einer aufstrebenden Kultur. Sie wurden – wie die Wohnhäuser – aus Tonmauern errichtet.

Gemeinsam bauen

Wir setzen unsere Reise durch die Zeit fort, folgen den Spuren der Archäologen und gelangen zu den ersten dauerhaften Dorfsiedlungen und schließlich zu den ersten Lagerplätzen mit einfachsten Unterkünften und elementarster Orga-

nisationsform. Vorläufer der aus stabilen Mauern bestehenden Häuser waren aus unterschiedlichen Materialien errichtete Hütten und Zelte. Bevor Dörfer entstanden, gab es Lager. Und überall, wo der Mensch ein Dach über dem Kopf hatte, und sei es auch nur eines aus Ästen und Zweigen, lernte er, die Familie und die gemeinschaftliche Arbeit zu schätzen.
Schon die Hütten der Mammutjäger der jüngeren Altsteinzeit (35 000–10 000 v. Chr. in Europa) waren ein Gemeinschaftswerk und ein hervorragendes Beispiel für die erfolgreiche Anpassung an den Lebensraum. Man fand sie in erster Linie in Osteuropa, wo es nur wenig Holz gab. Im ukrainischen Meschyritschi wurden fünf runde Hütten vom gleichen Typ entdeckt. Sie hatten einen Durchmesser von etwa 6 m und wurden durch ein Gerüst aus Mammutstoßzähnen stabilisiert, das auf einem Sockel aus gestapelten Schädeln und Kieferknochen ruhte. Große Knochen hielten die Häute, die über die Konstruktion gespannt wurden. Für den Bau einer solchen Unterkunft, die wohl von Jägern genutzt wurde, benötigte man etwa 20 Mammutskelette.

Das ewige Bedürfnis nach Sicherheit

Zur gleichen Zeit zeugten die Lager in Westeuropa davon, dass sich die Menschen auch hier zusammenschlossen. In Pincevent im französischen Departement Seine-et-Marne wurde etwa ein Dutzend nah beieinander liegender Unterkünfte aus dem Magdalénien gefunden. Dabei handelte es sich um sehr leichte Konstruktionen, Zelte aus Holz und Häuten, die den Bedürfnissen einer Gemeinschaft von Jägern während der Rentiersaison entsprachen. Rund um die Feuerstelle in der Nähe des Zelteingangs wurde die Hausarbeit erledigt und der Feuerstein bearbeitet. Im rückwärtigen Teil befand sich die Schlafstätte. Abseits der Zelte wurden die Tiere zerlegt und anschließend die Häute verarbeitet.
Die kleineren Lagerstätten aus der frühen Altsteinzeit zeigten weniger klare Strukturen, doch die Bauweise war ähnlich – ein Gerüst aus sich an der Spitze überkreuzenden Ästen, die mit Steinen am Boden fixiert und zunächst mit Blattwerk, später mit Häuten bedeckt wurden. Erste Spuren dieser weltweit anzutreffenden prähistorischen Hütten fand man in der Schlucht von Olduvai in Tansania, und zwar in Form eines 1,8 Mio. Jahre alten Steinkreises mit einem Durchmesser von 5 m. Das Bedürfnis, einen

Im heutigen Burkina Faso bauen Dorfbewohner eine Hütte (oben).

So könnten die Pfahlbauten des Seedorfs Chalain am gleichnamigen See (links) und eine vorgeschichtliche Hütte aus Mammutknochen und -häuten (unten) ausgesehen haben.

Ein erstaunliches Relikt: Die Häuser in den irakischen Sümpfen

Seit Jahrtausenden siedeln nördlich des irakischen Basra in dem 12 000 km² großen sumpfigen Gebiet am Zusammenfluss von Euphrat und Tigris Stämme von Jägern und Fischern. Die Maadan pflegen noch heute eine außergewöhnliche Tradition des Hausbaus, denn sie errichten Wohn- und Gästehäuser aus Schilf. Diese Bauten, die aus dem Wasser emporzusteigen scheinen, erfordern ein Wissen, das von Generation zu Generation weitergegeben wird. Zunächst müssen die bis zu 8 m hohen Schilfrohre mit dem Balam, einem etwa 10 m langen Floß, herangeschafft werden. Das Gästehaus wird von einem Tonnengewölbe überspannt, das an ein auf dem Kopf stehendes Schiffsgerippe erinnert. Die quer eingefügten langen Schilfrohrbündel bilden das mit Matten bedeckte Gerüst. Die Fenster sind aus durchbrochenen Matten gefertigt. Das Baumaterial besteht einzig und allein aus Schilfrohr – alles wird auch damit befestigt und verbunden. Kein einziger Nagel, kein Seil, nicht einmal ein Draht findet Verwendung! Die Einrichtung ist sehr schlicht gehalten, es gibt ein Bett und diverse Truhen.

Wohnraum abzugrenzen und in dessen Schutz zu schlafen, ist also wirklich so alt wie die Menschheit selbst! Denn selbst wenn der Mensch eine natürliche Unterkunft, eine Höhle oder ein Felsvordach, bezog, so begnügte er sich nicht mit dem vorgefundenen Schutz, sondern errichtete dort ein Zelt, das sich an die Wand anlehnte.

Mit dem Ackerbau kamen die Städte

Unsere Reise in die Vergangenheit zeigt, dass die ersten Städte zwischen dem 7. und 3. Jt. v. Chr. ihren Anfang nahmen. Sie entstanden aufgrund eines radikalen Klimawandels. Im 10. Jt. v. Chr. begann das Eis, das weite Teile der Erde bedeckt hatte, zu schmelzen. Das Klima wurde milder, die Pflanzenwelt entfaltete sich. Die Menschen änderten ihre Lebensweise und begannen, Ackerbau und Viehzucht zu betreiben. Viele Nomaden oder Halbnomaden, die bislang als Jäger und Sammler gelebt hatten, wurden sesshaft. Der Übergang von Lagern zu Dörfern und von Dörfern zu Städten erfolgte schrittweise. Da die frühen Bauern noch nicht wussten, dass Acker-

Die Stadt Huth in Nordjemen zeigt, dass die seit Jahrtausenden für den Orient typischen Häuser aus luftgetrockneten Ziegeln noch immer gebaut werden (unten).

Archaisch wirkende Schilfrohrhäuser sind typisch für die Dörfer in dieser irakischen Sumpfregion. Ebenso ungewöhnlich wie das Erscheinungsbild ist auch die Innenansicht eines dieser Häuser (ganz links).

land regelmäßig brachliegen muss, um seine Fruchtbarkeit zu behalten, waren sie immer wieder gezwungen, neue Felder anzulegen. Die Beherrschung der Bewässerungstechniken führte insbesondere in den Regionen, wo der Boden durch Hochwasser regelmäßig mit fruchtbarem Schlamm versorgt wurde, etwa an den Ufern von Nil, Tigris oder Euphrat, zu dauerhafteren Ansiedlungen. An diesen von der Natur begünstigten Standorten wurden die einfachen Unterkünfte aus Tierhäuten oder Zweigen zugunsten stabilerer Bauten aufgegeben. Dort lebten die ersten Stadtbewohner über Generationen hinweg.
So entstanden 1500 Jahre nach dem Ende der Eiszeit Çatal Hüyük, Lepenski Vir und dutzende anderer Siedlungen, die zwar noch keine Städte, aber auch keine Dörfer mehr waren. 4000 Jahre später existierte bereits Uruk, das Musterbild der mesopotamischen Stadt.

Von Häuten zu Tonerde und Ziegeln

Im Nahen Osten, im Tal des Indus oder in Ägypten wurden die ersten Häuser aus ungebrannter Tonerde errichtet. Am Ufer der Flüsse war Ton in großen Mengen vorhanden. Er ließ sich gut formen, war allerdings nicht sehr beständig. Der Mensch machte diesen Baustoff robuster, indem er ihn mit Stroh oder auch Bitumen vermischte. Ziegel wurden nur selten gebrannt, denn das dazu benötigte Holz war in diesen trockenen Regionen selten. Dieser Haustyp erreichte Europa zur gleichen Zeit wie die aus dem Nahen Osten importierten Ackerbaumethoden. Die Bauweise wurde rasch an die regionalen Gegebenheiten angepasst; so erhielten die Häuser anstelle des Flachdachs ein Satteldach, von dem das Regenwasser besser abfließen konnte.
In Griechenland wies der Hausbau Besonderheiten auf. So wurden in Sesklo, einem der ältesten Dörfer Europas aus der Zeit um 6000 v. Chr., die Häuser zwar aus luftgetrockneten Ziegeln gebaut, erhielten jedoch einen steinernen Unterbau. Später kam im Süden Frankreichs und Spaniens das Trockenmauerhaus in Mode.

Im 5. Jt. v. Chr. drang das typische Hausmodell der Bandkeramikkultur aus dem Norden Ungarns bis nach Mitteleuropa vor. Für das Hausgerüst wurde hauptsächlich Holz verwendet. Zwischen die Pfosten fügte man Flechtwerk ein, dann schmierte man die Zwischenräume mit Lehm zu und deckte das so entstandene Fachwerkhaus mit Stroh oder Schilf. Die Häuser waren parallel zur Hauptwindrichtung ausgerichtet, um dem Wind möglichst wenig Angriffsfläche zu bieten.

Die antike Stätte Jerf el Ahmar am Mittellauf des Euphrat in Syrien wurde verlegt, bevor sie in den Fluten des Stausees von Tischrin versank.

Der Schwingpflug (um 3000 v. Chr.)

Vorläufer des heutigen Pfluges

Der Pflug, den die Römer später als Aratrum bezeichneten, war schon lange vor ihrer Zeit bekannt. In Mesopotamien und Ägypten kam der aus Holz bestehende Schwingpflug bereits im 4. Jt. v. Chr. zum Einsatz. Er wurde von zwei Lasttieren gezogen und stellte das erste echte Werkzeug dar, das im Ackerbau Verwendung fand.

Diese Feuersteinklinge, die Teil einer mesopotamischen Hacke war, stammt aus der Zeit um 6000 v. Chr.

Mesopotamische Rollsiegel aus dem 4. Jt. v. Chr. zeigen Bauern, die ihr Ackerand mithilfe eines Schwingpfluges bearbeiten. Der Einsatz dieses Werkzeugs bewirkte eine Wende in der Geschichte des Ackerbaus. Seit der Jungsteinzeit baute der Mensch Getreide an, allerdings setzte er zur Feldarbeit lediglich einfache Stöcke oder Holzspaten ein, die mit dem Fuß in den Boden getrieben wurden. Diese Gerätschaften dienten dazu, das Erdreich zu wenden und Löcher für die Samenkörner zu graben. Die noch heute auf einigen Pazifikinseln oder in Schwarzafrika verwendeten Werkzeuge unterscheiden sich nicht sehr von den Grabstöcken, die dem Schwingpflug vorausgingen.

Von der Hacke zum Schwingpflug

Der Grabstock existierte fast überall neben der später aufgekommenen Hacke, die dem Menschen das Leben erleichterte. Wahrscheinlich lieferte ein starker, gabelförmiger Ast das Vorbild für dieses Werkzeug. Obwohl die Spitzen der späteren Hacke im Feuer gehärtet wurden, blieb sie ein mühevoll zu handhabendes Arbeitsgerät. Das Leben wurde erst leichter, als der Mensch auf die Idee kam, zum Pflügen seines Ackers die Zugkraft von Tieren einzusetzen. Die ersten Schwingpflüge waren zunächst nichts anderes als Hacken, vor die man ein Zugtier spannte. Doch was ergaben sich hieraus für Möglichkeiten! Schon bald wurden Furchen ins Ackerland gezogen, die Erträge stiegen und die bebaute Fläche nahm zu. Im Zuge des technischen Fortschritts entwickelte sich die Landwirtschaft weiter und schuf die Grundlage für die Sesshaftigkeit und eine größere Bevölkerungsdichte, die in der gruppierten Siedlungsweise zum Ausdruck kam. Mit der Nutzung der tierischen Arbeitskraft brach eine neue Epoche der Menschheitsgeschichte an.

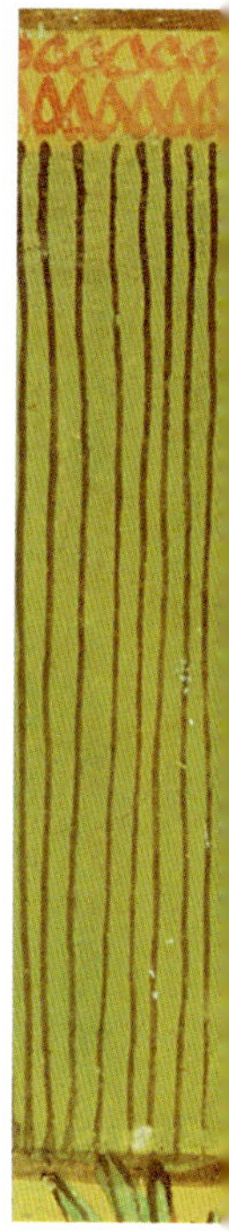

Auf den melanesischen Trobriand-Inseln bearbeitet ein Bauer seinen Jamswurzelgarten.

Diese anschauliche Abbildung aus dem Grab von Sennedjem (1885 v. Chr.) zeigt den Verstorbenen, wie er gemeinsam mit seiner Frau auf dem Feld arbeitet – er pflügt, sie sät. Die Darstellung liefert eine genaue Beschreibung des ägyptischen Pfluges.

Säen und Pflügen

In Mesopotamien und Ägypten trat der Schwingpflug zu Beginn der Bronzezeit nahezu zeitgleich auf. In Europa und Fernost scheint er später in Mode gekommen zu sein, die Archäologen schließen allerdings nicht aus, dass er an mehreren Orten gleichzeitig entwickelt wurde. Er bestand aus Holz und hatte je nach technischem Entwicklungsstand und Zivilisation unterschiedliche Formen. Das Grundprinzip war allerdings stets das gleiche. Der Schwingpflug wurde über die Grindel (siehe S. 106), ein mehr oder weniger stark gebogenes Segment, mit dem Joch verbunden, an das die Zugtiere angespannt waren. Der Bauer, der hinter dem Pflug über das Feld schritt, lenkte ihn mithilfe des Pflugsterzes, dessen oberes Ende er in der Hand hielt.

Die Sohle saß am unteren Ende des Pflugsterzes und verband diesen mit der Grindel. Sie war mit einer Pflugschar aus Feuerstein oder Eisen versehen, die den Boden aufriss. In der Regel zog man den Pflug dreimal über den Acker. Beim ersten Durchgang wurden die im Boden verbliebenen Wurzeln untergepflügt, beim zweiten lockerte man die Erde, und schließlich zog man Furchen, in die dann ausgesät wurde. Sie waren nicht sehr tief – hierfür war die Pflugschar nicht ausgelegt. Sollten tiefere Furchen erzielt werden, musste der hinter dem Pflug schreitende Bauer sein Arbeitsgerät immer wieder leicht zur Seite drücken, um es tiefer in den Boden zu treiben.

In Mesopotamien wurden die Rinder über ein an der Deichsel befestigtes Widerristjoch vor den Schwingpflug gespannt. Das dort verwendete Pflugmodell setzte sich im gesamten Mittelmeerraum durch. Es besaß eine Querstange, an der die im Feuer gehärtete Pflugschar und zwei vom Pflüger gehaltene Pflugsterzen befestigt waren. Auf einem Rollsiegel von 1500 v. Chr. ist zu sehen, wie die Bauern zur Aussaat die Samen in einen Trichter füllten, den ein Rohr bis zur Pflugsohle verlängerte.

Derartige aus Holz und Seil hergestellte Hacken verwendeten die ägyptischen Bauern um 3000 v. Chr.

Das gute Korn

Zum Dreschen des Getreides verwendeten die mesopotamischen Völker ein Brett, das auf einer Seite mit Feuersteinfragmenten versehen war. Dieses von Rindern oder Eseln gezogene Brett wies mitunter einen Aufbau für den Lenker auf. Es wurde über die Ähren gezogen, um die Körner daraus zu lösen. In Ägypten drosch man das Korn mithilfe von Tieren – die Bauern trieben Esel- oder Rinderherden, deren Hufe die Ähren zerquetschen sollten, über das auf dem Boden ausgebreitete Getreide.

Der hier abgebildete antike Schwingpflug (rechts) wird in zahlreichen Regionen der Welt, etwa in Bali (unten), nach wie vor verwendet.

Eine ägyptische Besonderheit

Darstellungen des ägyptischen Pfluges findet man auf Hieroglyphen und den Wänden vieler Grabbauten. Seine unterschiedlichen Bestandteile wurden von Schnüren zusammengehalten. Im Unterschied zur vorhergehend beschriebenen Ackerbaumethode erfolgte in Ägypten die Saat in der Regel vor dem Pflügen. Diese Tatsache, die zahlreiche griechische Reisende in Erstaunen versetzte, lässt sich durch die Nilhochwasser erklären, die die Ackerflächen mit fruchtbarem Schlamm versorgten. Es war nicht erforderlich, den so verjüngten Boden zu pflügen, bevor die Saat ausgebracht wurde. Die Bauern bereiteten den Boden höchstenfalls oberflächlich mit einer einfachen Hacke vor. Um den mit Samen bedeckten Boden festzustampfen, trieben sie mitunter eine Schafherde über das Feld. Der von Kühen oder Ochsen gezogene Schwingpflug diente lediglich dazu, die Saat mit Erde zu bedecken.

Drei Modelle, zwei Methoden

Zwischen Europa und Indien kristallisierten sich allmählich drei Typen des Schwingpflugs heraus. Dem ursprünglichen Modell am nächsten kam der Schwingpflug mit Griff und Pflugsohle, dessen Pflugsterz und Grindel einfach gekrümmt waren. Die Griechen und Römer bevorzugten den Zahnschwingpflug, zu erkennen an seiner sehr langen Pflugsohle, an deren hinterem Ende der Pflugsterz befestigt war. Er eignete sich besonders gut zur Bearbeitung leichter, sandiger Böden. Das dritte Modell bildet der Grindelschwingpflug. Hier war der Pflugsterz mit der stark gekrümmten Grindel verbunden, wodurch eine deutliche Winkelung entstand. Im nichtmediterranen Europa erfand man später einen Schwingpflug, der mit einem Sech – einer Eisenklinge, die auch Erdklumpen aus schwerem Boden durchschnitt – ausgestattet war. Dieses Gerät eignete sich sehr gut für den ersten Arbeitsgang, danach kam ein Schwingpflug mit Pflugschar zum Einsatz.

Das Pflügen selbst erfolgte nach zwei Methoden. Das Kehr- oder Flachpflügen war besonders für die flachgründigen mediterranen Böden geeignet und wurde so ausgeführt, dass die Erdklumpen stets

Die neue Welt kam ohne Pflug aus

Der Schwingpflug war im vorkolumbischen Amerika unbekannt, obwohl dort seit 2500 v. Chr. Maisanbau betrieben wurde. Als die Spanier im 16. Jh. Amerika eroberten, pflügte man noch immer mit einer Hacke, an der eine Steinklinge angebracht war. Zum Säen verwendeten die Inka einen Grabstock mit Kupferspitze. Er erinnerte stark an einen Spaten, denn er verfügte seitlich über einen Stab, auf den der Fuß aufgestützt wurde.

Der griechische Pflug, der auf einem Gefäß aus dem 8. Jh. v. Chr. zu sehen ist, besaß eine lange Sohle, auf die der Bauer mit dem Fuß trat, und einen senkrechten Pflugsterz (oben). Unten sieht man einen neuzeitlichen Pferdepflug bei der Arbeit.

auf die gleiche Seite des Feldes geworfen wurden. Eine andere Technik, deren Hauptvorteil darin bestand, die Entwässerung feuchter Böden zu begünstigen, war das Beetpflügen – hierbei entstanden erhöhte, durch Furchen getrennte Ackerbeete. Bei diesem Verfahren wurden die kleinen Erdbrocken bei jedem Durchgang des Schwingpflugs abwechselnd nach rechts oder links geworfen.

Vom Schwingpflug zum Pflug

Der Schwingpflug wurde vor allem verwendet, um die Ackerfläche oberflächlich zu pflügen. Mit dem Pflug ließ sich der Boden dagegen auch in der Tiefe bearbeiten, wodurch man die Erträge steigern konnte.

Der nicht sehr stabile Zahnschwingpflug war zum Beetpflügen ungeeignet, da das Gerät hierzu ständig schräg gehalten werden musste. Da in Mitteleuropa, genauer gesagt bei den Kelten, schwere, feuchte Böden vorherrschten, vollzog sich der Übergang zum Pflug in deren Heimat. Vom Schwingpflug übernahm der Pflug Pflugsterz, Grindel und Pflugsohle. Er erhielt zudem ein mit Rädern ausgestattetes Vordergestell, was seine Stabilität erhöhte. Ein Griff zum Lenken erlaubte gleichzeitig eine präzisere Handhabung. Beim Tiefpflügen zerschnitt der Sech die Erdklumpen, die Pflugschar hob das Erdreich an und das Streichbrett drehte es um. Pflugschar und Streichbrett bildeten ein einziges Stück, das sich an der Seite der Grindel befand, damit asymmetrisch gepflügt werden konnte. Später wurde der Pflug noch verbessert, so erhielt er etwa ein bewegliches Streichbrett, das sowohl auf der einen als auch auf der anderen Seite der Grindel befestigt werden konnte.

Veränderungen im Mittelalter

Der um das 11. Jh. entwickelte schwere Pflug mit Streichbrett spielte eine bedeutende Rolle bei der Ausweitung der Ackerfläche, die in ganz Europa großflächig erfolgte. Im Verlauf dieses Prozesses nahm die Waldfläche ab und die landwirtschaftlich genutzte Fläche zu. Immer häufiger wurden auch Flächen unter den Pflug genommen, die bis dahin brachgelegen hatten oder frisch gerodet waren. An die Stelle der traditionellen breiten Felder traten lange Streifen. Der Volldrehpflug mit zwei übereinander liegenden Elementen und später der mit mehreren Pflugscharen ausgestattete kanadische Pflug trugen erheblich zum technischen Fortschritt bei. Im 20. Jh. schließlich wurde die Zugkraft der Tiere durch Motoren ersetzt. Aber dennoch blieb der Schwingpflug, mit dem flachgründige und steinige Böden bewirtschaftet wurden, in manchen europäischen Gebieten bis in die 1950er-Jahre hinein in Gebrauch.

Gewandnadeln (3000 v. Chr.)

Um 700 v. Chr. entstanden in Böotien prächtige Nadeln.

Die seit der Bronzezeit bekannten Gewandnadeln oder Fibeln muten wie Vorläufer unserer heutigen Sicherheitsnadeln an. Die ersten mehr oder weniger verzierten Fibeln wurden aus Bronze, Gold oder Silber gefertigt.

Im 1. Jh. v. Chr. erfanden die Römer die Fibel mit Scharnier. Sie besaß einen bronzenen Körper, während die restlichen Teile aus Eisen gefertigt waren. Mit Fibeln wurden Mäntel an der Schulter zugehakt oder die Kanten eines Faltenwurfs fixiert. Fibeln gab es in vielfältigen Formen; häufig wurden sie mit Email-, Stein- oder Korallenintarsien verziert. Die kreuzförmige Unterlage der mit Email oder farbigem Glas gefassten, wertvollen keltischen Fibeln war mit Tierszenen oder geometrischen Mustern geschmückt. Von einer Gewandnadel aus Praeneste in Italien stammt übrigens das älteste lateinische Schriftzeugnis (um 600 v. Chr.).

Seife (um 3000 v. Chr.)

Auf einer aus dem frühen 3. Jt. v. Chr. stammenden sumerischen Tafel steht ein Rezept für ein Produkt auf der Grundlage von Fett und Alkali. Es wurde als Mittel gegen Hauterkrankungen und zum Waschen verwendet. Doch nicht nur die Mesopotamier kannten die reinigenden Eigenschaften von mit Pflanzenasche vermischten Ölen oder Fetten. In Ägypten, wo der Sauberkeit große Bedeutung beigemessen wurde, verwendete man zum Waschen der Wäsche beispielsweise Natron, das in bestimmten Seen in natürlichem Zustand vorkam und mit einer kaliumhaltigen Paste aus Asche und Ton vermischt wurde.
Es ist interessant, dass weder die Griechen, die die schäumenden Eigenschaften des Seifenkrautsafts schätzten, noch die Römer, die doch große Liebhaber von Bädern waren, Seife kannten. Erst die Gallier entdeckten die Kunst der Seifenherstellung wieder neu und vermischten Ziegentalg, Gewürzpflanzen und Buchenasche zu einer weichen Substanz. Ihre Verwendung setzte sich, wie der römische Geschichtsschreiber Plinius der Ältere bezeugt, rasch in der gesamten römischen Welt durch. Allerdings wurde Seife lange Zeit als Heilmittel betrachtet und gewann erst ab dem 2. Jh. auch als Körperpflegeprodukt Bedeutung. Die Entwicklung einer härteren Seife erfolgte erst im 7. Jh. durch die Araber. Sie basierte auf einer Mischung aus der Asche sodahaltiger Meerespflanzen und Fetten, die oft mit Pflanzenöl angereichert wurden. So wurde beispielsweise die berühmte Alepposeife, die ab dem 12. Jh. erhältlich war, mit Lorbeeröl parfümiert.

In Marseille hergestellte Seifen konnten sich im 13. Jh. gegen die Konkurrenz aus Venedig und Genua durchsetzen.

Der Spiegel
(um 3000 v. Chr.)

Die Scheibe dieses 3500 Jahre alten ägyptischen Bronzespiegels ist so fein poliert, dass eine edle Dame darin den Sitz ihrer Perücke oder die Schattierung ihrer Schminke prüfen konnte.

Laut der Legende verliebte sich Narziss in sein Spiegelbild, das er im Wasser erblickte. Betrachteten sich auch die ersten Menschen im Wasser? Oder auf der glatten Oberfläche eines glänzenden Steines? Um 3000 v. Chr. verwendeten die Ägypter dünne Platten aus Gold, Silber oder Bronze als Spiegel. Sie wurden sorgfältig poliert, besaßen häufig eine Fassung und Griffe, wie der Spiegel von Medinet el-Ghurob. Die Völker des Mittleren Ostens und auch die Etrusker betrachteten sich in dünnen Platten aus Obsidian, einem harten vulkanischen Gestein. Die Römer setzten die etruskische Tradition der runden Metallspiegel mit reich gravierter oder verzierter Rückseite fort und machten sie zu Luxusgegenständen mit Griffen aus Elfenbein oder Edelholz. Im 1. Jh. n. Chr. erfanden sie den Standspiegel, der Gipfel der Raffinesse!

Spieglein, Spieglein an der Wand …

Die Römer verbesserten die Qualität der Metallspiegel, indem sie sie mit Glas überzogen. Erst im 15. Jh. entdeckten Nürnberger Glaser, dass sich Glas, wenn man es in ein Bad aus Zinn und Quecksilber tauchte, mit einer spiegelnden Zinnamalgamschicht überzog. Die Venezianer eigneten sich dieses Verfahren an, und zwei Jahrhunderte lang wurden Spiegel fast ausschließlich in Venedig hergestellt. 1835 gelang der entscheidende Fortschritt, als der Chemiker Liebig ein Verfahren zur Aufbringung einer Silberschicht auf Glas fand.

Die Perücke (3000 v. Chr.)

Die ersten Perücken stammen aus Ägypten (4. Jt. v. Chr.). Die schmückende Haartracht wurde von Männern und Frauen gleichermaßen geschätzt. Den auf Hygiene bedachten Ägyptern bot sie den Vorteil, dass sie nicht von Flöhen befallen wurde. Wie stark die Perücke ausgearbeitet war, hing davon ab, ob sie täglich oder anlässlich bestimmter Zeremonien getragen wurde. Bei der Perückenherstellung klebte man echtes Menschenhaar, Rosshaar oder gefärbte Pflanzenfasern auf eine Leinenhaube. Vor dem Zubettgehen wurde die Perücke auf einen Ständer gestülpt. Mitunter verlieh man ihr durch parfümiertes Öl Glanz. Die Perücke erfüllte eine gesellschaftliche Funktion, da sie ein korrektes Erscheinungsbild in der Öffentlichkeit garantierte. Offenbar war sie verschiedenen Modeströmungen unterworfen: Während der 18. Dynastie traten nämlich plötzlich lange, gelockte Perücken an die Stelle der kurzen, so genannten nubischen Perücken (wir würden diese Haartracht heute als Bubikopf bezeichnen). Während der gesamten Antike trug man Perücken, sie wurden von Assyrern, Phöniziern, Griechen und Römern gleichermaßen geschätzt, kamen dann jedoch für zahlreiche Jahrhunderte aus der Mode.

Perücken dieses Typs waren während der 18. Dynastie (14. Jh. v. Chr.) in Ägypten ganz groß in Mode.

Die Bronzezeit (um 3000 v. Chr.)

Das Ende der Steinzeit

Die Entwicklung von Bronze, einer Kupfer-Zinn-Legierung, vollzog sich im Nahen Osten um 3000 v. Chr. wohl rein zufällig. Dank dieser Legierung konnten neue Waffen und Werkzeuge hergestellt werden – eine entscheidende Etappe für den technischen und wirtschaftlichen Aufschwung, die der kulturellen Entwicklung einen neuen Impuls gab.

Aus Bronze gefertigt sind der oben gezeigte Teil eines Pferdegeschirrs sowie diese kleine Figur, die eine Opfergabenträgerin darstellt (rechts).

Vor 12 000 Jahren zog ein Trupp Männer langsam den Euphrat hinauf, dessen Ufer üppig bewachsen waren. Einer dieser Jäger und Sammler bückte sich, um einen grünen Stein aufzuheben, den er auf dem Grund des Flusses erblickt hatte. Neugierig kratzte er mit seinem Feuerstein daran herum, wodurch der Stein in einem schönen Rotton zu schimmern begann. Begeistert zeigte er den anderen seinen Fund. Seine Gefährten begannen nun ihrerseits, das Flussbett nach solchen Schätzen abzusuchen, und entdeckten, dass der sandige Grund mit diesen merkwürdigen Steinen übersät war. Am Abend teilten sie diese

Dieser Stierkopf aus der Zeit der Sumerer schmückte einst ein Möbelstück oder eine Harfe.

Frühe Minen

Der erste wirklich bedeutende Bergbau der Welt basierte auf Kupfer. Die ältesten Minen, die aus dem 5. Jt. v. Chr. stammen dürften, befanden sich in Ai Bunar in Bulgarien und Rudna Glava in Serbien. Doch erst mit der Bronzezeit und der explodierenden Nachfrage nach Kupfer gewann der Kupferabbau in ganz Europa an Bedeutung. Es reichte nicht länger aus, einfach nur gediegenes Kupfer „aufzusammeln“. Stattdessen mussten Schächte gegraben werden, die mitunter bis zu 100 m tief waren, was zahlreiche Vorsichtsmaßnahmen erforderlich machte. Die Bergleute sicherten die Wände mit Stützhölzern, um ein Einstürzen des Gewölbes zu verhindern. Um das Erz von der Wand zu lösen, erhitzten sie es und besprengten es anschließend mit kaltem Wasser. Dadurch riss das Erz und konnte von den Bergleuten mit Hammer und Hacke abgeschlagen werden.

Entdeckung im Lager ihrem Stamm mit. Noch wussten sie nicht, dass die Menschheit dank ihrer Entdeckung einen gewaltigen Entwicklungsschritt machen sollte.

Zeitalter des Kupfers?

Bei diesen Steinen handelte es sich um gediegenes Kupfer. Eine seiner hervorstechendsten Eigenschaften bestand darin, dass es leicht formbar war. Wenn man mit einem Stein darauf hämmerte, konnte man kleine Gegenstände wie Nägel, Nadeln oder Schmuckstücke herstellen. Je länger man es bearbeitete, umso härter wurde es. Als die Menschen lernten, wie dieses leicht formbare Metall zu behandeln war, schlug die Geburtsstunde der Metallverarbeitung.

Kupfer existiert nicht nur in gediegener Form, sondern wird häufig von Gestein umschlossen. Um 4000 v. Chr. gewannen die Menschen Kupfer, indem sie Malachit erhitzten. Hiervon zeugen die Überreste relativ fortschrittlicher Öfen, die in den 1960er-Jahren im iranischen Tal-i Iblis zu Tage gefördert wurden. Wie die Menschen darauf kamen, Kupfererz zu schmelzen, wird wohl ein Geheimnis bleiben, denn äußerlich war dem Malachit nicht anzusehen, welchen Schatz er barg. Bald gelang die Gewinnung des Metalls in großem Maßstab. Aus Kupfer wurden nicht länger nur kleinere Accessoires hergestellt, sondern im gesamten Nahen Osten gingen die Menschen daran, daraus neue Werkzeuge und Waffen, etwa Dolche, Speerspitzen, Pfeilschäfte, Äxte, Messer oder Meißel zu fertigen. Dies geschah mithilfe von Ton- oder Steinformen. Die junge Metallindustrie machte dem sorgsam polierten Feuerstein zwar Konkurrenz, konnte ihn jedoch nicht entthronen, da Kupfer nur relativ schwer zu finden und nicht sehr widerstandsfähig war – die Kupfergegenstände verbogen sich, wenn sie einen Schlag erhielten. Doch schon bald sollte für das rötliche Metall der Durchbruch kommen.

Das Auftreten der Bronze

Um 3000 v. Chr. kündigte sich im Nahen Osten bei den Sumerern eine Revolution an – die Entdeckung einer Kupferlegierung, der Bronze. Doch wie kam es zu dieser Entdeckung? Vielleicht arbeitete in Ur, einer Stadt am Ufer des Euphrat, wo es reiche Kupfervorkommen gab, ein Schmied in seiner Werkstatt. Sein Gesicht war rußgeschwärzt und in seinem Ofen prasselte ein Feuer. Als er die Spitze eines Messers untersuchte, das er gerade aus einer zweischaligen Lehmform gelöst hatte, stellte er fest, dass diese härter war als jene, die er für gewöhnlich herstellte. Könnte dies mit der neuen Abbaustätte zusammenhängen, von der das Kupfererz, das er gerade gekauft hatte, stammte? So musste es wohl sein, denn an seiner Technik hatte er nichts verändert. Der Schmied strahlte vor Glück. Von nun an achtete er darauf, nur dieses Erz zu verwenden. In der Folgezeit wurden die von ihm gefertigten Werkzeuge die stabilsten der Umgebung. Schon bald kamen die Menschen von weit her, um sie bei ihm zu bestellen.

Aus Luristan (dem heutigen Iran) stammen diese langen Dolche und Schwerter, die man im 2. Jt. v. Chr. fertigte.

Mit diesem Bronzeschild aus Oxfordshire (1200 v. Chr.), einem im Bett der Saône entdeckten Bronzehelm (um 1000 v. Chr.) und der aus Vucedol auf dem Balkan stammenden Axt (um 1000 v. Chr.) wäre ein damaliger Krieger gut ausgerüstet gewesen.

Tödliches Arsen

Der Schmied konnte jedoch nicht ahnen, dass es sich bei dem Material aus der neuen Abbaugrube nicht um reines, sondern um mit Arsen vermischtes Kupfer handelte, denn die Erze der Region waren arsenhaltig. Diese Mischung ergab die erste bekannte Form von Bronze. Ihre Vorzüge waren unmittelbar erkennbar. Sie ließ sich einfacher gießen als Kupfer, da sie keine Blasen bildete, die das Objekt zerbrechlich machten und somit verdarben. Zudem war sie widerstandsfähiger und erlaubte die Herstellung praktisch unverwüstlicher Gerätschaften. Bronzewerkzeuge, die sich verbogen hatten oder stumpf geworden waren, ließen sich erneut bearbeiten. Allerdings kam den Schmied von Ur seine Entdeckung teuer zu stehen, denn beim Schmelzen des Erzes wurden giftige Arsendämpfe frei, die ihn wohl bald das Leben kosteten. Vermutlich starben viele Schmiede an Vergiftungen, bevor die Ursache für ihren Tod erkannt wurde – eine bittere Lektion. Doch die Menschen lernten daraus und entdeckten bald, dass man die Gefahr, die das Arsen darstellte, abwenden konnte, indem man dem Kupfer andere Substanzen zufügte.

Zinn – ein Glücksfall

Es bleibt rätselhaft, wie die Menschen herausfanden, dass eine Kupfer-Zinn-Legierung qualitativ hochwertiger war als eine Kupfer-Arsen-Legierung und zudem keine giftigen Dämpfe frei wurden. In Europa und im Nahen Osten war

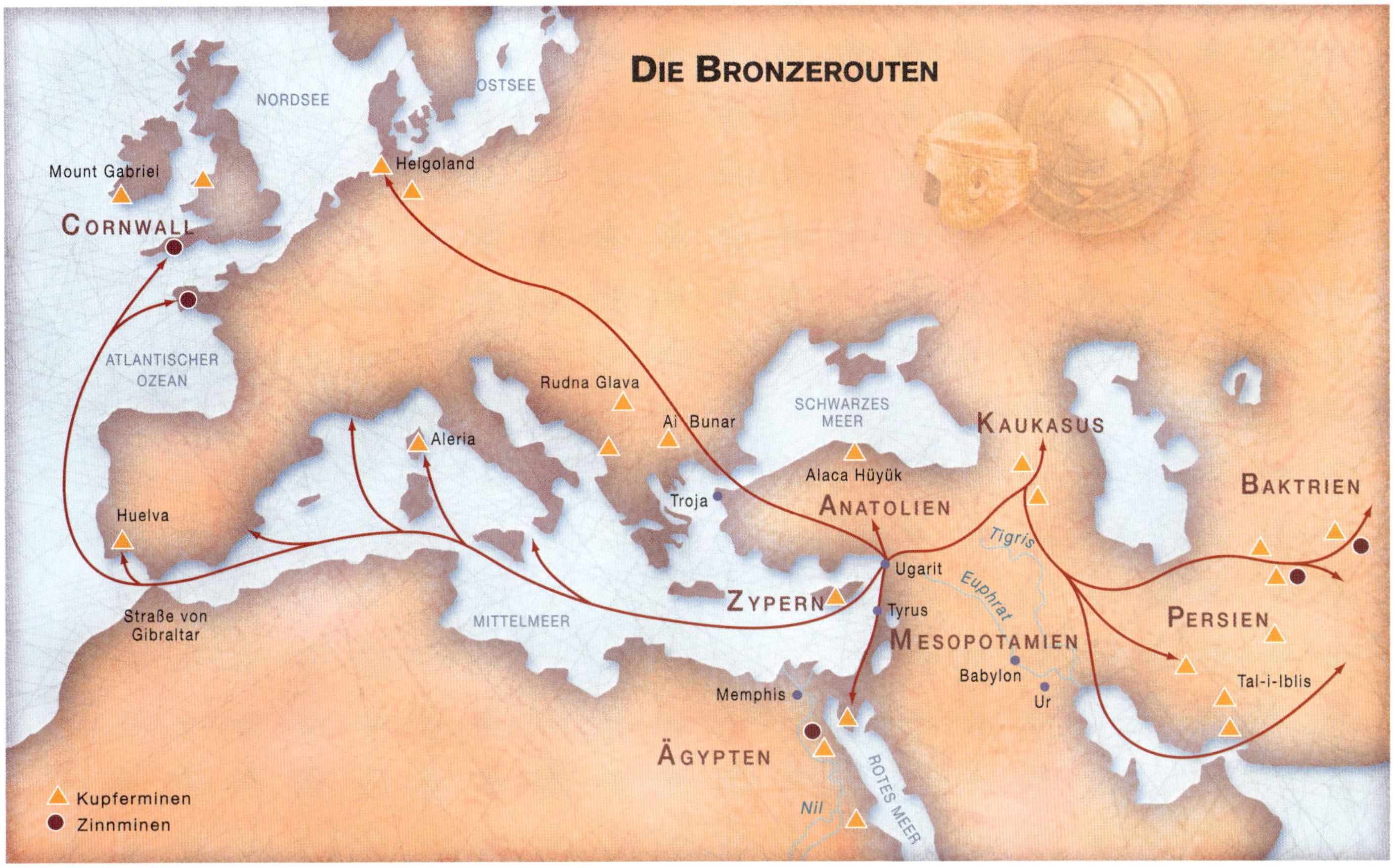

Die großen Routen, über die Kupfer und Zinn transportiert wurden, waren gleichzeitig Handelsstraßen und Verbreitungswege des technischen Fortschritts.

Zinn ein seltener Rohstoff. Gleichwohl bargen die Königsgräber von Ur aus der Zeit um 2800 v. Chr. zahlreiche Objekte aus nahezu perfekter Bronze, die 10 % Zinn enthielt. Die Sumerer bezogen das Zinn vermutlich aus dem Kaukasus, wo sich sowohl reiche Kupfer- als auch Zinnvorkommen fanden – beste Voraussetzungen für die dort lebenden Bergleute und Gießer, zu Beginn des 3. Jt. v. Chr. die aus Zinn und Kupfer hergestellte Bronze zu erfinden. Möglicherweise geschah dies aufgrund einer schlichten Verwechslung zwischen Malachit und Kassiterit, den gängigsten Kupfer- und Zinnerzen, die in dieser Region in den gleichen Lagerstätten vorkamen. Ein kaukasischer Schmied dürfte sie versehentlich zusammen geschmolzen haben. Auf dem langen Weg, der schließlich zur Herstellung von Bronze führte, kamen dem Mensch die Natur wie auch der Zufall entgegen.

Eine rasche Expansion

Ende des 3. Jt. v. Chr. verbreitete sich der Ruf der Bronze in der gesamten bekannten Welt. Ur war einer der ersten Stadtstaaten, der über große Mengen aus Zinn hergestellter Bronze verfügte, doch auch andere Städte übernahmen sie rasch. Gegenstände aus fein ziselierter Bronze findet man auch in den Königsgräbern der vorhethitischen Herrscher von Alaca Hüyük in Zentralanatolien. Im 19. Jh. wurden bei Ausgrabungen an der Fundstätte von Troja (2400 v. Chr.) zahlreiche Gefäße und Waffen aus Bronze mit Lapislazuli-Intarsien entdeckt. Der Nahe Osten und später Europa, wo es doch kaum Zinnvorkommen gab, besaßen Bronze im Überfluss! Der Grund dafür ist im schwunghaften Handel mit Bronze zu suchen. Um 2000 v. Chr. erstreckte sich von Afghanistan bis nach Spanien ein Handelsnetz, das im Norden bis an die Ostseeküste und bis nach Cornwall reichte. Schließlich setzte sich die Bronze in ganz Europa durch. Die ersten europäischen Metallbearbeiter waren die Völker der so genannten Glockenbecherkultur, die ihre Toten mit glockenförmigen Tonbechern beisetzten. Sie stammten aus Spanien, waren ausgezeichnete Töpfer und Schmiede, aber gleichzeitig auch Händler, die durch ganz Europa reisten, ihre Ware verkauften und die Verwendung von Bronze verbreiteten.

Der Kopf und die Hände aus Bronze stammen aus Etrurien (7. Jh. v. Chr.). Sie garantieren eine dauerhafte Erinnerung an den Verstorbenen.

Der Beginn eines neuen Zeitalters

Durch den Austausch von Handelsgütern hob sich der allgemeine Lebensstandard. Aufgrund der großen Umwälzungen, die die Bronzezeit mit sich brachte, bezeichnet man sie als eigene Epoche. Entlang den Routen, über die das Metall transportiert wurde, entstanden mächtige Städte. Von Bedeutung war das in Kleinasien gelegene Troja, wo die großen Routen zusammenliefen, die Asien mit Europa verbanden. In den Städten spielten Edelmetalle eine wichtige Rolle: Gold und Silber wurden in den Tempeln aufbewahrt, Kupfer in Barrenform gelagert und anschließend von den königlichen Handwerkern zu Bronzewaffen weiterverarbeitet. Häufig widmete sich ein ganzes Stadtviertel dieser Tätigkeit. Doch die Bronze bildete nicht nur das Fundament blühender Städte, sondern auch das ganzer Reiche – zu nennen sind hier Sumer, Ägypten sowie das minoische und mykenische Kreta –, deren Macht nicht zuletzt auf einem gewaltigen Arsenal an Bronzewaffen beruhte.

Die Bronze trat allerdings nicht überall zur gleichen Zeit auf. Sie wurde zwar bereits Ende des 3. Jt. v. Chr. im Nahen Osten erwähnt, konnte sich in Mitteleuropa jedoch erst zu Beginn des 2. Jt. durchsetzen. In Indien ist Bronze seit Ende des 3. Jt. belegt und in der gleichen Epoche wurde Kupfer aus Minen in Malaysia gewonnen. In China fiel das Aufkommen der aus Zinn hergestellten Bronze mit der Gründung der Shang-Dynastie um die Mitte des 2. Jt. v. Chr. zusammen.

In Südamerika trat die Bronze in der Nähe der Zinnlagerstätten des Titicacasees in Bolivien die Nachfolge des Kupfers an und verbreitete sich ab dem Jahr 1000 in den Anden sowie entlang der Pazifikküste.

Das Wachsausschmelzverfahren

Wird geschmolzenes Metall in eine Form gegossen, so lassen sich nützliche Alltagsgegenstände herstellen. Legt man allerdings Wert auf erlesenes Dekor, so bietet sich die Technik des Wachsausschmelzverfahrens an:

Zunächst wird der Gegenstand, den man herstellen möchte, mithilfe von Wachs modelliert und in ein mit Gips gefülltes Gefäß gestellt. Sobald der Gips hart ist, kommt er in den Ofen. Hier schmilzt das Wachs und fließt ab. Zurück bleibt eine Hohlform, in die nun die Bronze gegossen wird. So entsteht ein Bronzemodell in der gewünschten Gestalt. Nach dem Zerschlagen der Form muss die Oberfläche des Bronzeobjekts noch poliert werden.

Dieser Apollon von der Peloponnes stammt aus dem 6. Jh. v. Chr. und wurde im so genannten Wachsausschmelzverfahren hergestellt.

Tiberius und das Aluminium

Der Legende nach zeigte einst ein römischer Handwerker Kaiser Tiberius (14–37 n. Chr.) einen Trinkpokal, den er aus einem unbekannten Metall, vermutlich Aluminium, gefertigt hatte. Um dessen Eigenschaften zu demonstrieren, warf der Handwerker den Pokal zu Boden und reparierte das verbeulte Gefäß unverzüglich mit einem Hammer. Tiberius ließ den Handwerker jedoch enthaupten und seine Werkstatt zerstören, weil er fürchtete, dass sein Reichtum an Gold und Silber rapide an Wert verlieren würde. Es dauerte lange Zeit, bevor das Aluminium erneut entdeckt wurde.

Einer der ersten Bereiche, in denen Bronze die Keramik verdrängte, war die der Gebrauchsgefäße, wovon dieser chinesische Henkeltopf aus der Shang-Epoche (14. Jh. v. Chr.) zeugt.

Die Entdeckung der Bronze trug zur Blüte der Bildhauerkunst bei. Schätze wie diese aus dem 2. Jh. v. Chr. stammende hellenistische Skulptur – ein springendes Pferd mit seinem kleinen Reiter – wären aus gebranntem Ton nur schwer herzustellen gewesen.

Die Bronzekunst

Der Glanz polierter Bronze erinnert an den des Goldes und war eine Inspirationsquelle für die Kunst. Um 3000 v. Chr. hämmerten sumerische Künstler Trinkschalen, Pokale und Vasen. Zur gleichen Zeit konnten in Mesopotamien mithilfe des Wachsausschmelzverfahrens kleine dekorative Gegenstände von großer Feinheit produziert werden. Griechen und Römer führten die Bronzekunst im 1. Jt. v. Chr. zu neuen Höhen. In Olympia, Sparta und Korinth wurden Darstellungen stilisierter Tiere entdeckt, die aus dem 8. Jh. v. Chr. stammen. Verliehen die Künstler ihren Figuren menschliche Formen, so handelte es sich um Götterdarstellungen.

Die Römer verfügten über eine Vielzahl von Bronzegegenständen, z. B. Waffen, Büsten und Statuen. Im Mittelalter entstanden zahlreiche Zentren der Bronzeproduktion. Im Lauf der Renaissance, die sich durch eine Rückkehr zur griechisch-römischen Ästhetik auszeichnete, erlebte die Bronze eine neue Blütezeit. Von den sumerischen Schmieden bis hin zu den zeitgenössischen Künstlern stand Bronze also immer hoch im Kurs. Die neuen Techniken, mit deren Hilfe man die Bronze bearbeitete, bildeten auch die Grundlage für Werke, die man aus Gold oder Silber fertigte.

Die Anfänge der Kriegskunst

So alt wie die Menschheit ...

Krieg ist ein bewaffneter Kampf, der auf Feindseligkeiten zwischen Staaten und gesellschaftlichen Gruppen beruht. Vermutlich kam es ab dem 9. Jt. v. Chr. immer häufiger zu kriegerischen Auseinandersetzungen – damals wurde der Mensch sesshaft und musste die ersten Dörfer verteidigen.

Das Söldnertum – so alt wie der Krieg

Die ägyptischen Pharaonen des Alten und Mittleren Reiches setzten libysche und nubische Bogenschützen sowie hethitische Reiter ein. Die Griechen verpflichteten anfangs nur selten, seit dem 3. Jh. v. Chr. aber vermehrt Söldner. In der späten Kaiserzeit war die Armee des Römischen Reiches ein buntes Gemisch barbarischer Völker. Insbesondere die Germanen waren berühmt für ihre Kampfbereitschaft.

Bei zahlreichen Grabungen an den Fundstätten befestigter jungsteinzeitlicher Dörfer kamen Jagd- und Kriegswaffen aus behauenem Felsgestein oder Feuerstein zum Vorschein. Gleichzeitig lieferten diese Stätten noch andere Informationen – so entdeckte man in den verbrannten Trümmern der im Languedoc gelegenen „Festungen“ mit Nahrungsmitteln vermischte menschliche Überreste. Diese Funde deuten auf die Existenz eines rituellen Kannibalismus hin. Einige Grabstätten offenbaren das Vorhandensein eines Gesellschaftssystems, in dem die Krieger eine gesonderte Klasse darstellten und, wie später in Indien oder Sparta, einen wichtigen Platz in der Gesellschaftshierarchie einnahmen.

Ausrüstung und Bewaffnung

Um 3200 v. Chr. kam es zur Einigung Ägyptens, was vermutlich nicht ohne kriegerische Handlungen vonstatten ging. In der gleichen Epoche war Mesopotamien in etwa 30 Stadtstaaten untergliedert, deren jeweilige Vorherrschaftsansprüche die Ursache für nahezu ständig stattfindende Auseinandersetzungen bildeten. Die Standarte von Ur (2600 v. Chr.) im Britischen Museum in London ist eine der ersten bildlichen Darstellungen des Krieges. Auf ihr sind u. a. von Eseln gezogene, schwere vierrädrige Streitwagen – die Gefährte der Anführer – zu sehen. Davor stehen mit Leder- oder Metallhelmen und breiten Schilden ausgestattete Krieger. Die Geierstele (2450 v. Chr.), heute im Louvre zu bewundern, bezeugt eine Ausrüstung aus Lanzen, Äxten, Krummschwertern und Morgensternen. Objekte aus dem Grab von Meir offenbaren, dass es im Ägypten des Mittleren Reiches (um 2000 v. Chr.) Fußtruppen gab, die in einer Linie kämpften. Ihre Bewaffnung bestand aus Schilden und kurzen Lanzen mit Kupferspitzen. Zudem hatte man die leichte Infanterie, die Pfeile mit Stein- und Knochenspitzen abschossen.

Auf zur Belagerung

Leitern und Enterhaken dienten zur Erstürmung der Mauern befestigter Städte, manchmal unterhöhlten die Angreifer auch die Mauern an der Basis oder rannten mit durch Eisen oder Bronze verstärkten Mauerbrechern gegen die Befestigungen an. Um das 4. Jh. v. Chr. erfanden die Griechen Wurfmaschinen, mit denen man Pfeile oder bis zu 100 kg schwere Steinkugeln über die Mauern schießen konnte. Legendär ist Archimedes geworden, der 212 v. Chr. den militärischen Widerstand seiner Heimatstadt Syrakus gegen die feindlichen römischen Belagerer organisierte.

Die Kunst des Kämpfens

Während die Fußtruppen im Nahkampf eingesetzt wurden, trugen die schwer zu manövrierenden Streitwagen einen Lenker und einen Soldaten, der zunächst mit einem Wurfspieß, später dann mit Pfeil und Bogen bewaffnet war. Durch den Einsatz von Pferden und die Verwendung leichter Streitwagen wandelte sich die Kriegskunst – dies geschah allerdings nicht überall gleichzeitig.
Die Nomadenvölker Zentralasiens waren Meister der Eroberungskriege. Der Einsatz von Pferden erforderte eine neue Kriegstaktik, bei der Schnelligkeit eine größere Rolle als Stärke spielte. Die vermutlich aus Mesopotamien stammenden Hyksos waren hervorragende Reiter, wodurch ihnen ab 1630 v. Chr. die Besetzung Ägyptens gelang, die sie 200 Jahre aufrechterhalten konnten. Damals rüsteten sich die wichtigsten Stadtstaaten mit leichten Streitwagen aus, auf denen Bogenschützen fuhren. In den zentralisierten Gesellschaften, etwa bei den Hethitern, entwickelte sich der Streitwagen zu einem wertvollen und wichtigen Kriegsgerät und war einer aristokratischen Kriegerkaste vorbehalten. Um 1275 v. Chr. fuhr der Gegner Ägyptens in der Schlacht bei Kadesch – die Armeen des Hethiterkönigs Muwatalli II. kämpften gegen die Truppen von Pharao Ramses II. – an die 2500 Streitwagen auf.

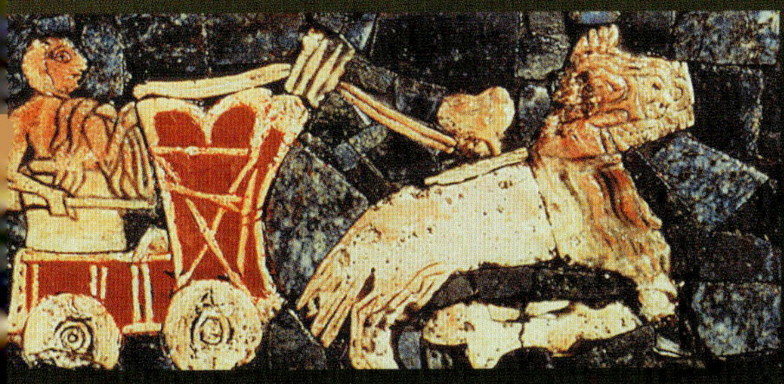

Fortschritte und Neuerungen

Seit dieser Epoche beherrschte die Mehrheit der Völker die Kunst, Schilde, Harnische, Helme und Schwerter herzustellen. Daher war die militärische Macht nicht länger eine Frage der Bewaffnung, sondern der Art und Weise, wie die vorhandenen Kräfte eingesetzt wurden. Schon früh entwickelte man in China modern anmutende Waffen: Im 4. Jh. v. Chr. kamen erste Bomben und Giftgasgranaten (Arsen, Lack, Bleioxid) zum Einsatz.

Das im Hintergrund gezeigte Freskenfragment aus Tassili zeigt eine Schlacht von Bogenschützen und bezeugt, dass es in der Sahara bereits 4000 v. Chr. zu Gefechten kam.

Die berühmte Standarte von Ur (unten links) offenbart, dass die Armeen bereits um 2600 v. Chr. über eine hervorragende Organisation verfügten. Um sich zu verteidigen, verschanzten sich Ende des 1. Jt. v. Chr. einige Städte, wie beispielsweise das im Irak gelegene Ninive (oben), hinter mächtigen Befestigungsmauern.

Dieser Bronzereiter (rechts) aus der chinesischen Han-Dynastie bringt durch seine martialische Haltung zum Ausdruck, dass den Kriegern Bewunderung und Respekt entgegenzubringen war.

Gewichte und Waage (3000 v. Chr.)

Die Anfänge des kommerziellen Handels

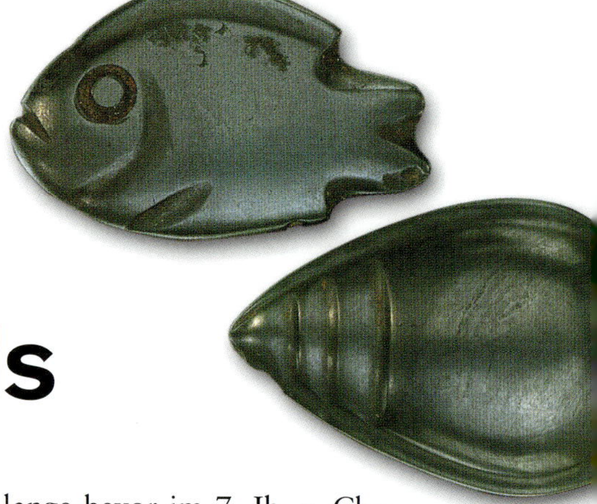

Zu Beginn des 3. Jt. v. Chr. wurde zeitgleich mit den Anfängen der Metallbearbeitung ein neues Messinstrument, die Waage, entwickelt. Obwohl man noch lange Zeit Gewichte verwendete, die sich von Region zu Region unterschieden, begünstigten die neuen Gerätschaften das Aufblühen des Handels, denn mit ihrer Hilfe konnten die produzierten und getauschten Mengen exakt bestimmt werden.

Schon lange bevor im 7. Jh. v. Chr. bei den Lydern in Kleinasien Geld in Gebrauch kam, handelten die Menschen mit Waren, und zwar auf der Basis des Tauschhandels. Doch gesunde Handelsbeziehungen konnten sich nur entwickeln, wenn die getauschten Güter gleichwertig waren. Hierzu musste die Menge der Güter exakt bestimmt werden – beispielsweise wechselte man eine bestimmte Zahl von Rindern gegen Getreide ein. Die Menge des Getreides konnte durch das von ihm eingenommene Volumen bestimmt werden, etwa unter Zuhilfenahme spezieller Gefäße, oder durch sein Gewicht. Das Gewicht als maßgebliche Messgröße setzte sich erst ab dem Zeitpunkt durch, als verhältnismäßig kleine und unverwüstliche Metallstücke zum Aufwiegen der Güter zur Verfügung standen. Natürlich ist das Gewicht eng an die Waage gekoppelt. Sie wurde von den Völkern erfunden, die seit uralten Zeiten von den Küsten des Mittelmeeres bis nach Kleinasien und zum Persischen Golf Handel in großem Stil betrieben.

Die Tafel einer Holzschatulle, die im Mittleren Reich bemalt wurde, zeigt die Waage, mit der Anubis, der schakalköpfige Totengott, die Seelen wog.

Aus Mesopotamien stammen die beiden oben gezeigten, aus Eisenglanz gefertigten Gewichtsstücke (2000 v. Chr.). Die prächtige ägyptische Holzwaage (links) wurde im Grab des Baumeisters Kha (18. Dynastie, um 1500 v. Chr.), gefunden.

Auf dieser aus Syrien stammenden Grabstele aus dem frühen 1. Jt. v. Chr. ist ein Kaufmann zu sehen, der eine Waage in der Hand hält (links).

Präzise Maße für teure Güter

In Ägypten und Mesopotamien tauchte die Waage im frühen 3. Jt. v. Chr. etwa zeitgleich auf. Auf den Fresken der Pyramide im ägyptischen Sakkara findet man die erste bekannte Abbildung einer Waage. In Mesopotamien und Ägypten stießen Archäologen auf zahlreiche Gewichte aus Stein, Keramik oder Bronze, die eine große Formenvielfalt zeigten. Die antiken Völker verwahrten ihre Längenmaße oder Gewichte in Tempeln und unterzogen sie regelmäßig einer strengen Prüfung, denn von ihnen hing die Zuverlässigkeit des Handels innerhalb des Königreiches ab.

Beim Abmessen von Massengütern wie Getreide oder Reis genügte eine einfache Volumenbestimmung, etwa mittels eines mit einer Skala versehenen Gefäßes oder der hohlen Hand. Doch beim Handel mit Arzneipulver, Gold oder Silber war Präzision gefragt – je wertvoller die Ware, desto genauer musste ihr Gewicht bestimmt werden.

Das Streben nach Gleichgewicht

Die ersten Waagen bestanden aus einem waagrechten Balken, in dessen Mitte eine Schnur befestigt wurde. An ihr hängte man die Waage auf, und zwar so, das der Balken absolut waagrecht war. An jedem Balkenende befestigte man identische Waagschalen, die den gleichen Abstand zur Mitte aufwiesen. In eine dieser Schalen wurde nun der Gegenstand gelegt, dessen Gewicht bestimmt werden sollte. Die andere Schale füllte man so lange mit Gewichten auf, bis sich der Balken wieder in der Waagrechten befand. Durch die Addition der Gewichtsstücke ergab sich schließlich das Gewicht des Gegenstands. Diese frühen Waagen waren noch nicht sehr zuverlässig, denn ständig musste überprüft werden, ob der Balken wirklich im Gleichgewicht war.

Neue Mode – die asymmetrische Waage

Nachdem bereits die Chinesen im Verlauf des 1. Jt. v. Chr. Waagen mit asymmetrischen Balken entwickelt hatten, kamen ähnliche Geräte auch bei den Römern in Gebrauch, die diese bei den Griechen kennen gelernt hatten. Ihr Prinzip sollte bis in unsere heutige Zeit überdauern. Bei den asymmetrischen Modellen wurde der Balken in zwei ungleiche Teile unterteilt. Der kürzere Teil trug die Ware, die gewogen werden sollte. Man legte sie auf eine Waagschale oder hängte sie an einem Haken auf. Nun wurde ein Referenzgewicht auf einem System von Kerben über den längeren Teil geschoben, der die Rolle eines Hebelarms übernahm. Im Lauf der Jahrhunderte arbeitete man ständig daran, die Genauigkeit dieser Messinstrumente weiter zu verbessern. Auch ihre Handhabung wurde vereinfacht, denn mit der Entwicklung des Handels wurde die Waage immer wichtiger.

Gegen Ende des 15. Jh. beispielsweise entwickelte man die erste Zeigerwaage mit Skala, deren Erfindung Leonardo da Vinci zugeschrieben wird. Bei dieser Waage ließ sich das Gewicht des an sie gehängten Gegenstands unmittelbar ablesen, ohne dass man auf ein oder mehrere Gegengewichte zurückgreifen musste. Die erste echte Präzisionswaage wurde erst im Jahr 1670 von dem Franzosen Gilles Personne de Roberval entwickelt.

Diese gallorömische Waage zeugt von den Fortschritten in der Konstruktion der Messinstrumente.

Der Weg vom Hebel zur Waage

Das Prinzip der Waage beruht auf einer noch älteren Erfindung, dem Hebel – einer Stange, die um eine Achse drehbar ist und die ausgeübte Kraft vervielfacht. Der Grieche Archimedes (um 287–212 v. Chr.), dem man die Aussage „Gib mir einen Punkt, wo ich stehen kann, und ich bewege die Erde" zuschreibt, war einer der Ersten, der die Hebelwirkung erklärte. In seinen noch heute viel beachteten Werken formulierte er Lehrsätze, die die Funktionsweise der Waage erklären: „Gewichte, die sich auf gleiche Entfernungen die Waage halten, sind gleich" (klassische Balkenwaage) und „Zwei Körper halten sich auf Entfernungen die Waage, die sich entgegengesetzt proportional zu ihrem Gewicht verhalten" (Laufgewichtswaage).

Der Kalender (um 2800 v. Chr.)

Die Zeitmessung im Dienst des Menschen

Unzählige Etappen mussten zurückgelegt werden, bis schließlich die Ausarbeitung des gregorianischen Kalenders gelang – ein fast weltweit verwendetes Bezugssystem zum Zählen der Tage, Monate und Jahre. Bei der Entwicklung von Systemen, mit denen man die Zeit messen konnte, orientierte sich der Mensch an Naturerscheinungen.

Als erster Kalender diente der Himmel. Der Unterschied zwischen Tag und Nacht, der Wechsel der Jahreszeiten und die damit einhergehenden klimatischen Veränderungen, die regelmäßige Wiederkehr von Sternenkonstellationen – all diese Phänomene waren seit den Anfängen der Menschheit ein Quell von Ängsten, aber auch von Informationen. Der Mensch sammelte dieses Wissen, mit dessen Hilfe er den Rhythmus der Natur vorhersagen konnte, aus einem persönlichen, aber auch sozialen Bedürfnis heraus. Kürzlich wurde in Deutschland das Sonnenobservatorium von Goseck entdeckt. Es stammt aus dem 6. Jt. v. Chr. und dürfte einer der ältesten Kalender sein. Dieses von Holzpalisaden eingefasste Steinrund besitzt mehrere Öffnungen. Stellte sich ein Beobachter ins Zentrum, so entsprachen zwei dieser Öffnungen der Position des Sonnenauf- und -untergangs am Tag der Wintersonnenwende.

Also konnte man bereits damals diese Ereignisse im Jahresverlauf präzise bestimmen. In der Bronzezeit baute man dann megalithische Anlagen wie Stonehenge und Carnac, die wohl riesenhafte Kalender waren. Die Anordnung ihrer unterschiedlichen Elemente sollte fortwährend die jeweiligen Positionen der Sonne und des Mondes im Bezug zur Erde anzeigen.

Der Steinrkreis von Stonehenge in Großbritannien diente als Observatorium und Kultstätte zugleich.

Von jeher versuchte der Mensch, die Zeit zu messen – beispielsweise durch Einkerbungen auf Rentierknochen, wie rund 25 000 Jahre alte Funde aus Eyzies in Frankreich belegen (ganz links). Aus der Jungsteinzeit stammt dagegen diese astrologische Tafel mit piktographischer Schrift, die in Mesopotamien entdeckt wurde (links).

Instrumente zum Messen der Zeit

Der Gnomon war ein einfacher, senkrecht in den Boden gesteckter Stab, dessen Schattenlänge den Sonnenstunden entsprach. Dieser Schattenstab ist wohl das älteste aller Instrumente zum Messen der Zeit. Er war der Vorläufer der Sonnenuhr, die man in Ägypten seit 1500 v. Chr. kannte. Die Sonnenuhr wurde in zwölf Stunden unterteilt, die von Sonnenaufgang bis Sonnenuntergang reichten, doch die Dauer der Stunden war genau wie die Länge der Tage von der Jahreszeit abhängig. Daher war sie ein recht unzuverlässiges Instrument. In der Antike wurde ebenfalls die von den Ägyptern im 16. Jh. v. Chr. erfundene Wasseruhr verwendet – ein mit Wasser gefülltes Gefäß, an dessen Basis sich eine Öffnung befand, durch die das Wasser abfloss. Mit dem sinkenden Wasserstand wurde eine Skala sichtbar. Zum Messen relativ kurzer Zeitabschnitte benutzte man die Sanduhr, aber auch die in China seit dem 6. Jh. v. Chr. verwendete Feueruhr, bei der ein Stäbchen abgebrannt wurde. Im frühen Hochmittelalter tauchte die erste mechanische Uhr auf – eine einschneidende Neuerung. Nun wurde die Zeit nicht länger anhand der Bewegungen der Sonne oder physikalischer Vorgänge gemessen, sondern durch die Bewegung von Zahnrädern, die in regelmäßigen Abständen durch den Fall eines Gewichts betätigt wurden. Diese ersten Uhren hatten weder Zifferblatt noch Zeiger und zählten nur die Stunden. Erst 1657 wurde die Pendeluhr entwickelt, eine Erfindung des Niederländers Huygens, die von den Beobachtungen Galileis über die Schwingungen des Pendels abgeleitet war und die Zeit wesentlich genauer maß.

Diese Darstellung einer Wasseruhr stammt aus einer islamischen Handschrift des 13. Jh. Bei den Figuren oben auf der Uhr handelt es sich um Automaten.

Mond- und Sonnenjahr

Bei den Mesopotamiern zählte die Beobachtung astronomischer und klimatischer Phänomene ebenso wie die Deutung von Tiereingeweiden zur Kunst des Wahrsagens. Auf dem Gebiet der Astronomie verfügten sie über ein so großes Wissen, dass sie Mondfinsternisse, Sonnenwenden sowie Tagundnachtgleichen voraussagen konnten. Ab dem frühen 3. Jt. v. Chr. gelang es ihnen, einen Mondkalender aufzustellen. Das Jahr wurde in zwölf Mondmonate unterteilt und war, da der Mondzyklus wahlweise 29 oder 30 Tage umfasste (in Wahrheit sind es 29,5 Tage), 354 Tage lang. Den Mesopotamiern war indes durchaus bewusst, dass das Sonnenjahr mit 365 Tagen länger war als das Mondjahr. Sie behoben diese Differenz, indem sie einen dreizehnten Monat einschoben. Die Lage dieses Monats wurde von der Königsmacht bestimmt, die diesen Zusatzmonat häufig mit der Zahlung der Steuern oder einer Opferzeremonie zusammenfallen ließ. Dieses Korrektursystem blieb jedoch willkürlich und es geschah nicht selten, dass die Ernte lange nach dem Monat begann, der eigentlich nach dieser Tätigkeit benannt worden war.

Ein Kalender für den Alltag der Mesopotamier

Im Alltag gaben die Bewohner der mesopotamischen Stadtstaaten einem vereinfachten Kalender den Vorzug, der auch als „schematischer" Kalender bezeichnet wird. Dieser umfasste 360 Tage und wurde für Alltagsgeschäfte, insbesondere für den Handel, verwendet.

Erst in der zweiten Hälfte des 1. Jt. v. Chr. gelang babylonischen Astronomen die Berechnung der Positionen von Mond und Sonne, wobei sie insbesondere den Abstand zwischen Mond und Sonne am Horizont berücksichtigten. Anhand ihrer Beobachtungen, bei denen sie sich auf den Zeitpunkt des ersten Sichtbarwerdens des Mondes und die Sommersonnenwende bezogen, hatten sie ermittelt, dass 235 Mondmonate 19 Sonnenjahren entsprechen. Somit waren sie nun in der Lage, dem Kalender Schaltmonate hinzuzufügen, um eine vollkommene Übereinstimmung zwischen Mondmonaten und Sonnenjahr zu garantieren.

Auf dieser Freske aus dem Grab von Pharao Seti I. (13. Jh. v. Chr.) repräsentieren Tiere die Sternenkonstellationen. Die Astronomie, die sich damals vorwiegend mit astrologischen Themen beschäftigte, hatte großen Anteil an der Erstellung des Kalenders.

Die Zeitmessung der Ägypter

Die Ägypter benutzten lange Zeit einen Mondkalender. Allerdings entsprach diese Art von Kalender nicht den Erfordernissen der Landwirtschaft, da sich mit ihm die Schlüsseldaten für die Saat nicht voraussagen ließen. Unter der Herrschaft von Pharao Djoser ersetzte man diesen Mondkalender, den die Priester allerdings weiterhin zur Festlegung religiöser Feste verwendeten, um 2700 v. Chr. durch einen Kalender von zwölf Monaten zu je 30 Tagen. Inspiriert wurde dieser Wechsel wohl durch den in Mesopotamien gebräuchlichen schematischen Kalender.

Man unterteilte jeden Monat in drei Perioden zu zehn Tagen (Dekade). Die zwölf Monate wurden zu drei Jahreszeiten à vier Monaten zusammengefasst. Diese entsprachen jeweils den drei Ackerbauperioden, die *Achet* (Überschwemmungszeit), *Peret* (Wachstumszeit) bzw. *Schemu* (Trockenzeit) hießen. Diesem Jahresverlauf wurden fünf Tage hinzugefügt, die die Griechen als Zusatztage (Epagomenen) bezeichneten. Somit ergab sich ein Jahr mit 365 Tagen.

Sothis, ein schicksalhafter Stern

Der Beginn des Jahres wurde auf den 1. Thot (19. Juli im gregorianischen Kalender) festgelegt. An diesem Tag stand Sothis (Sirius), der hellste Stern, wieder am Himmel, nachdem er 70 Tage lang nicht zu sehen gewesen war. Da Sothis morgens kurz vor Sonnenaufgang erscheint, spricht man auch vom heliakischen Aufgang des Sirius (von griechisch *helios* für Sonne). Die Ägypter feierten sein Erscheinen und verknüpften ihn mit dem Kult der Göttin Isis, der Gemahlin von Osiris. Daher ist der Tempel der Isis Hathor in Dendera nach dem heliakischen Aufgang des Sirius ausgerichtet. Dieses so definierte Kalenderjahr zählte jedoch lediglich 365 Tage, wohingegen das „wirkliche" Jahr, wie wir heute wissen, 365,2422 Tage umfasst. Im Lauf der Zeit kam es zu einer immer stärkeren Verschiebung bezüglich der Jahreszeiten, weshalb das ägyptische Kalenderjahr auch als „vages Jahr" bezeichnet wird.

Das Dekret von Kanopos

Gemessen an einem 60 Jahre währenden Menschenleben betrug diese Abweichung lediglich 15 Tage. Die Bauern kümmerten sich bei ihrer täglichen Arbeit ohnehin kaum um das Kalenderjahr. Nachteilig wirkte sich diese Verschiebung dagegen in der Liturgie aus, denn im Lauf der Zeit fielen bestimmte, mit den Jahreszeiten verknüpfte Zeremonien, wie etwa die Feier der Ernte, beispielsweise mitten in den Winter. Deshalb erließ König Ptolemaios III. Euergetes im Jahr 238 v. Chr. das Dekret von Kanopos, das alle vier Jahre einen sechsten Schalttag vorsah. Doch diese Reform stieß insbesondere in den Reihen des Klerus auf Widerstand und konnte sich nie wirklich durchsetzen.

Der Kalender der Griechen

Von den Babyloniern hatten die Griechen einen lunisolaren Kalender geerbt, bei dem das Jahr zwölf Monate zu je 30 Tagen zählte, jedoch nicht an die Jahreszeiten angepasst war. Deshalb bevorzugten sie als *Parapegma* bezeichnete Kalender, in denen zu erledigende Aufgaben mit astronomischen Ereignissen verbunden wurden. Diese Kalender hatten neben den offiziellen Kalendern Bestand, bei denen Sonnen- und Mondmonate nicht übereinstimmten. Schon bald wurde ein Kalender mit 354 Tagen entwickelt, bei dem sich

Monate mit 30 bzw. 29 Tagen abwechselten. In der Epoche Solons (um 600 v. Chr.) wurde alle zwei Jahre ein Schaltmonat mit 30 Tagen hinzugefügt. In Athen schob man diesen Monat nach dem sechsten Monat des Jahres ein, in anderen Stadtstaaten dagegen oft erst am Ende des Jahres. Allerdings hatte dieses System den Nachteil, ein Jahr mit 369 Tagen zu schaffen, das im Verhältnis zum Sonnenjahr zu lang war.

Caesars Reform

Zur Zeit der römischen Republik wurde in Rom der Mondkalender durch den Sonnenkalender ersetzt. Das Jahr zählte 355 Tage, die sich auf zwölf unterschiedlich lange Monate verteilten. Um die durchschnittliche Dauer des Jahres auf 365,25 Tage zu verlängern, fügte man Schalttage ein. Um der Verwirrung zu begegnen, die sich schließlich eingestellt hatte, reformierte Julius Caesar

Der Mayakalender: Rätsel und Wunder zugleich

Während sich die Gelehrten im Mittelmeerraum und im Orient um die Erstellung eines zuverlässigen Kalenders bemühten, waren die Maya bereits in den ersten nachchristlichen Jahrhunderten in der Lage, die Dauer des Jahres mit größerer Präzision zu bestimmen, als dies dem gregorianischen Kalender gelang. Das Sonnenjahr Haab umfasste 360 Tage plus fünf Schalttage. Warum die Maya Zyklen von 7200 Tagen (Katun) verwendeten, die 20 Jahren entsprachen, wissen wir nicht. Sie verfügten über eine exakte Tabelle der Mondphasen und Mondfinsternisse, der Sonnenfinsternisse und der Venusumläufe. Erstaunlich genau war ihre Berechnung der Bewegungen der Venus – auf 500 Jahre wich sie nur zwei Stunden von der tatsächlichen Umlaufzeit ab. Seit Beginn der nachchristlichen Ära kannten die Maya ein Stellenwertsystem und die Null, die das Abendland erst durch Vermittlung der Araber entdeckte, welche sie ihrerseits aus Indien übernommen hatten. Somit konnten die Maya alle Zahlen problemlos schreiben. Sie hatten ein Ursprungsdatum ihrer Geschichte festgelegt, das dem Jahr 3113 v. Chr. entsprach. Überraschend an ihrem Zeitmodell ist die Unterscheidung zwischen der linearen unendlichen Zeit (Vergangenheit, Gegenwart und Zukunft) und der durch Zyklen gekennzeichneten menschlichen Zeit.

Kunstvoll gearbeitet ist dieser aztekische Kalenderstein aus dem 16. Jh. Die Steinscheibe galt als offizieller religiöser Kalender.

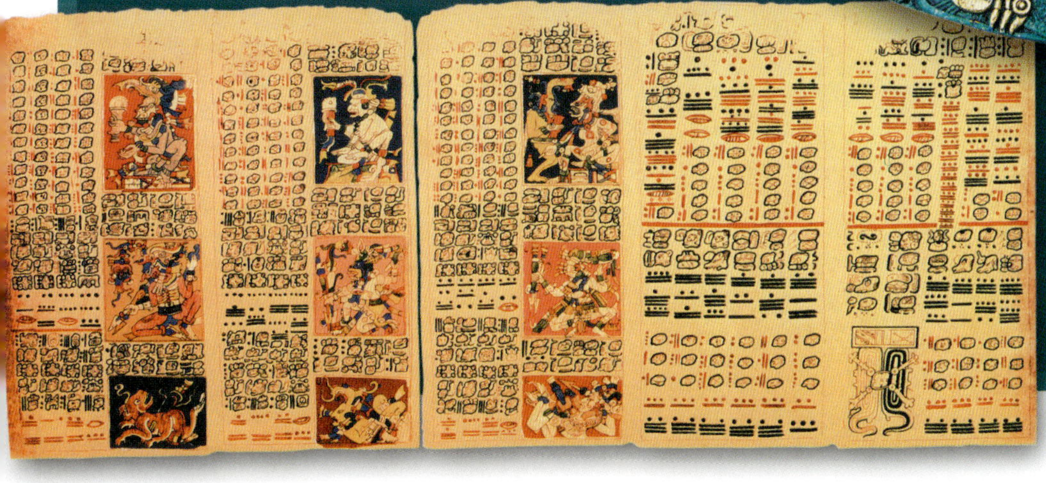

Dieses Fragment eines Mayakalenders zeugt von dem bemerkenswerten Wissen, über das die Maya beim Messen der Zeit verfügten.

Dieses Fragment eines römischen Kalenders (ganz oben) führt die Fasti Amiternini, *religiöse Feierlichkeiten, auf. Sie wurden nach der Stadt Amiternum in Italien benannt.*

Der Schattenstab oder Gnomon und die Sonnenuhr waren zwei Arten von Zeitmessern, die man in Ägypten verwendete (oben).

seinerseits den Kalender und stützte sich dabei auf die Ratschläge des alexandrinischen Astronomen Sosigenes. Seither zählte jedes vierte Jahr 366 anstelle von 365 Tagen. Dieser Tag wurde im Februar eingeschoben, und zwar durch die Verdopplung des 24. Tages. Da der 24. Februar nach römischer Definition der sechste Tag vor den Kalenden des März (d. h. dem 1. März) war, wurde der Schalttag als „zweiter sechster Tag vor den Kalenden des März“, auf lateinisch *bis sextus ante calendas martias*, bezeichnet. Überdies legte man fest, dass das Frühlingsäquinoktium (Tagundnachtgleiche) jedes Jahr auf den 25. März fallen sollte. Dazu wurde das Jahr der Reform (das Jahr 708 nach der Gründung Roms) um 90 Tage verlängert. Abschließend setzte man den Beginn des Jahres zu Lasten des 1. März endgültig auf den 1. Januar. Der von Caesar eingeführte julianische Kalender blieb mehr als 1500 Jahre in Gebrauch. Allerdings wich er nach einigen Jahrhunderten um

Die Erfindung der Woche

Im römischen Kalender wurden die Tage durchgezählt, wobei auf einige Fixtage, wie etwa die Kalenden (1. Tag des Monats, daher der Name Kalender), die Nonen (5. bzw. im März, Mai, Juli, Oktober 7. Tag des Monats) und die Iden (13. bzw. im März, Mai, Juli, Oktober 15. Tag), Bezug genommen wurde. Später ersetzte man dieses System durch die Siebentagewoche, die man von den Hebräern übernahm. Die Tage wurden nach dem Mond – hier liegt der Ursprung unseres Montags – und den Planeten Mars, Merkur, Jupiter (Jovis), Venus und Saturn benannt. Auch die Bezeichnung Sonntag (solis dies) findet sich im Deutschen noch heute.

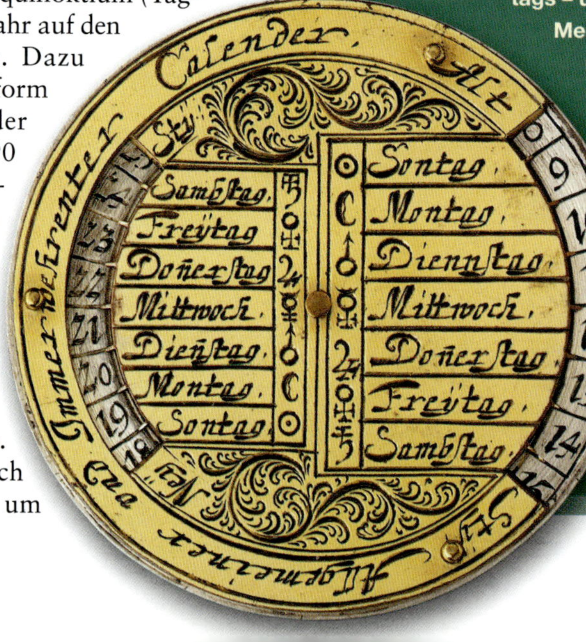

Dieser ewige Kalender aus vergoldetem Silber ist das Werk des Goldschmieds Johann Martin (16. Jh.).

Der norwegische Almanach besteht aus zehn mit Runen gravierten Holztafeln (16. Jh.).

Der Beginn der christlichen Zeitrechnung

Theoretisch beginnt die christliche Zeitrechnung am 1. Januar nach Christi Geburt. Dionysius Exiguus, ein skythischer Mönch aus dem 6. Jh., legte das Jahr 1 auf den 1. Januar des römischen Jahres 754 – fälschlicherweise! Entsprechende Berechnungen stellte er im Auftrag von Papst Johannes I. an, für den er eine Ostertafel erstellen sollte, anhand derer die Christen für die nächsten 90 Jahre das Datum des Osterfestes ablesen konnten. Als Ausgangspunkt seiner Kalkulation wählte er die Geburt Christi – und hier unterlief ihm ein Fehler, der die christliche Zeitrechnung bis heute prägt. Inzwischen wissen wir nämlich, dass Jesus in jedem Fall vor 4. v. Chr. geboren wurde, dem Todesjahr von Herodes.

mehrere Tage vom Sonnenjahr ab, da das Sonnenjahr 365,2422 Tage zählt, während der julianische Kalender im Schnitt 365,25 Tage hatte. Daher hinkte der julianische Kalender nach vier Jahrhunderten der Sonne um drei Tage hinterher.

Der gregorianische Kalender

Als 1582 das Datum des Osterfests festgelegt werden sollte, wies der julianische Kalender einen Rückstand von 10 Tagen auf das wirkliche Jahr auf. Dies brachte Probleme mit sich, denn seit dem ersten Konzil von Nicäa (325 n. Chr.) wurde Ostern am ersten Sonntag nach dem auf die Tagundnachtgleiche vom 21. März folgenden Vollmond gefeiert, also keinesfalls vor dem 22. März oder nach dem 25. April. Doch 1582 fiel das Frühlingsäquinoktium auf den 11. anstatt auf den 21. März. Es gab schon längere Zeit Überlegungen, den julianischen Kalender zu korrigieren (u. a. von Nikolaus von Kues). Papst Gregor XIII. nahm sich nun der Sache an und machte den neuen, den so genannten gregorianischen Kalender amtlich (durch die Bulle „Inter gravissimas“): Um sich wieder auf den 21. März (Datum der Tagundnachtgleiche im Jahr des Konzils von Nicäa) stützen zu können, wurden zehn Tage gestrichen. Also gingen die Teile der christlichen Welt, auf die der Papst Einfluss hatte, vom 4. Oktober unmittelbar zum 15. Oktober 1582 über. Zudem wurden auf einen Zeitraum von 400 Jahren drei Schaltjahre gestrichen. Die säkularen Jahre, die im julianischen Kalender Schaltjahre gewesen waren, wurden wieder zu Jahren mit 365 Tagen, allerdings mit Ausnahme der durch 400 teilbaren Jahre. Demnach war 1600 ein Schaltjahr, 1700, 1800, 1900 waren keine, 2000 war wieder ein Schaltjahr.

Zunächst akzeptierten nur die katholischen Nationen den neuen Kalender. Spanien und Portugal führten ihn zur gleichen Zeit ein wie Rom, die Franzosen 1582. In Deutschland wurde er in vielen Regionen 1583 akzeptiert. Polen nahm den gregorianischen Kalender 1586 und Ungarn im darauf folgenden Jahr an. Die protestantischen Länder England und Schweden führten ihn erst 1752 ein, weshalb sie gleich elf Tage streichen mussten. Die letzten Nationen, die dem julianischen Kalender die Treue hielten, waren die des orthodoxen Christentums. Doch auch sie gingen schließlich zu dem allgemein gebräuchlichen System über. Die Sowjetunion stellte ihren Kalender 1918 um – fortan wurde die Oktoberrevolution von 1917 gemäß dem neuen Kalender im November gefeiert. Die Griechen, die den „neuen Kalender“ 1923 annahmen, mussten 13 Tage streichen. In der Türkei wurde er 1926 eingeführt.

Prachtvoll gestaltete Ephemeriden (Tabellen, in denen die Position von Himmelskörpern festgehalten wird) belegen die Sorgfalt, die im Mittelalter auf das Messen der Zeit verwendet wurde.

Imhotep (3. Jt. v. Chr.)

Der erste Universalgelehrte betritt die Bühne

Im Auftrag von Pharao Djoser, dem Begründer der 3. Dynastie in Memphis, errichtete Imhotep um 2650 v. Chr. die Stufenpyramide von Sakkara, die zu den ältesten erhaltenen Grabmonumenten zählt. Der Name des begnadeten Baumeisters ist heute bekannter als der seines Auftraggebers.

Imhotep wird seit Urzeiten verehrt, wohl weil er, ebenso wie Aristoteles oder Leonardo da Vinci, die Idealgestalt des Universalgelehrten verkörperte, der sich in allen Wissensbereichen seiner Zeit auskannte und dem es darüber hinaus gelang, Grenzen zu überwinden und neue Perspektiven zu eröffnen. Über sein Leben ist praktisch nichts bekannt, außer dass er der Sohn eines Baumeisters aus der Gegend von Memphis war.

Die Zeit des Alten Reiches

Mithilfe der Archäologie lässt sich ein recht genaues Bild vom Ägypten des Alten Reiches sowie von dem Kenntnisstand, über den die Menschen damals verfügten, zeichnen. Das Leben des unter der Herrschaft eines Pharaos geeinten Landes wurde von den Überschwemmungen des Nil bestimmt, dem es seine Lebensgrundlage verdankte. Der Ackerbau war noch rudimentär, auch wenn die Menschen bereits Bewässerungstechniken kannten. Im Gegensatz zu Kupfer fand Bronze erst selten Verwendung und weder das Rad noch Hebeinstrumente waren bekannt. Obwohl die Ägypter bereits wussten, wie man Stein behauen konnte, wurden Wohnhäuser, Tempel und Monumente aus luftgetrockneten Ziegeln errichtet. Die Heilkunde bezog zwar schon rational-empirische Prinzipien mit ein, war aber nach wie vor von magischen Praktiken beherrscht.

Ein Mann mit vielen Gesichtern

Eine Inschrift auf dem Sockel einer Statue in Sakkara zählt Imhoteps Titel auf: „Kanzler des Königs von Unterägypten, Erster nach dem König von Oberägypten, Verwalter des großen Palasts, Angehöriger des Erbadels, Hohepriester von Heliopolis, [...] Baumeister, Bildhauer."
Der Mann erfüllte also sowohl politische Ämter, die ihn zum zweiten Mann im Staat machten, als auch priesterliche Funktionen, die seine geistige Autorität begründeten. Gleichzeitig – und

dies ist für eine Persönlichkeit seines Ranges bemerkenswert – verfügte er über ein ganz spezielles Wissen, etwa auf dem Agrarsektor. Man schreibt ihm auch ein Buch über die Moral zu. Darüber hinaus soll er, wohl in seiner Eigenschaft als Oberhaupt der Priesterschaft, ein angesehener Astronom gewesen sein. Zu einer Zeit, als die Heilkunde noch von der Religion dominiert wurde, legte Imhotep die Rolle des Priesterarztes ab, der seine Heilkraft von den Göttern bezog. Stattdessen wendete er Heilmethoden an, die sich auf seine Beobachtungen und die daraus gezogenen Rückschlüsse stützten. Daher sehen einige Fachleute in ihm den geistigen Vater zahlreicher Verfahren, die im Papyrus Ebers, benannt nach dem deutschen Ägyptologen und Papyrusforscher Georg Moritz Ebers (1837–1898), zu finden sind. Dieses Schriftstück birgt anatomische Begriffe, einen Überblick über zahlreiche Erkrankungen und deren Behandlung sowie Rezepturen zur Zubereitung von Medikamenten.

Bau der ersten Pyramide

Doch seinen Ruhm verdankt Imhotep hauptsächlich der Tatsache, dass der Entwurf der ersten Pyramide aus seiner Feder stammte. Diese Pyramide befindet sich in Sakkara am linken Nilufer, oberhalb der Stadt Memphis, an der Grenze zwischen Ober- und Unterägypten. Im Zentrum des für Pharao Djoser bestimmten Grabkomplexes, der zahlreiche Tempel und Kapellen umfasste, befand sich die traditionelle Mastaba, ein Grab in Form eines Pyramidenstumpfs. Der gesamte Komplex wurde von hohen Mauern eingefriedet. Niemand weiß, wie Imhotep auf den Gedanken kam, aus dieser 8 m hohen Mastaba den Kern einer 62 m hohen Pyramide mit rechteckiger Basis zu entwickeln, die sechs unterschiedlich hohe Stufen besaß. Dieses Monument schien geradewegs in den Himmel zu führen und war ein politisches Manifest, das die Macht des Pharaos glorifizierte. Darüber hinaus stellte es ein architektonisches Meisterstück dar, denn die Pyramide wurde nicht aus luftgetrockneten Ziegeln, sondern aus leicht zu behauendem, weichem Kalkstein von weißer Farbe errichtet. Diese Steine wurden überdies sorgfältig eingepasst und bearbeitet, um dem Bauwerk Stabilität zu verleihen. Imhotep errichtete in Sakkara den ersten Bestattungskomplex, der ausschließlich aus Steinen erbaut worden war, die aus Steinbrüchen stammten. Dieses Werk bildete den Ursprung all jener Pyramiden, die die Menschen seit je faszinieren, und machte ihn zum Ahnherrn aller Baumeister.

Als Gott verehrt

Ab dem 1. Jt. v. Chr. wurde Imhotep überall in Ägypten als Gott der Heilkunst und Sohn des Ptah verehrt. Die zahlreichen Tempel, die ihm geweiht waren, zeugen davon, dass sein Kult bis zur Eroberung Ägyptens durch Alexander den Großen im 4. Jh. v. Chr. populär war. Die Griechen nannten Imhotep Imuthes und setzten ihn mit ihrem Heilgott Asklepios (lateinisch Äskulap) gleich.

Auch noch lange nach seinem Tod wurde Imhotep von den Ägyptern gerühmt. Die Votivstatue links entstand mehr als 2000 Jahre nach der Errichtung seiner berühmten Pyramide des Djoser (Hintergrundbild). Die unten stehende Abbildung zeigt den Namen des Gelehrten, wie er auf einem Sockel aus dem Alten Reich verewigt ist.

Die Akupunktur (um 2600 v. Chr.)

Wiederherstellung der Harmonie

Die Anfänge der in Europa heute von vielen Ärzten geschätzten Akupunktur liegen in der Bronzezeit Chinas. Wie die gesamte Traditionelle Chinesische Medizin dient sie dazu, die Harmonie zwischen dem Körper und der Welt zu erhalten.

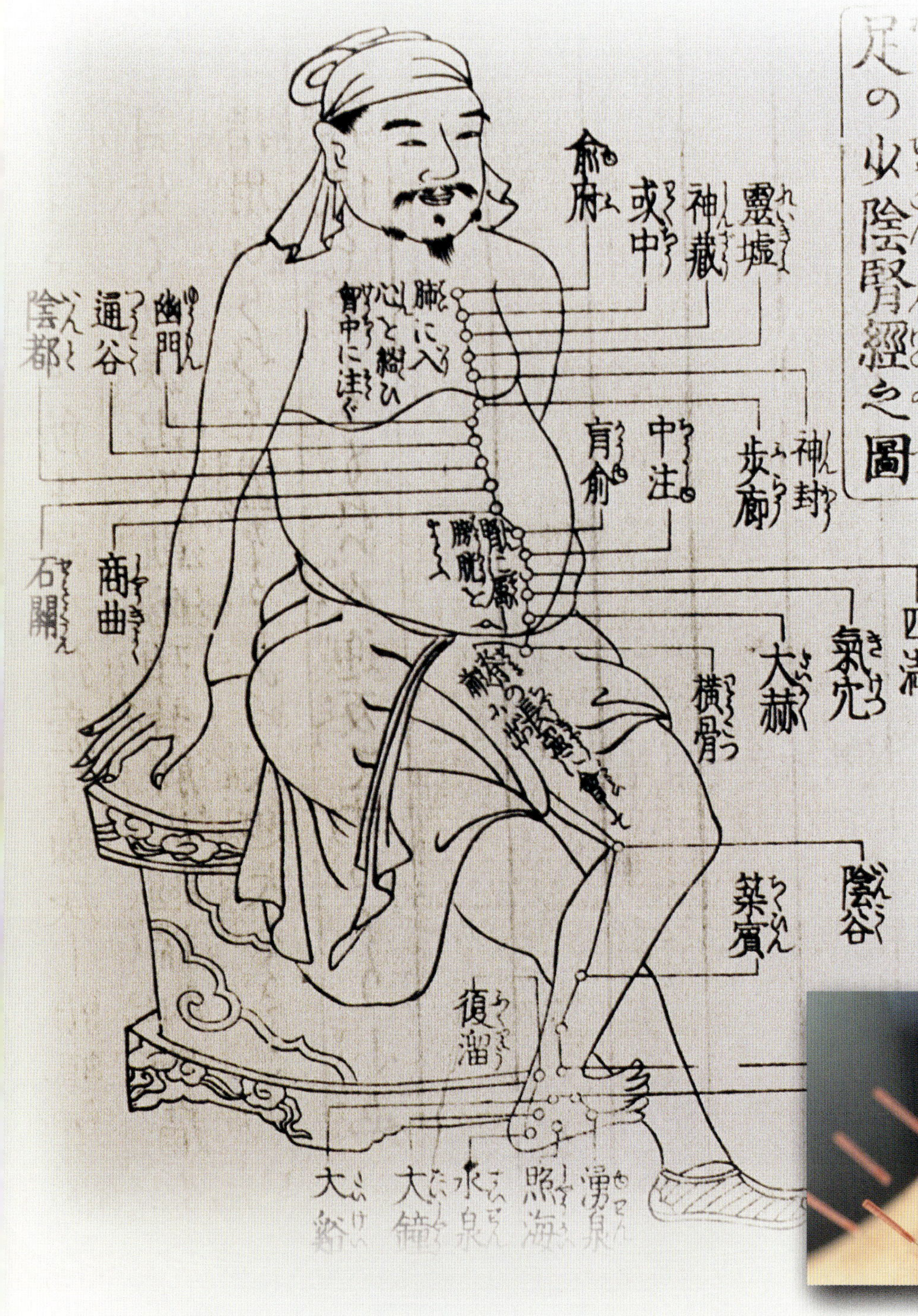

Das von jesuitischen Missionaren im 17. Jh. geprägte Wort Akupunktur ist relativ jung – verglichen mit der bedeutend älteren Praxis, die es bezeichnet. Gern schreibt man die Erfindung der Akupunktur dem legendären Kaiser Huangdi zu, der um 2600 v. Chr. gelebt haben soll. In Wahrheit waren Zufall und systematische Beobachtung an der Entdeckung dieser Technik, bei der bestimmte Körperpunkte mit dünnen Nadeln stimuliert werden, beteiligt. Vermutlich wurden durch zufällig beigebrachte Stiche Schmerzen gelindert, woraufhin der Vorgang möglicherweise bewusst wiederholt wurde, um diese Punkte genau zu bestimmen. Die ersten bekannten Nadeln bestanden aus behauenem Feuerstein und stammen aus der Mitte des 4. Jt. v. Chr. In der Folgezeit wurden Knochen, Bambus und Terrakotta verwendet, bis sich schließlich der Gebrauch von Kupfer, Eisen und Gold durchsetzte, der seit dem 1. Jh. v. Chr. belegt ist. Zurzeit bestehen die meisten Akupunkturnadeln aus rostfreiem Stahl.

Yin und Yang

Die Akupunktur beruht auf dem chinesischen Ansatz, in jedem Phänomen zwei gegensätzliche Prinzipien zu sehen, ein aktives (Yang) und ein passives (Yin). Diese werden durch ein Ideogramm, das Tai-Chi, dargestellt – ein Kreis, in dessen Innerem das Yang „aufsteigt" und sich an das „absteigende" Yin anschmiegt. Diese Dualität regelt alle Rhythmen, sowohl die der Natur als auch die des menschlichen Körpers.

Der Puls liefert wichtige Informationen

Eine Akupunktursitzung beginnt damit, dass der Puls des Patienten getastet wird. Dabei verfolgt der Arzt die Zu- und Abnahme des Yang, um feststellen zu können, wann es zu der Störung kommt, mit der die Krankheit verbunden ist. Er erfährt auch, ob das Gleichgewicht durch ein Übermaß oder einen Mangel an Yang gestört wird.

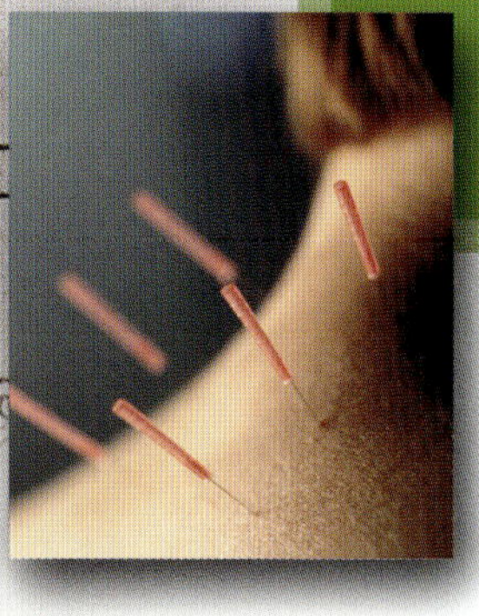

Diese Darstellung der Akupunkturpunkte auf dem menschlichen Körper (ganz links) dient dem Arzt als Orientierung. Wie die Nadeln im Nackenbereich gesetzt werden, ist links zu sehen.

Der chinesische Gott Shen-nung (rechts im Bild) prüft ein Mittel auf pflanzlicher Basis; der Gott in der Mitte trägt das Tai-Chi.

Im Rahmen dieser Auffassung wird Krankheit als Störung der Harmonie betrachtet, die zwischen Mensch und Kosmos besteht – als Ungleichgewicht zwischen dem inneren Rhythmus und dem Rhythmus der Welt. Indem man Nadeln an bestimmten Punkten des Körpers setzt, soll der Energiefluss reguliert und das Gleichgewicht wiederhergestellt werden. Dies geschieht, indem überschüssige Energie zu Punkten geleitet wird, denen Energie fehlt, und umgekehrt.

Eine jahrtausendealte Heilmethode

Im 5. Jh. kam die Akupunktur nach Japan, doch Europa erfuhr von dieser Heilmethode erst im 16. Jh. aus den Berichten von Reisenden und Missionaren. Angewendet wurde die Akupunktur bei uns allerdings erst im 19. Jh. Als der Sinologe Georges Soulié de Morant im 20. Jh. die wichtigsten Abhandlungen übersetzte, sorgte er damit für die Verbreitung der Methode. Die Akupunktur wurde weiterentwickelt und auch im Bereich der Anästhesie verwendet. Indem man die Nadeln durch elektrische Reize ersetzte, ließen sich die „Schmerzbotschaften", die ans Gehirn weitergeleitet werden, erfolgreich eindämmen.

Grundlegende Werke

Die Prinzipien der traditionellen Akupunktur werden im Nei Jing dargelegt, einem Werk, das mit Sicherheit vor Christi Geburt verfasst wurde. Die erste Abhandlung, die sich speziell mit Akupunktur und Moxas befasst – bei dieser Methode brennt man Kegelchen aus getrocknetem Beifuß auf bestimmten Punkten des Körpers ab –, ist jünger. Hierbei handelt es sich um das Zhen Jiu Jia Yi Jing, ein Werk von Huang Fumi (215–282), der 649 Akupunkturpunkte verzeichnet und 349 von ihnen benennt.

Der Fluss der Energie

Die Lebensenergie strömt auf 14 Meridianen in regelmäßigem Rhythmus durch den Organismus und passt sich dabei dem Wechsel zwischen Tag und Nacht an. Zwölf dieser Meridiane verlaufen symmetrisch in der linken bzw. rechten Körperhälfte, zwei dagegen sind einmalig. Bei diesen beiden handelt es sich um die jeweilige Medianlinie der Vorder- und Rückseite des Körpers. Auf den 14 Meridianen liegen insgesamt 649 Punkte, die jeweils einem bestimmten Organ zugeordnet sind. So gibt es beispielsweise elf Punkte für die Lunge, 45 für den Magen und 47 für die Blase.

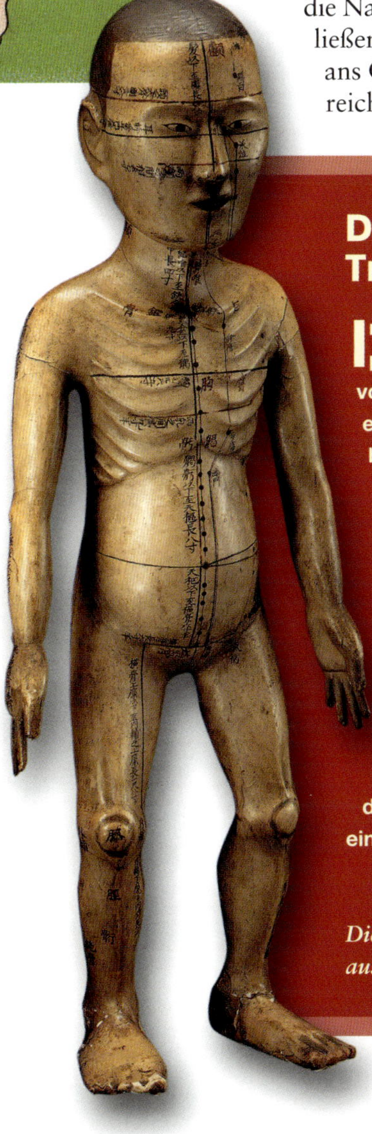

Die Akupunktur als Teil der Ausbildung

In China blieb die Praxis der Akupunktur nicht nur den Spezialisten vorbehalten. Sie war vielmehr Teil einer standardisierten Ausbildung, bei der die künftigen praktischen Ärzte lernten, die Akupunkturpunkte auf kleinen Statuen zu finden, von denen die ersten im 11. Jh. unter der Song-Dynastie hergestellt wurden. Bei der Prüfung gab man dem Kandidaten eine mit Wasser gefüllte Statue, bei der alle Punkte mit Wachs verschlossen und dadurch nicht zu sehen waren. Wenn der Prüfling die Nadeln an der richtigen Stelle einstach, floss das Wasser heraus.

Diese Akupunkturpuppe stammt aus dem 18. Jh.

Die Anfänge der Medizin

Von der Magie zur Therapie

Seit ihren frühen Tagen stand die Menschheit vor der Aufgabe, Schmerzen zu lindern und Verletzungen zu behandeln. Die ersten Heilverfahren wurden von magischen Praktiken begleitet, stützten sich aber bereits auf Beobachtungen und Erfahrungen. Damit war der Grundstein für die später von den Griechen entwickelte rational-empirische Medizin gelegt.

1996 entdeckte eine Gruppe von Archäologen in der Nähe des elsässischen Ortes Ensisheim einen Menschenschädel, der Spuren zweier um 7000 v. Chr. vorgenommener Trepanationen trug. Unter einer Trepanation versteht man eine Öffnung der Schädeldecke. So war dieser Mensch nach heutigem Kenntnisstand der erste Patient, an dem ein derartiger chirurgischer Eingriff vorgenommen wurde. Dies zeugt davon, dass man sich bereits in der Jungsteinzeit an Eingriffe wagte, die ein gewisses Maß an technischem Können voraussetzten. Ob die zweite Operation erfolgreich verlief, ist zwar unbekannt, doch zumindest die erste Schädelöffnung muss der Patient eine gewisse Zeit überlebt haben. Die an den unterschiedlichsten Fundstätten durchgeführten Grabungen vermitteln einen recht genauen Eindruck vom Kenntnisstand der jungsteinzeitlichen Menschen. Neben Schädelöffnungen konnte der *Homo sapiens* bereits Brüche richten, Gliedmaßen amputieren und Wunden ausbrennen. Zudem kannte er die Heilkraft verschiedener Pflanzen.

Das Reich der Magie

Die primitive Medizin wurde von religiösen Glaubensvorstellungen beherrscht und ihre Arzneirezepturen waren regional unterschiedlich. Krankheiten oder Unfälle betrachtete man als göttliche Strafe. Nur durch geeignete Riten ließen sich die Götter friedlich stimmen, wodurch die Wirksamkeit der Behandlung garantiert wurde.

Gula, die babylonische Göttin der Heilkunst (links, um 1300 v. Chr.), steht Pazuzu (rechts) gegenüber, einem der gefürchtetsten Dämonen Assyriens. Er wurde für Leid und Krankheit verantwortlich gemacht.

Eindrucksvoll nimmt sich das Siegel des Arztes Makkur-Marduk aus (unten).

Zu den Zutaten der traditionellen Medizin zählen getrocknete Eidechsen und Schlangen, Pflanzenwurzeln und -rinden, pflanzliche und tierische Pulver. Sie werden auch heute noch in Xinjiang (China) und in vielen anderen Ländern verwendet (ganz rechts).

Magie und Medizin waren eng miteinander verknüpft, eine Einstellung, die über mehrere Jahrtausende hin Bestand hatte und sich auch heute noch im Volksglauben findet.

Die Rezepturen der Mesopotamier

Da die Mesopotamier seit dem 4. Jt. v. Chr. über ein Schriftsystem verfügten, sind zahlreiche Zeugnisse über die frühe Medizin erhalten geblieben. Die älteste Sammlung pharmazeutischer Rezepte, die in eine Tafel eingraviert wurden, stammt von einer Fundstätte der sumerischen Stadt Nippur, doch existieren auch noch zahlreiche andere, insbesondere aus neuassyrischer (11.–8. Jh. v. Chr.) und neubabylonischer (7.–6. Jh. v. Chr.) Zeit. Zu diesen Dokumenten zählen der Briefwechsel zwischen Ärzten und Privatleuten, aber auch „Handbücher" für Exorzisten oder Texte, die die exakte Vorgehensweise bei bestimmten Erkrankungen vorschreiben. So enthält ein altbabylonischer Text überraschend präzise Anweisungen: „Wenn ein Mann unter Gelbsucht leidet: Tauche eine Süßholzwurzel in Milch, lasse sie des Nachts unter den Sternen ruhen, vermische sie mit gereinigtem Öl, gib ihm dies zu trinken und er wird genesen."

Die Grenzen des Wissens

Anhand dieser Texte lässt sich der medizinische Kenntnisstand der Mesopotamier ermessen. Neben einigen „einfachen" Erkrankungen konnten sie Brüche und Verrenkungen behandeln und bestimmte chirurgische Eingriffe vornehmen, wobei sie Öl verwendeten, um postoperative Infektionen zu verhindern. In der Augenheilkunde gelang es, bestimmte Sehstörungen zu identifizieren, die erforderlichen Operationstechniken beherrschte man damals allerdings noch nicht. Erstaunlicherweise berücksichtigen die Texte auch seelische Erkrankungen, wie etwa Angstzustände und Depressionen. Allerdings waren die Mesopotamier noch weit entfernt von einer systematisch betriebenen Psychiatrie.

Arzt, Priester und Seher

Die Medizin bestand demzufolge nicht ausschließlich aus Magie. Zwar gab es Gottheiten, die über Heilkräfte verfügten, beispielsweise Gula (eine der wenigen Göttinnen, die nicht mit der großen Ischtar verschmolz) oder Ea, der Wassergott, doch durch ihre Anrufung oder Gebete allein ließ sich das Eingreifen eines Fachmanns nicht ersetzen. Die Ärzte bildeten damals jedoch noch keine einheitliche Berufsgruppe. So konnte der Arzt beispielsweise ein Priester sein, der eine spezielle Ausbildung erhalten hatte. Dieser *Aschipu* erstellte die Diagnose und heilte den Kranken sowohl mit Beschwörungsformeln als auch mit rein medizinischen Maßnahmen. Er arbeitete mit einem Seher, dem *Baru* zusammen, der an der Erstellung der Diagnose beteiligt war. Daneben gab es eine andere Art von Arzt, den *Asu*, dessen Heilkunst auf empirischen Beobachtungen beruhte, weshalb er in den Texten zeitweise als „Physiker" bezeichnet wird. Die Übergänge zwischen den unterschiedlichen Praktiken waren fließend, sie ergänzten sich, anstatt miteinander zu konkurrieren. Der Verfasser eines Schreibens an den König von Mari vermittelt einen Eindruck davon, wie eine Konsultation verlief, bei der ein *Asu* namens Meranum und ein *Baru* namens Ischi-Addu teilnahmen: „Während Ischi-Addu das Orakel befragte, legte Meranum Verbände an."

Pflanzen als erste Heilmittel

In Mesopotamien waren alle Ärzte Priester und ihre Ausbildung erfolgte ausschließlich in den Tempeln, und zwar durch das Studium gelehrter Abhandlungen. Diese Ausbildung anhand von Büchern erklärt den kodexhaften Charakter der Diagnose und der vorgeschlagenen Mittel. Die Diagnose bestand darin, die Natur des Symp-

Ärzte als Beamte

Ab der 18. Dynastie (14. Jh. v. Chr.) machte ein Erlass des Pharao den Arzt zum Beamten des Reiches. Er hatte Kranke unabhängig von den Honoraren, die diese zahlen konnten, zu behandeln.

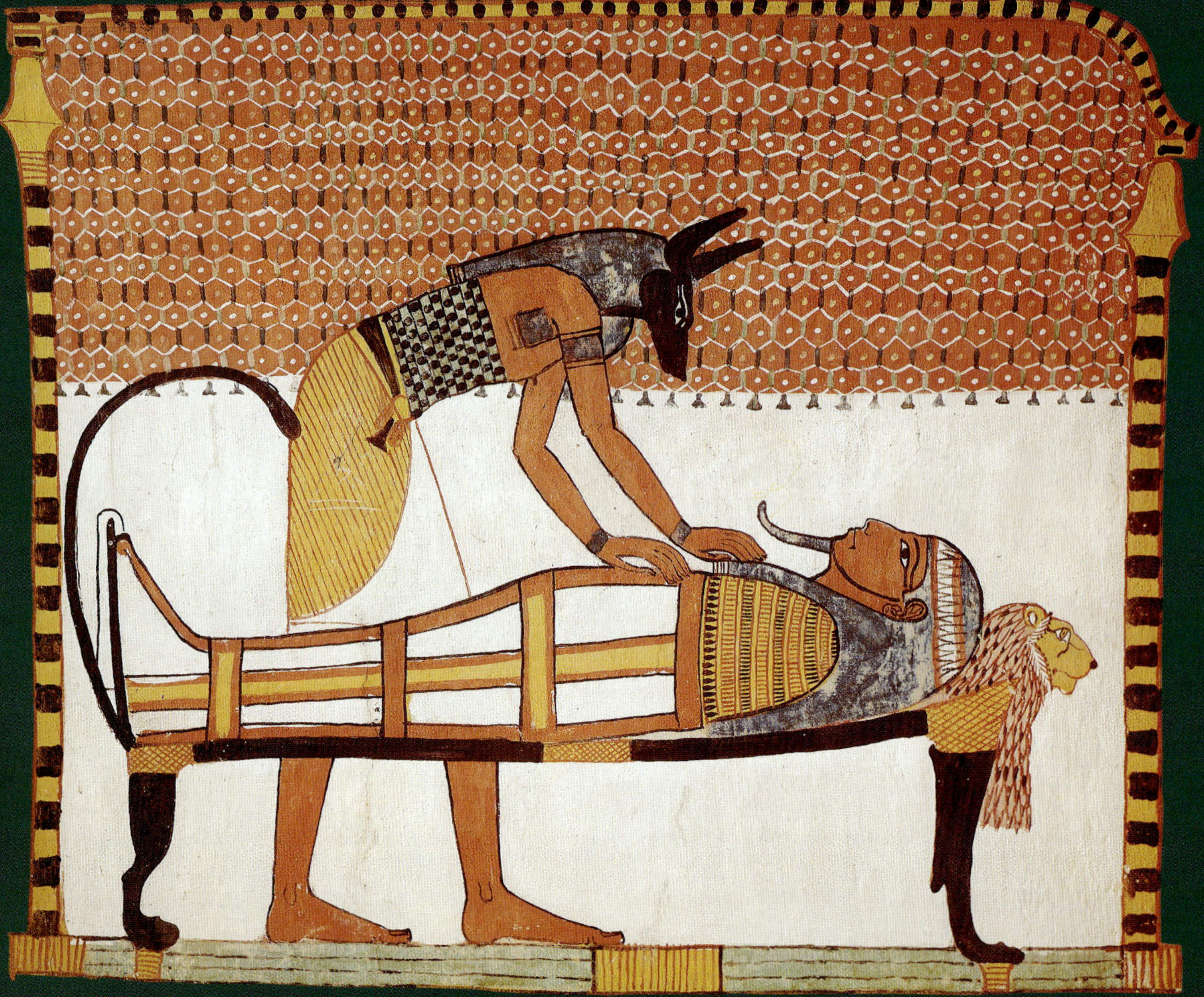

Der Gott Anubis (oben) wacht darüber, dass die Mumie von Sennedjem in gutem Zustand verbleibt.

Bei den auf dieser Doppelseite gezeigten Objekten – ganz rechts unten das Udschat-Auge – handelt es sich um Amulette, die vor bösem Zauber schützen sollen.

toms zu bestimmen und den Patienten zu heilen, indem das Vergehen, das die Krankheit ausgelöst hatte, erkannt wurde. Diese Vorgehensweise schloss, wie bereits erwähnt, eine echte Behandlung nicht aus. Man stellte die Arzneimittel aus Pflanzen, mineralischen Elementen wie Salz oder Salpeter oder aus tierischen Zutaten wie Schildpatt oder Milch her. Sie wurden zerstoßen, eventuell mit einer Grundmasse wie Bier, Essig oder Honig vermischt und dem Patienten in verschiedenen Formen verabreicht – als Salbe, Sirup, Creme, Umschlag oder sogar als Zäpfchen.

Die Medizin im Reich der Pharaonen

Die Untersuchung ägyptischer Skelette und Mumien hat neben zahlreichen Leiden wie etwa rheumatischen Erkrankungen, der noch heute am Nil gefürchteten Bilharziose, Tuberkulose, Arterienverkalkung oder Kinderlähmung auch Spuren chirurgischer Eingriffe offenbart. Doch den besten Überblick über die Heilkunst zur Zeit der Pharaonen bieten die zahllosen Handschriften sowie die Darstellungen, die auf den Grabmonumenten verewigt sind. Der Wegbereiter dieser Heilkunst war Imhotep, ein von den Ägyptern zum Gott erhobener Mann, den die Griechen mit Asklepios (dem Äskulap der Römer) identifizierten. Wie in Mesopotamien wurde die Heilkunst auch am Nil von der Religion beherrscht und bezog neben Horus zahlreiche Schutzgötter oder Fürsprecher mit ein. Diese wurden beispielsweise angerufen, um den Arzt vor Ansteckung zu schützen oder um die Dämonen zu vertreiben, die von dem Kranken Besitz ergriffen hatten.

Genaue Kenntnisse

Die anatomischen und physiologischen Kenntnisse der Epoche beruhten auf der beim Einbalsamieren praktizierten Kunst des Sezierens. Man war der Meinung, dass die Gefäße, die alle Teile des Körpers miteinander verbinden, vom Herzen ausgingen – genau wie der Nil das Kanalsystem speiste, das die ihn säumenden Felder bewässerte. In der Vorstellung der Ägypter transportierten die Gefäße neben Luft alle Körperflüssigkeiten, beispielsweise Blut und Sperma, aber auch Nahrungsmit-

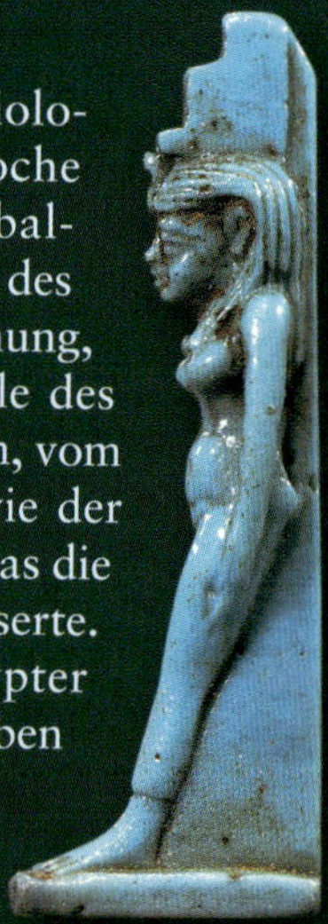

Ein römisches Relief (unten) aus dem 1. Jh. zeigt die Instrumente eines Chirurgen. Der ägyptische Papyrus aus dem Jahr 1325 v. Chr. beschreibt Krankheiten, Symptome und Behandlungsmöglichkeiten.

Von der Zauberformel zur Diagnose

Für die Ägypter war die Beobachtung Teil der ärztlichen Praxis. Diese schloss vermutlich das Abhören mit ein – darauf weist eine Passage aus dem Papyrus Ebers (3. Jt. v. Chr.) hin, in der erwähnt wird, dass das „Ohr hört was darunter ist". Wie in Mesopotamien richtete sich der praktische Arzt nach den Behandlungsvorschlägen, die in den von Generation zu Generation weitergegebenen gelehrten Texten gemacht wurden. Ob man jedoch guten Gewissens behaupten kann, dass sich die ägyptische Medizin allmählich von religiösen Vorstellungen löste, ist fraglich. Diese Vermutung gründet sich auf bestimmte Papyri, die „objektive" Beschreibungen unterschiedlicher Erkrankungen auflisten, ohne diese mit Zauberformeln zu versehen.

tel, Fäkalien und krank machende Elemente. Der Puls wurde als „der Ort, an dem das Herz spricht" angesehen und die Bedeutung der Lunge schätzte man höher ein als die der Leber.
Um 3000 v. Chr. verfügten die Ägypter bereits über ein so großes Wissen, dass Ägypten als „Mutter der Medizin" angesehen wird. Die ägyptische Sprache bezeichnete beispielsweise an die hundert Erkrankungen, darunter Gebärmutterentzündungen, Störungen im Harnbereich wie eine etwa durch Diabetes ausgelöste Vermehrung der Harnmenge, Sehstörungen, Ruhr, Darmparasiten, Hauterkrankungen und Mandelentzündungen. Die Chirurgen unterschieden zwischen einfachen und komplizierten Brüchen, bei denen der Knochen in mehrere Teile zersplittert war.

Erstaunliche Arzneimittel

Zweifellos verfügten die Ägypter über Schwindel erregende Kenntnisse auf dem Gebiet der Arzneimittelkunde. Zur Herstellung der unzähligen Salben, Tränke, Einläufe und Umschläge, die der Arzt seinen Patienten verordnete, standen annähernd 70 organische Substanzen tierischen Ursprungs zur Verfügung – darunter so befremdliche Ingredienzien wie Krokodilblut, Pavianfell, Skorpionstee und Katzengebärmutter. Auch nutzte man etwa 20 Pflanzenarten (u. a. Palmbaum, Akazie, Zeder, Sykomore) und ebenso viele Mineralien (u. a. Lapislazulipulver, Arsensulfid, Bleisalz, Meersalz). Sie wurden mit Vogelkot, der Milch gerade niedergekommener Frauen, Bier, Milch oder Tierfett vermischt. Neben Aufgüssen, Balsamen, Salben und Lotionen tauchten auch andere Verabreichungsmethoden auf, etwa Vaginalspülungen, die mithilfe von Tierhörnern praktiziert wurden. Auch Augentropfen waren damals bereits bekannt und wurden den Patienten verabreicht.

Der große Hippokrates

Die antike Medizin existierte bereits vor den Griechen und konnte auf eine über 2000-jährige, von vielerlei Erfahrungen untermauerte Geschichte zurückblicken. Als Begründer der modernen Medizin wird Hippokrates von Kos (um 460–um 377 v. Chr.) angesehen. Er war der Meinung, dass Krankheiten eine organische Ursache hätten und nicht, wie man bis dahin glaubte, von den Göttern verursacht seien. Zugleich kleidete er seine Medizin in eine Umwelt- und Klima-

Alte Antibiotika

Schon um 1500 v. Chr. scheint man in China Wunden und Hautinfektionen mit fermentierter, schimmelhaltiger Sojapaste, die Penizillin enthielt, behandelt zu haben – ein früher Einsatz von Antibiotika! Auch die Ägypter wussten wohl schon vor 3000 Jahren, dass sich mit Streptomycin Infektionen bekämpfen ließen. Darauf deutet der Fund von Tontöpfen hin, die diesen Schimmelpilz in natürlichem Zustand enthielten.

Vorläufer des Aspirins

Die Entdeckung der Acetylsalizylsäure, dem Hauptbestandteil des Aspirins, wird vielen Quellen zufolge dem Deutschen Dreser (1893) zugeschrieben. Er fand jedoch „nur" die synthetische Form einer natürlichen Substanz, die in der Rinde der Weide vorkommt. In Griechenland kannte man diesen Stoff bereits vor etwa 2000 Jahren und setzte ihn als Absud gegen Gelenkschmerzen und Entzündungen ein.

Auf der oben abgebildeten attischen Vase aus dem 5. Jh. v. Chr. nimmt ein Arzt einen Aderlass vor. Rechts behandelt der griechische Heilgott Asklepios eine liegende Frau.

theorie, wonach vier Grundelemente – Feuer, Wasser, Erde, Luft – die menschliche Konstitution bestimmen. Hierzu gehört auch die Lehre von den vier Körpersäften: „gelbe Galle" (=Feuer), „schwarze Galle" (=Erde), „Blut" (=Luft), „Scleim" (=Wasser). Das richtige Verhältnis dieser Körpersäfte galt als entscheidend für die Gesundheit des Menschen.

Als Erbe der Naturphilosophen und einer in Kos beheimateten Medizinschule, die ins 6. Jh. v. Chr. zurückging, bahnte Hippokrates der Medizin im 4. Jh. v. Chr. auch den Weg zu den ersten Leichenöffnungen. Zuvor hatte Aristoteles zunächst Tierleichen seziert.

Die Griechen brachten die Medizin schließlich nach Rom, wo diese Disziplin bis dahin verachtet worden und Sache der Sklaven gewesen war. Der hippokratische Eid aus dem 4. Jh. v. Chr., den Medizinstudenten noch heute beim Abschluss ihres Studiums leisten, umfasst die grundlegenden Prinzipien des ärztlichen Berufskodexes, insbesondere auch die Schweigepflicht.

Das Vermächtnis der Römer

Neben Celsus, der zur Zeit von Kaiser Tiberius (14–37 n. Chr.) lebte und eine Abhandlung verfasste, die alle Kenntnisse seiner Zeit vereinen sollte, zählt Galen (131–216) zu den Großen der Medizin. Er stammte aus Griechenland, lebte aber in Rom, wo er zeitweise als Leibarzt von Kaiser Markus Aurelius tätig war. Sein Einfluss war an den europäischen Fakultäten bis mindestens ins 16. Jh. spürbar. Er behielt die von Hippokrates aufgestellte Theorie von den vier Körpersäften bei und ergänzte sie durch seine Theorie der vier Temperamente (Sanguiniker, Phlegmatiker, Hysteriker, Melancholiker). Getreu den Lehren des Hippokrates bekräftigte er, dass die Beobachtung eine wichtige Rolle bei der Erstellung der Diagnose spielt. Beim Sezieren von Tierkadavern gelangen ihm einige Entdeckungen bezüglich des Nervensystems und des Herzens. Allerdings ist ihm die Verbreitung einiger Unwahrheiten anzulasten, etwa der Vorstellung, dass die Leber das Zentrum des Blutkreislaufs

Ein osmanischer Arzt aus dem 15. Jh. saugt bei einem unter Wassersucht leidenden Patienten Bauchfellflüssigkeit ab.

Mit dynamischen Gesten versucht dieser chinesische Zauberer und Heiler aus der frühen nachchristlichen Zeit die Dämonen zu erschrecken.

bildet. Da die Kirche das Sezieren menschlicher Leichen verbot, wurden seine Irrtümer lange Zeit nicht erkannt. Galen verachtete zudem die Chirurgie, worunter diese Disziplin lange Zeit litt. Erst im 16. Jh. gelang es Ambroise Paré, diesen Wissenszweig zu rehabilitieren. Nach Galen machte die Medizin im Abendland weiterhin Fortschritte, wenn auch nur langsam. Um 1000 n. Chr. setzte die Blüte der arabischen Ärzteschulen ein.

Das Erbe der Chinesen

Vor dem 18. Jh. fand praktisch kein Ideenaustausch zwischen Asien und Europa statt. So konnte keiner der beiden Kontinente von den Entdeckungen und Erfindungen des anderen profitieren. Andernfalls hätten die Römer und ihre Nachfolger, die Byzantiner, nicht so lange dem Irrglauben angehangen, dass die Leber für den Blutkreislauf zuständig sei, denn in China wusste man bereits seit dem 2. Jh. v. Chr., dass das Blut vom Herzen durch den Körper gepumpt wird. Zur gleichen Zeit existierte in China auch die Vorstellung von Tages- und Monatsrhythmen, die die Physiologie beherrschen. Von der modernen Medizin wurden diese Ideen erst in der zweiten Hälfte des 20. Jh. anerkannt. Heute wissen wir, dass unter der Wirkung dieser Rhythmen Erkrankungen wie etwa die Hodgkin-Krankheit oder Zwölffingerdarmgeschwüre regelmäßigen Zyklen gehorchen. Die Vorstellung von Rhythmen bereicherte übrigens auch die Akupunktur, wovon zahlreiche chinesische Werke zeugen – darunter ein Handbuch, das empfahl, bei der Auswahl der Akupunkturpunkte Monat und Jahreszeit zu berücksichtigen.

Hormonforschung in China

Seit dem 2. Jh. v. Chr. wurden in China die Grundlagen der Endokrinologie gelegt. Aus Urin isolierte man männliche und weibliche Sexualhormone, die man zur Behandlung bestimmter Krankheiten einsetzte. In Form von Pillen wurden die Hormone zur Bekämpfung beispielsweise von Unfruchtbarkeit und Impotenz verabreicht. Ob den Chinesen wohl bekannt war, dass Östrogene durch die Leber neutralisiert wurden? Jedenfalls haben sie diese in beträchtlichen Dosen verordnet.

Der Ski (um 2500 v. Chr.)

Die Eroberung der Berge

Um im Schnee leichter voranzukommen, benutzte der Mensch bereits vor Jahrtausenden einfache Rindenstücke oder Holzbretter, die er an den Füßen befestigte. Hieraus entwickelten sich schließlich der Schneeschuh und der Ski, was auf Norwegisch nichts anderes als „Holzbrett“ bedeutet.

Der Skiläufer aus Lappland, auf einer Gravur von 1673 dargestellt, bewegte sich ganz ähnlich fort wie diese vier modernen Skifahrer aus Colorado (unten).

Im äußersten Norden Eurasiens, der alljährlich während der Wintermonate im Schnee versank, hatten die Menschen keine Wahl – wer jagen oder fischen wollte, musste Mittel und Wege finden, um mit dem Schnee fertig zu werden. Aus diesem Zwang heraus entstand eine neue Technik, die sich in den hohen Breiten als effizienter erwies, als es das Rad jemals hätte sein können.

Leichtfüßig über den Schnee

Um sein Gewicht besser im Schnee zu verteilen, setzte der Mensch zunächst wohl einfache Tierhäute ein, die er später mit Holzplatten kombinierte. Mit zunehmender Erfahrung wurden die Bretter immer länger, wodurch sich ihre Funktionalität erhöhte. Davon zeugen Felszeichnungen aus Rodoy (um 4000 v. Chr.) und Tjøtta (um 2000 v. Chr.) in Norwegen. 1921 wurden im schwedischen Hoting jahrtausendealte Skier (um 2500 v. Chr.) entdeckt – das Holz, aus dem sie bestanden, war inzwischen versteinert. Anstelle von Skistöcken trugen die Vorfahren der Skiläufer einen Stab, möglicherweise eine Lanze.

Die ersten Skier waren einfache, lange Holzbretter. Bei dem in Hoting entdeckten Ski handelte es sich um ein etwas mehr als 1 m langes, schmales Kiefernbrett mit spitzen Enden. In Schweden, Norwegen und Finnland fand man weitere sehr alte Skier, die bisweilen an die 3 m lang waren. Die ältesten Skier der Samen wiesen jeweils unterschiedliche Längen auf, denn der eine Ski diente zum Abstoßen und der andere zum Lenken. Sie bestanden aus hartem Eschen- oder Nussholz und hatten Sohlen aus Fell oder Leder.

Im letzten Jahrhundert hat sich der Skisport sehr verändert – um 1910 war der Telemarkstil (ganz rechts) groß in Mode. Viel rasanter fährt der hervorragend ausgestattete Skirennläufer, der 1991 an einer Hochgeschwindigkeitsabfahrt teilnahm (unten).

Ein des Skifahrens kundiger König

Im Jahr 1520 wurde Schweden einmal mehr von den Dänen angegriffen, denen die Eroberung Stockholms gelang. Doch die Schweden erhoben sich unter der Führung Gustav Wasas. Bei einer wichtigen Schlacht erhielt er Verstärkung, die ihm auf Skiern zur Hilfe kam. Es heißt auch, er selbst habe damals rund 90 km auf Skiern zurückgelegt. Der Wasalauf, ein berühmter Skimarathon, erinnert noch heute an dieses Ereignis. 1523 wurde Gustav König von Schweden. Die von ihm gegründete Dynastie machte aus Schweden eines der mächtigsten Länder Europas.

Vom Telemarkstil zum Alpinski

In den nordischen Ländern diente der Ski lange Zeit ausschließlich der Fortbewegung. Zu wesentlichen Neuerungen kam es erst, als das Skifahren im 19. Jh. zum Sport und Freizeitvergnügen wurde. Damals stellte man zwei Forderungen an den Ski: Er sollte gut am Fuß sitzen und sich leicht wenden lassen, ohne sich dabei vom Fuß zu lösen. Schon bald erfand Sondre Norheim aus der norwegischen Provinz Telemark eine neue Kurventechnik. Den von ihm entwickelten Skiern mit taillierter Form und Wölbung gab er eine Bindung aus Metall (zuvor waren Weidenriemen üblich), bei der die Ferse frei blieb. Hierdurch wurden schnelle Abfahrten, rasante Schwünge und sogar Sprünge möglich. Der auf Norheim zurückgehende Skistil, bei dem man in einer Art Ausfallschritt die Hänge hinuntergleitet, wird als Telemarkstil bezeichnet. Nachdem er für Jahrzehnte aus der Mode gekommen war, erfreut sich diese Technik seit den 1980er-Jahren einer echten Renaissance.

Norheim machte das Skifahren auch in den USA populär. In der Zeit des Goldrausches konnte man die verschneiten Pässe oftmals nur mithilfe von Skiern überwinden. 1888 erregte eine große Leistung das Interesse der Weltöffentlichkeit, als nämlich der Norweger Nansen Grönland auf Skiern durchquerte. Der Bericht über seine Expedition wurde weltweit beachtet und führte im späten 19. Jh. zur Entwicklung des alpinen Skilaufs, der zunächst militärischen Zwecken diente. Bald wurde das Skilaufen auch in der Zivilbevölkerung populär und sportliche Feriengäste brachten neues Leben in die Berge.

Schneller, besser, differenzierter ...

Um 1930 wurden die Skispitzen mit Metall verstärkt, um das Holz zu schützen. Zudem brachte man seitlich Metallplatten – Kanten – an, die das Kurvenfahren erleichterten. Neue Bindungen fixierten die Ferse am Ski und erhöhten die Sicherheit. Die Ski wurden gewachst, wodurch sich ihre Gleitfähigkeit verbesserte. Als das Skifahren ab den 1950er-Jahren als Freizeitsport immer beliebter wurde, griff man zu Zusatzmaterialien wie Harz und Kunststoff. Bald gab es für Sportarten wie Langlauf, Abfahrt, Slalom und Skispringen jeweils spezielle Ski, die zeitweise komplett aus Fiberglas gefertigt waren und immer leistungsfähiger wurden. Mit der zunehmenden Geschwindigkeit begann die Ära der Parabol-Skier, für Abfahrten jenseits der Pisten geeignet, der Monoskier und Snowboards oder auch des Freestyles, ganz zu schweigen vom Wasserski, der erstmals 1927 in Cannes gefahren wurde – von einem Norweger!

Das Boulespiel (2000 v. Chr.)

Wann wurde das Boulespiel erfunden? Während die einen sagen, dass es um 9000 v. Chr. in Kleinasien entstand, nennen andere Ägypten als Ursprungsland und beziehen sich dabei auf im Grab eines Jugendlichen entdeckte Porphyrkugeln. Sie stammen aus der Zeit um 5000 v. Chr. Hinweise auf das Boulespiel findet man auch auf 4000 Jahre alten ägyptischen Fresken. In jedem Fall betrieben die Griechen einen Sport, der an unser heutiges Kugelstoßen erinnert. Die Römer legten die Spielregeln fest und brachten das Spiel nach Gallien. Damals wurden zum Werfen runde Steine, später, während des Mittelalters, Holzkugeln verwendet. Allerdings löste dieses Freizeitvergnügen eine solche Spielwut unter der Bevölkerung aus, dass gesetzliche Regelungen erforderlich wurden. Nach dem Vorbild der englischen Könige untersagte der französische König Karl V. der Weise das Spiel, weil seine Männer lieber Boule spielten als sich an den Waffen zu üben! 1629 erneuerte das Parlament dieses Verbot und 1697 untersagte eine Synode dem Klerus das Boulespiel. Doch Ludwig XVI. spielte es auf den Rasenflächen im Park von Versailles. Die frühen Spielregeln sind fast unbekannt, denn das heutige Boulespiel entwickelte sich erst im 19. Jh., als die Kugeln noch aus Holz bestanden, aber mit Nägeln beschlagen waren. Erst im 20. Jh. verwendete man Metallkugeln. Je nach Region entwickelten sich unterschiedliche Spielarten – so wird etwa in manchen Gegenden mit länglichen Boulekugeln gespielt.

Diese Boulespielerin beweist, dass vor 2000 Jahren auch Frauen dieses Geschicklichkeitsspiel durchaus zu schätzen wussten!

Der Künstler, der diese Boulespieler dargestellt hat, verstand es meisterhaft, das Können und die hohe Konzentration, die dieses Spiel erfordert, in Szene zu setzen.

Der Schlüssel (um 1500 v. Chr.)

In Afrika oder Ozeanien gibt es noch heute primitive Schlösser, bei denen ein einfacher Bolzen als Schlüssel dient und die Tür mithilfe eines Riegels verschlossen wird. Solche Riegel kannte man in China bereits vor 4000 Jahren. Die ersten richtigen Schlüssel (um 1500 v. Chr.) wurden in Ägypten entdeckt. Ebenso wie ihre etwa gleich alten Gegenstücke aus Indien, Japan oder Norwegen hatten die aus Holz oder auch Bronze gefertigten ägyptischen Schlüssel die Form eines Stiftes mit mehreren Zacken. In Ägypten unterschieden sich die Schlüssel durch ihre Größe und die Anzahl der Zacken.
Die Griechen benutzten einen sichelförmigen Stift, der im Schloss den Riegel verschob – beide Teile wurden aus Metall gefertigt. Einige schreiben diese Erfindung dem Ingenieur Theodoros von Samos (6. Jh. v. Chr.) zu. Kurze Zeit später verbesserten die Römer diese Technik, indem sie den Schlüsselbart funktioneller gestalteten, also den Teil des Schlüssels, der die Bewegung im Schloss bewirkt. Während des Mittelalters wurden aus einigen Schlüsseln stattliche Kunstobjekte. Zu dieser Zeit galten Schlüssel als ein Symbol der Macht – nicht umsonst öffnen die Schlüssel des heiligen Petrus die Pforten des Himmelreichs! Ab dem 18. Jh. führte das Bedürfnis nach Sicherheit zu einer steten Weiterentwicklung des Schlüssels. 1851 erfand der Amerikaner Linus Yale das Sicherheitsschloss, bei dem der Schlüssel Stifte in einem Zylinder bewegt, der drehbar in einem Gehäuse gelagert ist. Heutzutage öffnet man Türen immer häufiger mit Magnetkarten oder per Fernbedienung.

Diese Bronzegegenstände aus Palästina stammen aus der Zeit nach Christi Geburt, als die Region von den Römern besetzt war. Es handelt sich um einen Schlüssel (links) und das zugehörige Schloss (rechts).

Hauptschlüssel

König Heinrich II. von Frankreich (1547–1559) hatte den Wunsch, sich jederzeit zu seiner Mätresse Diane de Poitiers begeben zu können. Daher gab er einen Schlüssel in Auftrag, mit dem sich alle Türen des Schlosses Anet öffnen ließen. Die Geburtsstunde des Hauptschlüssels hatte geschlagen!

Der Löffel
(um 1500 v. Chr.)

Früher war Nahrung ausgesprochen kostbar. Zwar verfügten die Menschen über geschickte Finger, doch konnte man Flüssigkeiten, Mehl oder Körner damit nur schlecht zum Mund führen. Also griffen sie zu leeren Muschelschalen, von der Erosion ausgehöhlten Steinen oder zu großen Fruchtschalen. Schließlich gingen sie daran, in mühsamer Arbeit einen Stein oder mithilfe des Feuers ein Stück Holz auszuhöhlen – so entstanden die ersten primitiven Vorläufer des Löffels.
Der nächste Schritt in der Entwicklung bestand darin, die frühen Löffelmodelle mit einem Griff zu versehen, um sie besser handhaben zu können. Die Chinesen gehörten wohl zu den Ersten, die um 1500 v. Chr. Löffel verwendeten. In Mesopotamien und Ägypten stießen die Archäologen sogar auf noch ältere Exemplare. Obwohl sich der Löffel sehr rasch verbreitete, wurde häufig noch mit den Fingern gegessen. Zur Herstellung von Löffeln verwendete man alle harten Materialien wie Holz, Knochen, Stein und Glas. Reiche Griechen und Römer bevorzugten Exemplare aus Bronze, Silber oder Gold, die reich verzierte Stiele aufwiesen.
Der Löffel tauchte am Ende des Mittelalters wieder auf und die Renaissance schmückte ihn mit reichen Dekoren. Er diente als Taufgeschenk und entwickelte sich z. B. in Venedig zu einem echten Kunstwerk. Heißt es von privilegierten Menschen nicht, dass sie „mit einem silbernen Löffel im Mund geboren wurden"?

Die Verwendung des Löffels setzte sich im 15. Jh. v. Chr. durch. Dieses aus einer Muschelschale gefertigte sumerische Exemplar aus der Zeit um 2500 v. Chr. zeugt jedoch davon, dass er wohl schon wesentlich früher erfunden wurde.

Das Glas (um 1500 v. Chr.)

Durchscheinend und geheimnisvoll

Da der Mensch ständig neue Möglichkeiten fand, den Werkstoff Glas einzusetzen, entwickelten sich die Techniken seiner Herstellung kontinuierlich weiter. Während unsere frühen Vorfahren aus Glas hauptsächlich Schmuck und Flakons fertigten, bildet es heute das Herzstück der Kommunikationstechnik, etwa in Form von Glasfasernetzen.

Glas wurde über Jahrtausende hinweg zur Herstellung von Luxusartikeln eingesetzt, wie diese bemalte römische Schale (2. oder 3. Jh.) zeigt. Oben sieht man eine ägyptische Fischplatte aus der 18. Dynastie.

Glas wird durchsichtig

Aus bunten, noch zähflüssigen Glasblöcken stellten die Handwerker damals Perlen, Stäbe oder kleine Rollen her, aus denen sie Schmuck fertigten. Zudem produzierten sie kleine Flakons zur Aufbewahrung von Parfüm oder Salbe. Damals waren in erster Linie zwei Techniken gebräuchlich: das Gießen und das Formen mithilfe eines Kerns aus Sand oder Ton. Hierbei tauchte der Handwerker ein mit tonhaltigem Sand gefülltes Säckchen, das die gewünschte Form hatte, in das fast flüssige Glas. Sobald das Glas erkaltet und hart war, ließ er den Sand herauslaufen und entfernte das Säckchen – eine Hohlform war entstanden. Abschließend wurde der erkaltete Glasgegenstand poliert und abgeschliffen. Der Grad der Transparenz hing stark von der Qualität des verwendeten Sandes ab. Allerdings wurde die Produktion von transparentem Glas erst um 1500 v. Chr. beherrscht. Phönizische Händler verbreiteten diese Objekte weit über den Mittleren Osten hinaus.

Die Glasbläserei – eine Revolution

Insbesondere in Alexandrien wurde die Gießtechnik um 300 v. Chr. vervollkommnet. Gleichzeitig setzte sich ein neues Verfahren durch, das im 1. Jh. v. Chr. sowohl in Palästina als auch in Syrien auftauchte. Hierbei wurde durch einen hohlen Stab

Pflanzlicher Vorläufer von Plastik

Der Vorläufer des 1869 erfundenen Werkstoffes, den wir unter dem Namen Plastik kennen, stammt aus China und ist über 3000 Jahre alt: Es handelt sich um Lack, der aus dem Saft des Baumes Rhus vernicifera gewonnen wurde. Er war fast unverwüstlich und diente zur Herstellung von Möbeln, Statuen oder Geschirr.

Zur Glasherstellung müssen Sand (Silizium) und alkalihaltige Substanzen bei hohen Temperaturen (1300 °C) geschmolzen werden. Mithilfe von Oxyden lässt sich Buntglas erzeugen. Aber wurde Glas wirklich zufällig erfunden? War es nicht vielmehr so, dass die Menschen bewusst genau die Paste herstellen wollten, die mitunter zufällig bei der Metallverarbeitung am Boden der Schmelztiegel zurückblieb? Mit der ersten Form von Glas wurden gegen Ende des 4. Jt. v. Chr. in Ägypten und später in Mesopotamien Terrakottaobjekte glasiert, denen man dadurch Farbe und Glanz verlieh.

Legende und Wahrheit

Glaubt man Plinius dem Älteren (23–79), so lief unweit von Tyros in Phönizien ein Schiff auf Grund. Die Besatzung entzündete an der Küste ein Feuer. Als Brennmaterial verwendeten sie Natronblöcke aus ihrer Fracht, eine Substanz, die man zum Einbalsamieren verwendete. Als das Feuer erlosch, blieb eine zähflüssige Paste zurück, entstanden aus der Mischung von Sand und Natriumkarbonat – das Glas war geboren. Diese Geschichte ist jedoch Fiktion, denn die Phönizier waren nur die Verbreiter einer Entdeckung, die andernorts gemacht worden war. Auch ist die zur Glasherstellung erforderliche Temperatur in einem Lagerfeuer nicht zu erreichen.

– die Glasbläserpfeife – Luft in das Innere einer noch zähflüssigen Glasmasse geblasen, sodass sich ein Hohlraum bildete. Durch schnelles Drehen des Stabes und mithilfe spezieller Werkzeuge gelang es, verschiedenste Formen zu produzieren. Trennte man schließlich die Glasmasse vom Stab, hielt man ein dünnwandiges Gefäß in Händen. Dank der Glasbläserei wurden die Einsatzmöglichkeiten von Glas vervielfältigt.

Unterschiedliche Glasarten

Zur Regierungszeit Neros (54–68) errichteten die Römer in ihrer Hauptstadt die erste bedeutende Glaswerkstatt und verbreiteten die Technik der Glasbläserei schließlich im gesamten Römischen Reich. Um 600 stellten die Glasbläser nicht nur Gefäße, sondern auch flache Glasplatten her, wobei sie die Form aus abgeflachten Zylindern entwickelten. Alternativ setzten sie auch die Zentrifugalkraft ein: Sie formten zunächst eine Kugel und drehten diese sehr schnell, sodass eine Scheibe entstand, die anschließend zerteilt werden konnte. Auf diese Weise wurde beispielsweise Mondglas hergestellt, wie es für die frühen Fensterscheiben im Norden Europas charakteristisch war. Zu dieser Zeit erhielten auch die großen Kathedralen erste Glasfenster. Ab dem 11. Jh. entwickelte sich Venedig zur europäischen Hauptstadt der Glasproduktion. Um 1675 trat industrielles Kristallglas die Nachfolge des in Venedig gefertigten Glases und des böhmischen Kristallglases an. Später produzierte man zunehmend solideres Glas, beispielsweise Drahtglas (1893). Das wenig später entwickelte Sicherheitsglas (1909) bestand aus mehreren dünnen Schichten und wurde in der Automobilindustrie eingesetzt. Es hat schon manchem Politiker das Leben gerettet. 1958 erfand der Engländer Alister Pilkington das Schwimmglas (auch Floatglas genannt), das auf ein Bad aus geschmolzenem Zinn gegossen wurde, wodurch sich sowohl die Herstellung extrem großer als auch extrem dünner Scheiben für die Optik realisieren ließ.

In der Eisenzeit war Glas ein wertvolles Material, aus dem man prächtige Perlen herstellen konnte. Die Halskette (5. Jh. v. Chr.) liefert den Beweis (links).

Mit wachsender Erfahrung ließ sich immer transparenter werdendes Glas herstellen, dem man überaus anmutige Formen verleihen konnte, wie diese römische Flasche aus dem 3. Jh. zeigt (rechts).

Die Baukunst

Ägypten, eine Kultur der großen Baumeister

Bei der Errichtung ihrer Tempel und Pyramiden vollbrachten die Ägypter in der Tat technische Meisterleistungen, denn sie kannten weder Hebemaschinen noch das Rad. Dank der Forschung wissen wir heute sehr viel über die Werkzeuge und Methoden der Ägypter. Ihre eindrucksvollen Bauwerke üben nach wie vor große Faszination aus.

Diese großartige Tempelanlage (rechts) wurde im 15. Jh. v. Chr. unter der Herrschaft von Königin Hatschepsut in Deir el-Bahari errichtet. Oben sind die weltberühmten Pyramiden von Giseh zu bewundern.

„Mir soll ein unvergängliches Monument errichtet werden, wie es seit der Zeit der Götter noch keines gegeben hat.“ Als Cheops seinem Vater auf den Thron folgte, befahl er den Bau einer Pyramide, die ihm „Heimstatt für die Ewigkeit“ sein sollte. Priesterliche Astronomen, Architekten, Meister – alle, die das Wissen und die Weisheit Ägyptens verkörperten, kamen zusammen, um ein von Imhotep verfasstes Buch über die Gründung von Tempeln zu studieren. Der Standort musste ausgewählt, die Ausrichtung ermittelt werden. So wurde vor etwa 4600 Jahren auf der Ebene von Giseh der Bau der großen Cheopspyramide in Angriff genommen.

Projekt der Superlative

Bevor der Bau begonnen werden konnte, musste man das Gelände einebnen, einen Kanal ausheben, einen Hafen aus dem Boden stampfen und eine breite Straße anlegen, über die die Baustelle mit Material versorgt werden konnte. Außerdem waren Rampen zu errichten, auf denen die Steinquader an der Pyramide entlang nach oben befördert werden sollten. Die zu leistenden Vorbereitungen waren enorm. In der Sonne getrocknete Ziegel aus Schlamm und Stroh dienten zum Bau der Rampen. Aus diesem erwiesenermaßen robusten und langlebigen Baustoff werden im Nahen Osten noch heute Wohnhäuser errichtet. Archäologen stießen auf intakte Exemplare, die aus der vordynastischen Epoche vor mehr als 5000 Jahren stammten.

Zur Errichtung der Cheopspyramide wurden aus den lokalen Steinbrüchen etwa 2,5 t schwere Quader herausgebrochen. Die horizontalen Gesteinsschichten waren durch dünne Tonlagen voneinander getrennt, wodurch das Herausbrechen der Steinblöcke erleichtert wurde.
Die äußere Verkleidung und die sichtbaren architektonischen Elemente der Pyramide fertigte man aus weißem Stein, der aus den unterirdischen Steinbrüchen von Assuan stammte, die mehrere hundert Kilometer von der Baustelle entfernt lagen. Mitunter wurde er auch in Steinbrüchen jenseits des Nils abgebaut. Die Arbeiter gruben riesige, durch Galerien verbundene Säle, die in Tiefen bis 50 m reichten. Die bis zu 10 m hohen Decken wurden durch Steinpfeiler ge-

Lebenspendender Nil

**Die Ägypter hatten sehr früh gelernt, wasserbauliche Maßnahmen durchzuführen, mit deren Hilfe sie den Nil bezähmen und optimal nutzen konnten.
Zur Zeit der Pharaonen war das Klima noch feuchter als heute und das Niltal wurde bei Hochwasser auf breiter Fläche überflutet. Zu den drängendsten Arbeiten zählte daher die Anlage von Dämmen, die die Dörfer vor Hochwasser schützen sollten. Um die schwankenden Wasserstände des Flusses auszugleichen und die Schifffahrt ganzjährig in Gang zu halten, schuf man ein Kanalsystem. Bei diesem beachtlichen Unternehmen wurden alle Ufer mit einem Mauerwerk aus Stein verkleidet und regelmäßig gewartet – ein gewaltiges Unterfangen, das seinesgleichen sucht.
Schon während der 1. Dynastie unter der Regierung von Pharao Menes, auch Narmer genannt (um 3000 v. Chr.), wurden Kanäle um die Hauptstadt Memphis angelegt. In dem künstlich geschaffenen Moeris-See, der sich bei Hochwasser füllte und die Kanäle für den Rest des Jahres mit Wasser versorgte, fand man Reste eines Schleusen- und Staudammsystems, das in der 12. Dynastie restauriert wurde. Mithilfe der Kanäle konnten weite Landstriche bewässert und das Baumaterial zur Errichtung der Königsnekropolen befördert werden. Am Fuß der Pyramiden erbaute man Häfen oder Anlegeplätze, von denen kaum noch Überreste vorhanden sind.
An den Ufern des Nils installierten die Ägypter ein System zur Beobachtung der Wasserstände. Sie erfanden die Nilometer – Brunnenschächte, die unterirdisch mit dem Nil verbunden waren. Durch die Überwachung der Wasserspiegel dieser Brunnen ließ sich das Anschwellen des Nilpegels erkennen, lange bevor der Fluss über die Ufer trat, sodass entsprechende Maßnahmen getroffen werden konnten.**

Ein unvollendeter Obelisk, der in einem Steinbruch entdeckt wurde (links), gibt Aufschluss über die Techniken, mit deren Hilfe man die gewaltigen Megalithen fertigte. Perfekt ausgereift ist dagegen der Obelisk von Karnak (rechts).

stützt. An der senkrechten Wand erfolgte der Abbau von oben nach unten. Die fast unsichtbaren Schichtungsfugen spürten die Arbeiter im Steinbruch mithilfe ihrer Ohren auf, indem sie die Wand abklopften und lauschten, oder sie ertasteten die unmerklichen Schwingungen des Steines mit ihren Händen. Sie höhlten die rückwärtige Seite der Wand mit Spitzhacken aus Feuerstein oder Diorit, mit Kupfermeißeln und Holzhämmern aus und lösten jeden Block mithilfe von Keilen heraus.

Neue Techniken

Der Nil, die Lebensader Ägyptens, bildete die Achse der monumentalen Baustellen. Der Transport des Baumaterials erfolgte über den Fluss, da die Steinbrüche und Monumente in seiner Nähe lagen. Entgegen früherer Vermutungen erfolgte während der Hochwasserperiode in der Regel kein Transport von Steinblöcken. In Meidum stießen Forscher allerdings auf zwölf von Schreibern notierte Lieferdaten, die sich über das gesamte Jahr verteilten. In der Trockenzeit war der Tiefgang für schwer beladene Schiffe oft nicht ausreichend. Daher hatten die Ägypter schiffbare Kanäle angelegt, über die kleine Boote die Baustellen das ganze Jahr über anlaufen konnten. Seit dem 3. Jt. v. Chr. bauten die Ägypter große Transportschiffe, die in der Lage waren, auch schwere Lasten zu befördern. So verfügte König Snofru, der Vater von Cheops, bereits über mindestens zwei Schiffe, die rund 50 m Länge aufwiesen.

Die Blöcke wurden wahrscheinlich mit Schlitten, die an die 6 t Gewicht tragen konnten, über Rampen bis zur Pyramidenspitze befördert. Da diese Rampen nur eine geringe Steigung aufwiesen und zudem mit verdichtetem feuchtem Schlamm bedeckt waren, konnten die Transportschlitten relativ leicht nach oben gezogen werden. In Karnak wurde diese Technik im Jahr 1934 nachgeahmt. Dabei zeigte sich, dass ein Schlitten mit einem 2 t schweren, 1 m^3 großen Steinblock (dies entspricht der Größe eines Gipfelblocks) problemlos von nur sechs Personen bewegt werden konnte. Waren die Rampen spiralförmig angelegt, um die Spitze der Pyramide zu erreichen? Oder endeten sie vor der Pyramidenspitze und die Blöcke wurden anschließend durch ein ausgeklügelten Seilsystem bis zum Gipfel hochgezogen? Diese Frage wird noch heute diskutiert.

Drei Arbeiter genügen, um diesen mit einem gewaltigen Steinblock beladenen Schlitten zu ziehen (rechts).

Die Obelisken – zum Himmel emporragende Steinpfeiler

Dank der fortschreitenden technischen Kenntnisse der Ägypter konnten immer größere und schwerere Steinblöcke bearbeitet und transportiert werden. Zu Beginn des 2. Jt. v. Chr. kamen Obelisken und Kolosse in Mode, die in den Granitsteinbrüchen gewonnen wurden. Einem unvollendeten Obelisken von etwa 42 m Länge und einem Gewicht von rund 1150 t, der im Steinbruch von Assuan zurückgelassen wurde, verdanken wir interessante Einblicke in die damaligen Abbaumethoden.
Mithilfe von Steinhämmern schlug man rund um den Obelisken Gräben ins Gestein und bearbeitete anschließend die Seitenflächen des Megalithen. Nun legte man dicht nebeneinander mehrere Tunnel an, die unter dem Gesteinskoloss hindurchführten, und bearbeitete die Unterseite. Damit sich der Stein nicht überraschend senkte und die Arbeiter erschlug, füllte man die Tunnel nach Bedarf wieder mit Lockermaterial auf. Anschließend wurde der Obelisk mithilfe von Hebeln und Keilen aus seinem Bett gelöst und sofort in eine Holzverschalung gelegt, die erst wieder abgenommen wurde, wenn sich der Obelisk in senkrechter Position befand.
Wie alle Bauelemente der Tempel und Pyramiden wurde er per Schiff und Schlitten transportiert. Um den Monolithen aufzurichten, bediente man sich einer Rampe. So konnte man ihn in eine Schräglage bringen, aus der er sich kontrolliert aufrichten und auf einen Sockel platzieren ließ. Experimente haben gezeigt, dass es mithilfe einfachster Verfahren möglich ist, sehr schwere Steine aufzurichten. Auf der Osterinsel wurde 1956 ein interessanter Versuch durchgeführt: Thor Heyerdahl und sein Team ließen von den Insulanern eine umgestürzte Statue, die immerhin 30 t wog, ohne die Hilfsmittel der modernen Technik wieder aufstellen – ein Unterfangen, das 18 Tage in Anspruch nahm.

Handwerkszeug

Standort und Ausrichtung der Pyramiden wurden von priesterlichen Astronomen mit äußerster Genauigkeit bestimmt. Um die Pyramiden exakt nach Norden hin auszurichten, stützten sich die Ägypter auf die Beobachtung des Nachthimmels. Die Astronomen maßen den Lauf eines Sterns, etwa von Sirius, mithilfe der Merchet und eines Senklots. Die Merchet war ein Holzblock, in dem eine Kerbe als Visier diente. Mit ihrer Hilfe ließ sich bestimmen, wo ein bestimmter Stern auf einem kreisrunden, völlig ebenen Horizont auf- bzw. unterging. Diese beiden Punkte legten einen Winkel fest, dessen Winkelhalbierende nach Norden wies. Ein Beobachter hielt die Merchet am ausgestreckten Arm und visierte das Senklot an, das ein zweiter Beobachter hielt. Neben astronomischen Fähigkeiten verfügten die Ägypter über die Kenntnis der Werkzeuge, die noch heute von Maurern verwendet werden. Dank der Wasserwaage konnten sie den Boden perfekt einebnen. Zwischen den äußersten Punkten des Sockels der Cheopspyramide besteht nur ein Höhenunterschied von 2 cm. Mit der Wasserwaage, dem Senklot und dem Anlegewinkel kontrollierte man auch die Form der Steinquader.

Diese Merchet diente als Visier und Senklot zugleich.

In der 18. Dynastie lebten diese tüchtigen Maurer (unten). Messstab und Lotgewicht gehörten zu ihrem Rüstzeug (rechts).

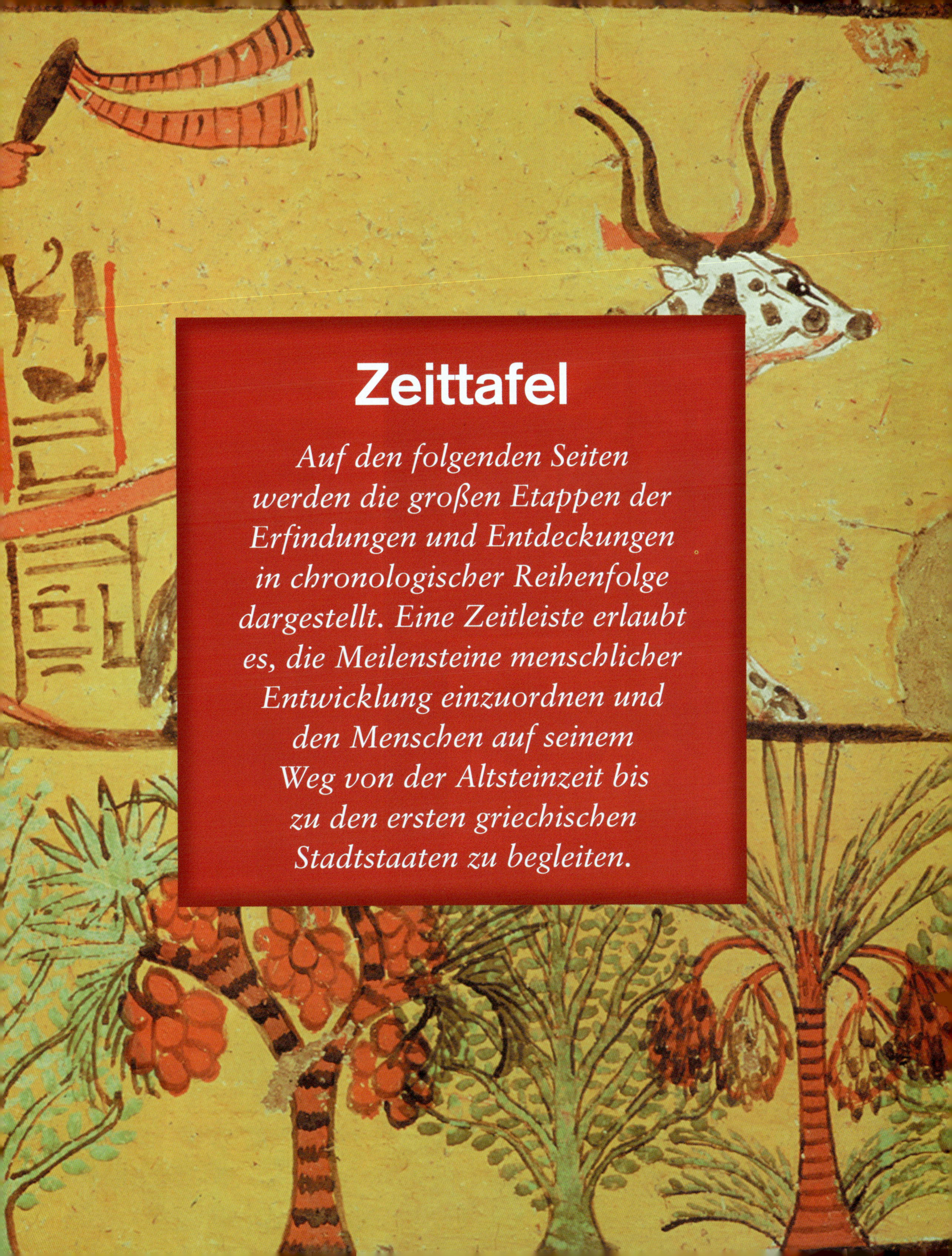

Zeittafel

Auf den folgenden Seiten werden die großen Etappen der Erfindungen und Entdeckungen in chronologischer Reihenfolge dargestellt. Eine Zeitleiste erlaubt es, die Meilensteine menschlicher Entwicklung einzuordnen und den Menschen auf seinem Weg von der Altsteinzeit bis zu den ersten griechischen Stadtstaaten zu begleiten.

6 Mio.–2 Mio. v. Chr.

Tertiär
Australopithecinen
Fossiles Skelett des als „Lucy“ bezeichneten *Australopithecus afarensis* in Äthiopien (Hadar)
Homo habilis
Periode klimatischen Abkühlung
Ende des Tertiärs
Beginn des Quartärs
Homo erectus
Homo ergaster
Beginn der Altsteinzeit
Ursprung der Besiedlung in Afrika, anschließend Wanderung der Bevölkerung nach Europa und Asien

- Herstellung von auf einer Seite behauenen Steinwerkzeugen
- Spuren erster Siedlungen in Äthiopien (Melka Kunturé) und Tansania (Olduvai)
- Auf zwei Seiten behauene Steine in Tansania (Olduvai)

–700 000 bis –100 000

Beginn des Acheuléen

- Acheuléen-**Faustkeile** treten in Europa auf.

Ende des Acheuléen. Beginn des Moustérien

- In bewohnten Höhlen unweit von Peking (Zhoukoudian bzw. Chou-Kou-Tien) nutzt man bereits das **Feuer** zum Zerkleinern großer Steine und zum Härten der Spitzen von Holzlanzen.
- In Deutschland (Schöningen) und Großbritannien (Clacton-on-Sea) entdeckte man Überreste versteinerter spitzer Pfähle.
- Levalloistechnik
- Verwendung kleiner Steinäxte in Afrika, Europa und Asien
- Erste gesellschaftliche Riten
- Blüte der Bearbeitung von Steinsplittern

–80 000

***Homo sapiens.* Neandertaler**

- Erste Spuren von Grabstätten

▲ *Faustkeil*

▲ *Steinbehauer*

▼ Homo habilis

-75 000

• Halsketten aus Muschelschalen (Südafrika)

-50 000

Besiedlung Australiens

• Grabstätten der Neandertaler im Irak (Shanidar)

-35 000

***Homo sapiens sapiens.* Cro-Magnon-Mensch. Ende des Moustérien. Beginn des Aurignacien**

• Allgemeine Verbreitung von **Werkzeugen mit Stiel,** Herstellung von Lanzen mit einer an einem Holzschaft befestigten Assagai-Knochenspitze

• Aus Mammutknochen und -stoßzähnen errichtete Hütten der Mammutjäger in der Ukraine

-30 000

Besiedlung Amerikas

• Erste **Höhlenbilder** treten in Frankreich (Chauvet-Höhle) und Mexiko auf.

• Allgemeine Verbreitung von Frauenstatuetten in Europa. Bekannte Fundstätten liegen in Frankreich (Lespugue und Brassempouy), Deutschland (Willendorf) und Italien (Savignano).

• Bestattungsriten sind in Italien (Grimaldi) und Russland (Sungir) nachgewiesen.

-20 000

Ende des Aurignacien. Beginn des Solutréen. Besiedlung des Südpazifiks

• In Mesopotamien und Europa werden **Öllampen** verwendet: Man verbrennt Tierfett in ausgehöhlten Steinen.

• Aus dem Baskenland (Isturitz) ist eine **Knochenflöte** nachgewiesen.

-16 000

• Die Entwicklung einer **Knochennadel mit Nadelöhr** (Höhlen in der Dordogne) erlaubt die Herstellung raffinierterer Kleidungsstücke.

◄ Halskette aus der Jungsteinzeit

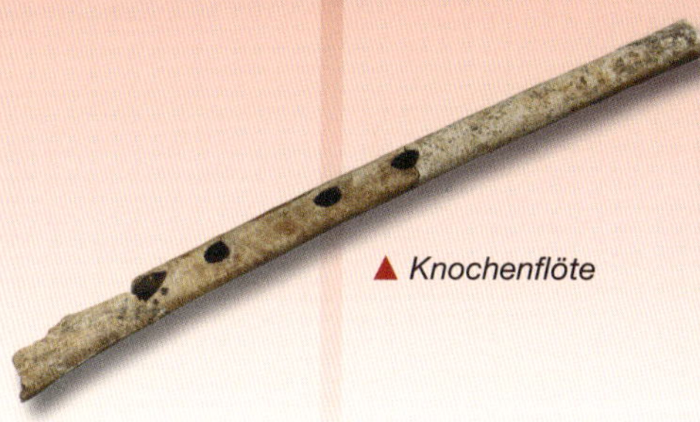

▲ Knochenflöte

Abbevillienne-Axt ▼

◄ Venus von Willendorf

Hütte aus Mammutknochen und -haut ▼

–15 000

Ende des Solutréen. Beginn des Magdalénien

- Höhlenmalereien in Frankreich (Lascaux)
- Blüte der Knochenskulptur

–13 000

- In Deutschland (Andernach am Rhein) werden Harpunen zum Fischfang eingesetzt.
- Eine mit „Hirschkalb und Vögeln" verzierte Speerschleuder wurde in Frankreich (Mas-d'Azil) entdeckt.

–12 000

- Feuer wird durch Funken entfacht, die durch das Gegeneinanderschlagen von Feuerstein oder Pyrit erzeugt werden.
- Im „Fruchtbaren Halbmond", der sich von Ägypten bis zum Persischen Golf erstreckt, sind Gräser vorhanden.

–11 000

- Auftreten von Keramik mit Relief- und Druckdekoren in Japan (Jomon-Kultur)
- Einsatz von Fischernetzen am Mittelmeer
- Fertigung erster Schmuckstücke aus poliertem Stein durch die Natufier in Palästina
- Bilderhöhlen in Spanien (Altamira)
- Domestikation des Hundes in Israel

–10 000

Ende der Altsteinzeit. Beginn der Jungsteinzeit. Ende des Magdalénien

- **Pfeil und Bogen** werden auf den Felszeichnungen in Spanien dargestellt (Arana).
- Assagai- und Pfeilspitzen aus Mikrolithen sind in Europa und im Mittleren Osten nachgewiesen.

–9000

Ende der letzten Eiszeit

- Ausführung von Maurerarbeiten in Syrien (Tell Mureybet) und Palästina (Ain Mallaha)
- Domestikation des Rindes in Europa

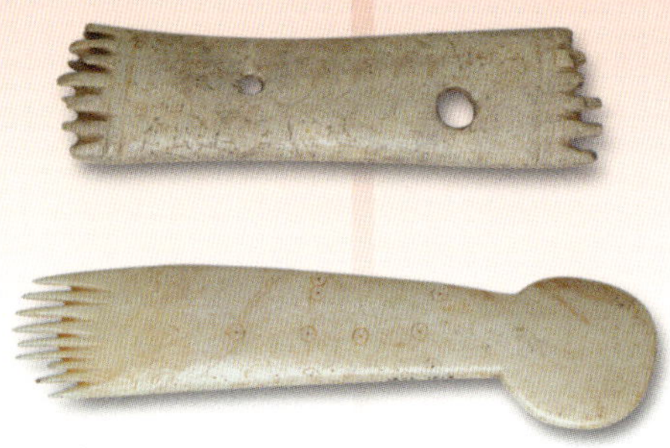

▲ *Knochenkämme*

▲ *Pferd aus der Höhle von Lascaux*

Pfeilspitzen ►

◄ *Mit Pfeil und Bogen bewaffneter indonesischer Jäger*

–8000

Beginn der Sesshaftwerdung

Die **Blüte des Acker-aus** zeigt sich durch die berflächensaat und die rnten im Nahen Osten Gerste und Weizen), in frika (Sorghumhirse und irse), in Amerika (Mais) nd in China (Reis).

In Palästina werden **olierte Äxte** hergestellt.

Überreste von Korb-echtereien in Spanien Cueva de los Murciela-os) und in Ägypten

In Holland wird das rste **Schiff** aus Kiefern-olz gefertigt; in England orkshire) ein Paddel.

In Skandinavien ver-vendet man aus Knochen efertigte **Kämme**.

Domestikation des chafes in Mesopotamien

–7500

- Auftreten wilder Weinreben
- Spuren von Trepanationen (Schädelöffnungen) an einem in Frankreich (Elsass) ausgegrabenen Schädel
- Domestikation der Ziege in Mesopotamien

–7000

- Gemüseernten (Linsen und Erbsen in Europa, Soja in China, Tomaten und Kartoffeln in Amerika)
- Die Verwendung von **Töpferwaren** verbreitet sich in Anatolien und im Mittleren Osten.
- Auftreten der Keramik mit Relief- und Druckdekoren im saharischen Afrika und in Mesopotamien
- In Mesopotamien wird **Bitumen** aufgrund seiner wasserundurchlässigen Eigenschaften verwendet.
- Domestikation des Schweines in Mesopotamien
- Entstehung von Siedlungen in Anatolien (Çatal Hüyük) und an der Donau (Lepenski Vir)

–6000

Beginn der Kultur im Industal. Beginn der Obeid-Kultur in Mesopotamien

- Dechsel aus poliertem Stein zum Roden, Steinmesser zum Ernten in Europa, Sichel aus Knochen und Feuerstein in Palästina
- Bau steinerner Tempel im Irak (El-Obeid)
- Herstellung luftgetrockneter Ziegel im Nahen Osten (Jericho)
- Kupfermesser, deren Klinge durch Kaltschmieden gehärtet wurde, finden im Nahen Osten Verwendung.
- Im Nahen Osten wird der **Webstuhl** entwickelt.
- Baumwollbearbeitung in Indien
- Aus verschiedenen Getreidesorten braut man im Mittleren Osten Bier.

–5000

Beginn der Sesshaftwerdung in Mexiko (Zohapilco)

- Erstmals wird ein Segelschiff auf einem sumerischen Grab abgebildet (Eridu).
- Nutzung von Färberröte, eines roten Farbstoffs, im Tal des Indus

–4500

- Zahlreiche Konstruktionen aus Megalithen (Dolmen, Hünensteine usw.) in Europa
- Ein Gummi zum Kauen, der Vorläufer des **Kaugummis**, ist in Schweden belegt.
- In Ägypten treten Kupfernadeln auf.
- Nutzung des Papyrus zur Fertigung von Booten, Seilen, Matten und Sandalen in Ägypten

◄ *Sumerer mit Axt*

◄ *Jungsteinzeitliche Tongefäße*

Schale aus Bitumen ►

Skandinavisches Schiff ▼

–4000

- Erste Tempelpyramiden in Peru
- Ausbeutung von Kupferminen im Nahen Osten (Tal-i Iblis im heutigen Iran)
- Entwicklung des Schöpfrads im Nahen Osten, in Afrika und in Asien
- Ein Geschirr für ein Rindergespann taucht in Mesopotamien auf.
- Domestikation des Pferdes in der Ukraine

–3750

- Auf einer im Norden von Mesopotamien entdeckten Tontafel ist eine geographische Karte dargestellt.
- Kosmetika auf der Basis von Ockerrot und Ockergelb, von **Kajal** und Malachit bilden die Schminke der Ägypter.
- Mit der **Felltrommel** hält die Musik Einzug in das Leben Ägyptens.

–3500

Gründung von Uruk in Mesopotamien

- In Ägypten treten erste Hieroglyphen auf.
- Ausgehend von Steinreihen in Großbritannien (Stonehenge) nimmt man erste Zeitmessungen vor.
- In Ägypten und Mesopotamien entstehen Bogenwerke aus Ziegeln.
- Die Erfindung des **Holzrades** verändert den Transport in Mesopotamien.
- In Mesopotamien verwendet man **Kupfernägel**.
- Die ersten **Metallsägen aus Kupfer** ermöglichen die Herstellung neuer Werkzeuge in Ägypten.
- Das **Löten**, das in Mesopotamien auf Gold und dann auf Kupfer ausgeführt wird, führt zu einer Weiterentwicklung des Handwerks.
- Die Verwendung von **Parfum** wird zum Ritual bei der weiblichen Körperpflege.
- Zucht von Seidenraupen in China
- Domestikation von Bienen in Ägypten

–3200

Narmer, erster Pharao von Ägypten (um 3100 v. Chr.)

- Die Entwicklung der **Hieroglyphenschrift** in Ägypten und der Keilschrift auf Tontafeln in Mesopotamien ermöglicht das Zählen un Auflisten von Waren und Vieh.
- Das **Rollsiegel** dient in Mesopota mien als Signatur.
- Der **Weinbau** wird in Ägypten und Phönizien eingeführt.
- Die Darstellung eines **Flötenspielers** in Ägypten zeugt von der Vorliebe dieses Volkes für Musik.
- Tod von „Ötzi“, einer 1991 im italienischen Südtirol mit Kleidung, Werkzeugen und Waffen entdeckten Gletschermumie

Sumerischer Fürstenwagen ▶

▲ *Keilschrift auf einer Tontafel*

▲ *Ägyptischer Schreibe*

◀ *Steinkreis von Stonehenge*

Weinanbau in Ägypten ▶

–3000

Ende der Jungsteinzeit. Beginn der Bronzezeit

- **Bronze** wird in Mesopotamien und im Industal zur Grundlage der Kunst, wobei das Wachsausschmelzverfahren erstmals Verwendung findet (Tänzerin von Mohenjo Daro).
- Ausgehend von den Städten Ur, Mari und Ebla entwickeln sich in Mesopotamien **Stadtstaaten**.
- Die Tournette, eine erste primitive **Töpferscheibe**, wird vermutlich in Mesopotamien erfunden.
- Ein in ein sumerisches Siegel eingravierter **Schwingpflug** zeugt von seiner Verwendung in Mesopotamien.
- In Ägypten und Mesopotamien werden Verfahren zur Glasherstellung entwickelt. Man kennt die Glasurtechnik und stellt Schmuckobjekte aus Buntglas (Perlen, Stäbe) her.
- Erste Wassermühlen
- **Seife**, hergestellt auf der Grundlage von Alkali und Fett, kennzeichnet die Anfänge der Chemie in Sumer.
- **Spiegel, Perücke** und **Nadel** werden im Nahen Osten als Toilettenartikel verwendet.
- Die **Harfe** ist im mesopotamischen Ur bekannt.
- Domestikation des Esels im Nahen Osten

–2700

Beginn des Alten Reiches in Ägypten. Geburt von Kaiser Huangdi in China und von Gilgamesch in Mesopotamien

- In Ägypten setzt sich der **Kalender** mit zwölf Monaten zu je 30 Tagen durch.
- **Imhotep**, Heilgott und Architekt, hilft den Kranken mit Heilmitteln und Beschwörungsformeln und leitet den Bau der Stufenpyramide von Pharao Djoser in Sakkara.
- Ägyptische Maurer verwenden das Senklot und den Anlegewinkel.
- Schnell drehende, handgetriebene Töpferscheiben kommen im Mittelmeerraum zum Einsatz.
- Die Darstellung einer **Waage** auf einer Freske in Sakkara zeugt von ihrem Gebrauch in Ägypten.
- Hanfseile in China

–2600

- In China entwickelt sich die **Akupunktur**.
- Snofru, Vater von Cheops und Gründer der 4. Dynastie, verfügt über 50 m lange Transportschiffe auf dem Nil.

–2500

Blüte der Siedlungen im Industal. Blüte des akkadischen Reiches. Ende des Alten Reiches in Ägypten

- Die Mesopotamier definieren die Stunden, indem sie den Tag in 12 gleich lange Perioden unterteilen, und erstellen einen lunisolaren Kalender mit 360 Tagen.
- Die Völker im Industal, insbesondere in Mohenjo Daro (Pakistan), verwenden eine Schrift, die bis heute nicht entziffert ist.
- In Ägypten wird Papyrus als **Schreibmaterial** verwendet.
- Anlage von Abwasserkanälen aus Ton in Mohenjo Daro und Einrichtung von Thermen
- Die von Forschern in einem Sumpf bei Hoting in Schweden entdeckten **Skier** sind die ältesten bisher nachgewiesenen.

◄ *Bronzefigurine*

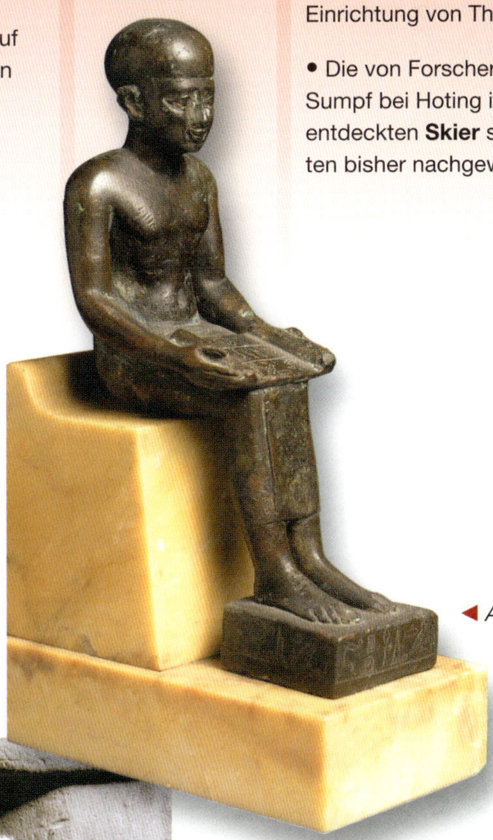

◄ *Architekt Imhotep*

▼ *Mesopotamische Zikkurat*

▼ *Merchet und Senklot aus Ägypten*

–2000

Beginn des Mittleren Reiches in Ägypten. Beginn des babylonischen Reiches. Erste minoische Paläste auf Kreta

- Ägyptischer Papyrus Rhind (Luxor) mit Flächen- und Volumenberechnungen sowie Brüchen
- Die Erfindung des Speichenrads in Mesopotamien verbessert den Transport von Waren und Menschen.
- Die Entwicklung eines Webstuhls mit Pedalen in China ermöglicht eine größere Produktivität.
- Ein Boulespiel, das auf einer ägyptischen Freske zu sehen ist, bezeugt den Erfolg dieses Freizeitvergnügens.

–1800

Blüte des Hethiterreichs. Ende des Mittleren Reiches in Ägypten. Beginn des assyrischen Reiches in Mesopotamien.

- Die Keilschrift auf Terrakottatafeln wird Grundlage der wirtschaftlichen und diplomatischen Beziehungen zwischen Ägypten und Mesopotamien.
- Ausgehend von Ugarit beschleunigt und entwickelt sich der Handel zwischen dem Nahen und dem Mittleren Osten, dem Abend- und dem Morgenland.
- Anfänge der Literatur: das Gilgameschepos

–1750

Beginn der Shang-Dynastie in China

- Ende der Kultur im Industal
- Bis heute nicht entzifferte kretische Linear-A-Schrift

–1650

Beginn des Neuen Reiches in Ägypten

- Domestikation des Huhnes in Indien

–1500

Niedergang des babylonischen Reiches: Einnahme Babylons durch die Hethiter

- Beschreibung mehrerer hundert Krankheiten und Heilmittel auf dem ägyptischen Papyrus Ebers
- Chinesische Ärzte behandeln Hautinfektionen mit einer Paste aus fermentierter Soja, die Penizillin enthält.
- In Ägypten wird ein Schließsystem mit **Schlüssel** erfunden.
- Fertigung der ersten **Löffel** in China und Ägypten
- Die Beherrschung der Herstellung von transparentem **Glas** im Nahen Osten ermöglicht die Fabrikation immer vollendeterer Gebrauchs- und Dekorationsobjekte.

▼ *Dänischer Sonnenwagen*

▼ *Ägyptischer Papyrus*

◄ *Ägyptischer Schattenstab und Sonnenuhr*

▲ *Von den Hyksos übernommener leichter Streitwagen*

–1450

…nde der minoischen Kultur auf Kreta. Beginn der mykeni-schen Vorherrschaft

- …Herstellung von …ronzeobjekten unter …en Shang in China
- …Verbeamtung der …gyptischen Ärzte …urch Dekret des …haraos

–1400

Blütezeit der mykenischen Kultur

- In Mykene werden die ersten gigantischen Kuppelgräber errichtet.
- In Armenien und im südlichen Kaukasus kennt man die Fertigung von Schweißstahl.
- In Ägypten wird es Mode, dass die Vornehmen schwere Perücken tragen.
- Erste Inschriften auf Shang-Orakelknochen, die in China zur Weissagung verwendet werden.

–1350

Vorherrschaft der Assyrer in Mesopotamien

- Unter dem Pharao Ramses II. wird zwischen Mittelmeer und Roten Meer ein Kanal geplant.
- In China werden Möbel, Statuen und Geschirr aus Lack hergestellt.
- Auftreten der dreieckigen Harfe in Ägypten

–1300

Niedergang des Hethiterreichs durch den Sturm der Seevölker

- In der Schlacht bei Kadesch (1275 v. Chr.) zwischen Hethitern und Ägyptern kommen 2500 Streitwagen zum Einsatz.
- Ein Erdbeben zerstört Ugarit.

–1250

Auszug der Israeliten unter Moses aus Ägypten

- In Ägypten kommen feuerfeste Waschkessel für Kochwäsche auf.
- In China tauchen erstmals Seidengewebe auf.

–1200

Blüte der keltischen Kultur

- Die Phönizier verwenden Boote mit rundem Rumpf
- Aufkommen der Eisenmetallurgie in Kleinasien
- Erfindung des ersten Alphabets, bestehend aus 22 Zeichen in Syrien

▼ Glasbecher

▲ Römisches Schiff

▲ Ägyptische Musikerinnen

Stein von Rosette ▼

Register

Kursiv gedruckte Seitenzahlen verweisen auf Bildunterschriften, Illustrationen oder Karten.

Bild- und Museumsnachweis

Abkürzungen: o = oben, M = Mitte, u = unten, l = links, r = rechts

Einbandvorderseite: o.: INTERFOTO/Bildarchiv Hansmann/British Museum, Londen; u.: CORBIS/Hubert Stadler.
Rücken: AKG IMAGES/Erich Lessing/Archäologisches Musem, Heraklion.
Einbandrückseite: o.: AKG IMAGES/Erich Lessing/Musée du Louvre, Paris; u.: CORBIS/Hubert Stadler.

6 o.: BRIDGEMAN-GIRAUDON/Ashmolean Museum, Oxford. 6 M.: G. DAGLI-ORTI/Musée Déon, Châlons-sur-Saône. 6 u.: BRIDGEMAN-GIRAUDON/Ashmolean Museum, Oxford. 8 l.: EURELIOS/L. Bret. 8 M.: RMN/J.-G. Berizzi/Musée des Antiquités Nationales, Saint-Germain-en-Laye. 8/9 o.: CORBIS/Images.com/E. Dinyer. 8/9 M, 10 M.: RMN/J.-L. Hamon/Musée des Antiquités Nationales, Saint-Germain-en-Laye. 8/9 u.: RMN/J. Schormans/Musée de la Préhistoire, Les Eyzies. 9 M.: RMN/J. Schormans/Musée des Antiquités Nationales, Saint-Germain-en-Laye. 9 r.: CORBIS/P. Colombel. 10 l.: EURELIOS/P. Plailly. 10 r.: AKG IMAGES Paris/E. Lessing/Museo Egizio, Turin. 10/11 u.: BRIDGEMAN-GIRAUDON/Ägyptisches Museum, Kairo. 11 o.l.: CORBIS/F. Grehan. 11 r.: BRIDGEMAN-GIRAUDON/Museum, Luxor. 12 o.l.: BRIDGEMAN-GIRAUDON/Musée de Picardie, Amiens. 12 r.: RMN/C. Larrieu/Musée du Louvre, Paris. 12 l.: CORBIS/P. Saloutos. 12 u.M.: RMN/R. Lambert/Musée Guimet, Paris. 13 l., o.r.: BRIDGEMAN-GIRAUDON/Ägyptisches Museum, Kairo. 13 u.r.: BRIDGEMAN-GIRAUDON/Museum of Fine Arts, Houston. 14 o.l.: AKG IMAGES Paris/E. Lessing. 14 o.M., r.: RMN/F. Raux/Musée du Louvre, Paris. 14 u.l.: BRIDGEMAN-GIRAUDON/Musée du Louvre, Paris. 15 l.: CORBIS/E. & N. Kowall. 15 M.: AKG IMAGES Paris/Nimatallah/Archäologisches Nationalmuseum, Athen. 15 r.: Jean-Benoît Héron. 16 o.l.: RMN/Chuzeville/Musée du Louvre, Paris. 16 u.l.: BRIDGEMAN-GIRAUDON. 16 r.: G. DAGLI-ORTI/Archäologisches Museum, Piräus. 16/17 AKG IMAGES Paris/E. Lessing/Museum von Mykonos. 17 o.M.: RMN/Labat/CFAO/Musée du Quai Branly, Paris. 17 M.r.: G. DAGLI-ORTI/Museo Archeologico Nazionale, Neapel. 17 u.l.: G. DAGLI-ORTI/Ägyptisches Museum, Turin. 18 o.: CORBIS/Freelance Consulting/D. & J. Heaton. 18 u.l.: RMN/H. Lewandowski/Musée du Louvre, Paris. 18 u.M.: RMN/G. Blot/Musée du Louvre, Paris. 18 u.r.: CORBIS. 19 l.: RMN/Musée du Louvre, Paris. 19 r.: RMN/Chuzeville/Musée du Louvre, Paris. 19 u.r.: BRIDGEMAN-GIRAUDON/Ancient Art & Archeology Collection/British Museum, London. 20/21 BRIDGEMAN-GIRAUDON/British Museum, London. 22 RMN/J.-G. Berizzi/Musée des Antiquités Nationales, Saint-Germain-en-Laye. 23 l.: EURELIOS/L. Bret. 23 r.: EURELIOS/C. Pouedras. 24 o., 25 o.: RMN/J. Schormans/Musée des Antiquités Nationales, Saint-Germain-en-Laye. 24 u.l., 25 M.l.: COSMOS/SPL/John Reader. 25 M.r.: COSMOS/P. Boulat. 24/25 u.: RMN/T. Ollivier/Musée Guimet, Paris. 26 l.: CORBIS/L. Lefkowitz. 26/27 COSMOS/SPL/K. Kent. 27 o.: COSMOS/Steinmetz. 27 M.: RMN/F. Raux/Musée du Louvre, Paris. 27 u.l.: CORBIS/P. Johnson. 27 u.r.: COSMOS/Anzenberger/C. Sattelberger. 28 o.: AKG IMAGES Paris. 28 u.: COSMOS/SPL/H. Schneebeli. 29 CORBIS/C. Rainier. 30 o.: RMN/J. Schormans/Musée de la Préhistoire, Les Eyzies. 30 u.: AKG IMAGES Paris/E. Lessing. 31 o.: RMN/JL. Hamon/Musée des Antiquités Nationales, Saint-Germain-en-Laye. 31 M.o., M.u., u.: COSMOS/P. Boulat. 32/33 o.: CORBIS/P. Harholdt. 32 u.: COSMOS/B. & C. Alexander. 33 M.: RMN/F. Raux/Musée du Louvre, Paris. 33 u.: CORBIS/P. O'Hara. 34 CORBIS/J. Blair. 35 l.: Ira Block. 35 M.: EURELIOS/P. Plailly. 36 l.: CORBIS/P. Colombel. 36 M.: RMN/G. Blot/Musée des Antiquités Nationales, Saint-Germain-en-Laye. 36/37 RMN/J. Schormans/Musée des Antiquités Nationales, Saint-Germain-en-Laye. 37 r.: COSMOS/B. & C. Alexander. 38 M.: RMN/C. Larrieu/Musée du Louvre, Paris. 38 u.: BRIDGEMAN-GIRAUDON/W. Neeb/Archäologie- und Naturmuseum, Bozen. 38/39 o.: RMN/H. Lewandowski/Musée du Louvre, Paris. 39 u.: BRIDGEMAN-GIRAUDON/British Museum, London. 40 l.: RMN/R. Lambert/Musée Guimet, Paris. 40/41 u.: CORBIS/Archivo Iconografico SA/Ägyptisches Museum, Kairo. 41 o.l.: BRIGEMAN-GIRAUDON/Archives Charmet/Bibliothèque de l'Arsenal, Paris. 41 M.: CORBIS SYGMA/M. Yassubovich. 41 r.: Martin Archery, Walla Walla, WA 99362. 42 o.: RMN/Lebee/Musée du Louvre, Paris. 42 u.: AKG IMAGES Paris/W. Forman. 43 o.l.: RMN/JL. Hamon/Musée des Antiquités Nationales, Saint-Germain-en-Laye. 43 o.r.: CORBIS/J. Dickman. 43 M.: CORBIS/Asia Art & Archeology Inc. 44 l.: EURELIOS/P. Plailly. 44/45 o.: RMN/G. Blot/Musée Ladevèze, Le Mas-d'Azil. 45 o.r.: EURELIOS/P. Plailly. 45 M.l.: RMN/J. Schormans/Musée des Antiquités Nationales, Saint-Germain-en-Laye. 45 M.r.: RMN/J.-G. Berizzi/Musée des Antiquités Nationales, Saint-Germain-en-Laye. 45 u.: EURELIOS/P. Plailly. 46 o.: CORBIS/G. H. H. Huey. 46 CORBIS/D. Mason. 47 o.: BRIDGEMAN-GIRAUDON/Ashmolean Museum, Oxford. 47 M.: RMN/Chuzeville/Musée du Louvre, Paris. 47 u.: BRIDGEMAN-GIRAUDON/Musée des Tapisseries, Angers. 48 o.l.: BRIDGEMAN-GIRAUDON/Vitlycke Museum, Tanumshede. 48 M.l.: COSMOS/P. Maître. 48 u.l.: COSMOS/B. & C. Alexander. 48/49 CORBIS/W. Kaehler. 50 o.: BRIDGEMAN-GIRAUDON. 50 u.: BRIDGEMAN-GIRAUDON/Ägyptisches Museum, Kairo. 52 o.: BRIDGEMAN-GIRAUDON/Museo della Civiltà Romana, Rom. 52 u.: BRIDGEMAN-GIRAUDON/British Library, London. 52/53 M.: CORBIS/N. Wheeler. 53 o.: BRIDGEMAN-GIRAUDON. 53 u.: CORBIS SYGMA/P. Giraud. 54/55 CORBIS/L. Nelson. 54 l.: RMN/H. Lewandowski/Musée du Louvre, Paris. 54/55 u.: AKG IMAGES Paris/E. Lessing/Museo Egizio, Turin. 55 o.: BRIDGEMAN-GIRAUDON/Ashmolean Museum, Oxford. 55 M.: RMN/J. Schormans/Musée des Antiquités Nationales, Saint-Germain-en-Laye. 56 o.: BRIGEMAN-GIRAUDON/Topham Picturepoint/British Museum, London. 56 u.: CORBIS/C. & A. Purcell. 57 o.: CORBIS/K. Su. 57 M.: CORBIS/P. Almasy. 57 u.: RMN/Chuzeville/Musée du Louvre, Paris. 58 o.: BRIDGEMAN-GIRAUDON/Davies, Mrs. Nina de Garis/Ashmolean Museum, Oxford. 58 u.: BRIDGEMAN-GIRAUDON/Nationalmuseum, Aleppo. 59 o.: RMN/H. Lewandowski/Musée du Louvre, Paris. 59 u.: CORBIS/D. Conger. 60 o.: RMN/G. Blot/Musée des Antiquités Nationales, Saint-Germain-en-Laye. 60 u.l.: RMN/R. Schirimpff/Museo de Oro, Bogota. 60 u.r.: BRIDGEMAN-GIRAUDON/Ashmolean Museum, Oxford. 61 BRIDGEMAN-GIRAUDON. 62/63 CORBIS/H. Stadler. 62 M.: RMN/J.-G. Berizzi/Musée des Antiquités Nationales, Saint-Germain-en-Laye. 63 o.l.: BRIDGEMAN-GIRAUDON/A. Meyer/Naturhistorisches Museum, Wien. 63 r.: RMN/J.-L. Hamon/Musée des Antiquités Nationales, Saint-Germain-en-Laye. 63 u.: BRIDGEMAN-GIRAUDON/Kosovo-Regionalmuseum, Pristina. 64 o.: BRIDGEMAN-GIRAUDON/Museum of Fine Arts, Houston. 64 u.: RMN/E. Laser/Musée du Louvre, Paris. 65 BRIDGEMAN-GIRAUDON. 66 l.: RMN/J.-G. Berizzi/Musée des Antiquités Nationales, Saint-Germain-en-Laye. 66 r.: RMN/R. Lambert/Musée Guimet, Paris. 67 o.: BRIDGEMAN-GIRAUDON/Musée de Picardie, Amiens. 67 M.: CORBIS/Gallo Images/R. de la Harpe. 67 u.: CORBIS/K. Fleming. 68 o.: BRIDGEMAN-GIRAUDON/H. Schneebeli/Musée Royaux d'Art et d'Histoire, Brüssel. 68 u.: RMN/H. Lewandowski/Musée du Louvre, Paris. 69 o.: BRIDGEMAN-GIRAUDON/Birmingham Museums & Art Gallery. 69 u.: RMN/P. Pleyet/Musée Guimet, Paris. 70/71 o.: AKG IMAGES Paris/E. Lessing/British Museum, London. 70 M.: CORBIS/P. Saloutos. 70 u.: AKG IMAGES Paris/W. Forman/Museo Nacional de Antopologia, Mexiko. 71 u.: COSMOS/R. Frerck. 72 l.: AKG IMAGES Paris/Camera-Photo/Museo Civico Correr, Venedig. 72 o.r.: RMN/H. Bréjat/Musée Guimet, Paris. 72 u.: COSMOS/G. Monnot. 73 o.: CORBIS/B. Krist. 73 M.l.: BRIDGEMAN-GIRAUDON/Museum of Fine Arts, Houston. 73 M.r.: CORBIS/K. Ward. 74 o.: COSMOS/P. Maître. 74 M.: BRIDGEMAN-GIRAUDON. 75 o.: RMN/J.-G. Berizzi/Musée des Antiquités Nationales, Saint-Germain-en-Laye. 75 u.l.: BRIDGEMAN-GIRAUDON/Museo Nazionale, Rom. 75 u.r.: RMN/H. Lewandowski/Musée du Louvre, Paris. 76/77 o.: AKG IMAGES Paris/Nationalmuseet, Kopenhagen. 76 M.: BRIDGEMAN-GIRAUDON/Nationalmuseum, Damaskus. 76 u.: RMN/H. Lewandowski/Musée du Louvre, Paris. 77 u.: RMN/C. Larrieu/Musée du Louvre, Paris. 78 o.: BRIDGEMAN-GIRAUDON/Ägyptisches Museum, Kairo. 78 M.l.: AKG IMAGES Paris/E. Lessing/Federseemuseum, Bad Buchau. 78 M.: CORBIS/Michael Maslan Historic Photographs. 78 M.r.: CORBIS/Bettmann. 79 o.: CORBIS/M. Garanger. 79 u.: COSMOS/SPL/K. Guldbransen. 80 o.: AKG IMAGES Paris/© Roy Export Company Establishment. 80 M.: CORBIS/Alan Schein Photography. 80 CORBIS/Duomo. 81 o.: BRIDGEMAN-GIRAUDON/Kloster am Monte Cassino. 81 M.: RMN/H. Lewandowski/Musée du Louvre, Paris. 81 u.: G. DAGLI-ORTI/Museo di San Marco, Florenz. 82 o.: RMN/T. Ollivier/Musée Guimet, Paris. 82 u.M.: BRIDGEMAN-GIRAUDON/Ashmolean Museum, Oxford. 82/83 BRIDGEMAN-GIRAUDON/Ägyptisches Museum, Kairo. 83 u.r.: BRIDGEMAN-GIRAUDON/Musée du Louvre, Paris. 84 l.: BRIDGEMAN-GIRAUDON. 84 M.: BRIDGEMAN-GIRAUDON/P. Willi/Musée des Beaux-Arts, Grenoble. 84/85 u.: BRIDGEMAN-GIRAUDON/Museo Archeologico, Florenz. 85 M.: AKG IMAGES Paris/Museum für Ostasiatische Kunst, Köln. 85 r.: CORBIS/M. Everton. 86 o.l.: BRIDGEMAN-GIRAUDON/Nationalmuseum, Damaskus. 86 o.r.: BRIDGEMAN-GIRAUDON/British Museum, London. 86 u.M.: G. DAGLI-ORTI/Archäologisches Museum, Heraklion. 86 u.r.: Bookmaker. 87 o.: RMN/F. Raux/Musée du Louvre, Paris. 87 u.: RMN/T. Ollivier/Musée Guimet, Paris. 88 o.: BRIDGEMAN-GIRAUDON/Museo Egizio, Turin. 88 M.: BRIDGEMAN-GIRAUDON/Ashmolean Museum, Oxford. 88/89 u.: BRIDGEMAN-GIRAUDON/Israel Museum, Jerusalem. 89 M. AKG IMAGES Paris/Visioars/Bibliothèque Nationale de France, Paris. 89 u.r.: CORBIS/P. Johnson. 90 l.: BRIDGEMAN-GIRAUDON. 90/91 u.: G. DAGLI-ORTI/Museo Archeologico Nazionale, Venedig. 91 M.: G. DAGLI-ORTI/Ajuda-Bibliothek, Lissabon. 91 r.: RMN/F. Raux/Musée du Louvre, Paris. 92 o.r.: RMN/G. Blot/Musée des Antiquités Nationales, Saint-Germain-en-Laye. 92 u.: AKG IMAGES Paris/E. Lessing/Kunsthistorisches Museum, Antikensammlung, Wien. 93 o.: CORBIS/C. & J. Lenars. 93 M.: CORBIS/D. Muench. 93 u.: G. DAGLI-ORTI/Ägyptisches Museum, Kairo. 94 o.: RMN/J.-G. Berizzi/Musée du Quai Branly, Paris. 94 u.l.: RMN/C. Jean/Musée Guimet, Paris. 94 u.r.: RMN/Musée des Antiquités Nationales, Saint-Germain-en-Laye. 95 o.: AKG IMAGES Paris/Nimatallah/Archäologisches Nationalmuseum, Athen. 95 u.: COSMOS/P. Maître. 96 o.: RMN/J.-G. Berizzi/Musée des Antiquités Nationales, Saint-Germain-en-Laye. 96 u.: BRIDGEMAN-GIRAUDON/Ashmolean Museum, Oxford. 97 o.: BRIDGEMAN-GIRAUDON/The Stapleton Collection. 97 u.: CORBIS/E. & N. Kowall. 98 o.: AKG IMAGES Paris/E. Lessing/Pergamon Museum, Berlin. 98 M.: CORBIS/N. Wheeler. 99 o.: RMN/Musée du Louvre, Paris. 99 u.: SRD. 100 o.: ALTITUDE/Y. Arthus-Bertrand. 100 u.: COSMOS/Aspect Picture Library/J. A. Langley. 101 o.: COSMOS/P. Maître. 101 M.: C. Huyghens. 101 u.: MNHM/Photothèque. 102/103 o.: CORBIS/N. Wheeler. 102 M.: CORBIS/N. Wheeler. 102 u.: CORBIS/E. & N. Kowall. 103 M.: EURELIOS/B. Bireau. 104 RMN/J. Galland/Musée du Louvre, Paris. 104 r.: COSMOS/Aurora/P. Essick. 105 o.: BRIDGEMAN-GIRAUDON. 105 u.: RMN/H. Lewandowski/Musée du Louvre, Paris. 106 M.: COSMOS/M. Henley. 107 o.: BRIDGEMAN-GIRAUDON/Musée du Louvre, Paris. 106/107 u.: CORBIS/K. Houghton. 108 o.: RMN/H. Lewandowski/Musée du Louvre, Paris. 108 u.: CORBIS/C. Lisle. 109 o.: RMN/Chuzeville/Musée du Louvre, Paris. 109 u.: BRIDGEMAN-GIRAUDON/Charles Edwin Wilbour Fund, Brooklyn Museum of Art, New York. 110 o.l.: BRIDGEMAN-GIRAUDON/Musée du Louvre, Paris. 110 o.r.: RMN/J. Galland/Musée du Louvre, Paris. 110 u.: RMN/H. Lewandowski/Musée du Louvre, Paris. 111 BRIDGEMAN-GIRAUDON/Nationalmuseum, Teheran. 112 o.: BRIDGEMAN-GIRAUDON/Ashmolean Museum, Oxford. 112 M.: G. DAGLI-ORTI/Musée Déon, Châlons-sur-Saône. 112 u.: BRIDGEMAN-GIRAUDON/Ashmolean Museum, Oxford. 113 G. DAGLI-ORTI/Villa Giulia, Rom. 114 l.: G. DAGLI-ORTI/Archäologisches Museum, Piräus. 114 u.r.: Fondation de Coubertin. 114/115 M.: G. DAGLI-ORTI/Nationalmuseum, Athen. 115 o.: BRIDGEMAN-GIRAUDON/P. Freeman. 116 o.: CORBIS/P. Colombel. 116/117 u.: BRIDGEMAN-GIRAUDON/British Museum, London. 117 o.l.: CORBIS/N. Wheeler. 117 o.r.: CORBIS/P. Colombel. 117 u.r.: AKG IMAGES Paris/E. Lessing/Nationalmuseum, Peking. 118 o.: RMN/J. Galland/Musée du Louvre, Paris. 118 M.: AKG IMAGES Paris/E. Lessing/Musée du Louvre, Paris. 118 u.: G. DAGLI-ORTI/Ägyptisches Museum, Turin. 119 o.: RMN/F. Raux/Musée du Louvre, Paris. 119 u.: RMN/G. Blot/Musée des Antiquités Nationales, Saint-Germain-en-Laye. 120 u.: CORBIS/J. Hawkes. 121 o.: BRIDGEMAN-GIRAUDON/Musée du Louvre, Paris. 121 u.: G. DAGLI-ORTI/Topkapi-Bibliothek, Istanbul. 122, 123 l.: BRIDGEMAN-GIRAUDON. 123 r.: BRIDGEMAN-GIRAUDON/K. Welsh. 124 o.: G. Dagli-ORTI/Museo della Civiltà Romana, Rom. 124 M.: G. DAGLI-ORTI/Musée du Louvre, Paris. 124 u.: RMN/J.-G. Berizzi/Musée du Louvre, Paris. 125 o.: BRIDGEMAN-GIRAUDON/Ashmolean Museum, Oxford. 125 u.: BRIDGEMAN-GIRAUDON/Bibliothèque Nationale de France, Paris. 126/127 AKG IMAGES Paris/E. Lessing. 126 l.: RMN/H. Lewandowski/Musée du Louvre, Paris. 127 r.: G. DAGLI-ORTI/Ägyptisches Museum, Kairo. 128 l.: CORBIS. 128 u.: CORBIS/J. Feingersh. 129 o.: BRIDGEMAN-GIRAUDON/Archives Charmet/Bibliothèque Nationale de France, Paris. 129 u.: RMN/T. Ollivier/Musée Guimet, Paris. 130 o.l.: G. DAGLI-ORTI/Musée du Louvre, Paris. 130 o.r.: RMN/Musée du Louvre, Paris. 130 u.: G. DAGLI-ORTI/Musée du Louvre, Paris. 131 Corbis/K. Su. 132 o.: BRIDGEMAN-GIRAUDON. 132 u.: RMN/Chuzeville/Musée du Louvre, Paris. 133 o.: BRIDGEMAN-GIRAUDON/Roger-Viollet/Museo della Civiltà Romana, Rom. 133 M.: BRIDGEMAN-GIRAUDON/British Museum, London. 133 u.: RMN/Chuzeville/Musée du Louvre, Paris. 134 o.: RMN/H. Lewandowski/Musée du Louvre, Paris. 134 u.: G. DAGLI-ORTI/Archäologisches Museum, Piräus. 135 o.: BRIDGEMAN-GIRAUDON/Archives Charmet/Bibliothèque Nationale de France, Paris. 135 u.: G. DAGLI-ORTI/Musée Cernushi, Paris. 136/137 CORBIS/B. Winsett. 136 l., o.: AKG IMAGES Paris. 137 u.: VANDYSTADT/Zoom. 138 o.: RMN/Bulloz/Musée Historique et Archéologique, Orléans. 138 u.: AKG IMAGES Paris/Universitätsbibliothek, Heidelberg. 139 o.: RMN/Musée du Louvre, Paris. 139 u.: RMN/G. Blot/Musée du Louvre, Paris. 140 o.: BRIDGEMAN-GIRAUDON/Ashmolean Museum, Oxford. 140 u., 141 r.: RMN/H. Lewandowski/Musée du Louvre, Paris. 141 l.: RMN/G. Blot/Musée des Antiquités Nationales, Saint-Germain-en-Laye. 142/143 AKG IMAGES Paris/E. Lessing. 143 o.: CORBIS/Freelance Consulting/D. & J. Heaton. 144 o.l.: CORBIS/R. Wood. 144 u.: BRIDGEMAN-GIRAUDON/Ancient Art & Archeology Collection/British Museum, London. 144/145 AKG IMAGES Paris/E. Lessing. 145 M.: G. DAGLI-ORTI/Musée du Louvre, Paris. 145 u.l., u.M.l.: AKG IMAGES Paris/E. Lessing. 145 u.M.r., u.r.: RMN/F. Raux/Musée du Louvre, Paris. 146/147 BRIDGEMAN-GIRAUDON.148 o., u.: COSMOS/SPL/John Reader. 148 M.: EURELIOS/L. Bret. 149 o.l.: RMN/G. Blot/Musée des Antiquités Nationales, Saint-Germain-en-Laye. 149 o.M.: RMN/J. Schormans/Musée des Antiquités Nationales, Saint-Germain-en-Laye. 149 o.r.: RMN/Musée des Antiquités Nationales, Saint-Germain-en-Laye. 149 u.l.: BRIDGEMAN-GIRAUDON/A. Meyer/Naturhistorisches Museum, Wien. 149 u.r.: MNHM/Photothèque. 150 o.l.: BRIDGEMAN-GIRAUDON. 150 o.r.: BRIDGEMAN-GIRAUDON/Ashmolean Museum, Oxford. 150 u.l.: RMN/G. Blot/Musée des Antiquités Nationales, Saint-Germain-en-Laye. 150 u.r.: COSMOS/B. & C. Alexander. 151 l.: RMN/Lebee/Musée du Louvre, Paris. 151 o.M.: RMN/J.-G. Berizzi/Musée des Antiquités Nationales, Saint-Germain-en-Laye. 151 o.r., 152 o.l.: RMN/H. Lewandowski/Musée du Louvre, Paris. 151 u.r.: BRIDGEMAN-GIRAUDON/Vitlycke Museum, Tanumshede. u.r.: BRIDGEMAN-GIRAUDON/Vitlycke 152 o.M.: BRIDGEMAN-GIRAUDON/Ashmolean Museum, Oxford. 152 o.r.: BRIDGEMAN-GIRAUDON/Ägyptisches Museum, Kairo. 125 u.l.: CORBIS/J. Hawkes. 152 u.r.: BRIDGEMAN-GIRAUDON. 153 l.: BRIDGEMAN-GIRAUDON/Musée du Louvre, Paris. 153 u.M.: AKG IMAGES Paris/E. Lessing/Pergamon Museum, Berlin. 153 u.r.: G. DAGLI-ORTI/Musée du Louvre, Paris. 154 o.l.: AKG IMAGES Paris/Nationalmuseet, Kopenhagen. 154 o.r.: BRIDGEMAN-GIRAUDON/British Museum, London. 154 u.l.: G. DAGLI-ORTI/Musée du Louvre, Paris. 154 u.r.: BRIDGEMAN-GIRAUDON/Ägyptisches Museum, Kairo. 155 o.l.: RMN/H. Lewandowski/Musée du Louvre, Paris. 155 o.r.: BRIDGEMAN-GIRAUDON/Museo della Civiltà Romana, Rom. 155 u.l.: BRIDGEMAN-GIRAUDON. 155 u.r.: BRIDGEMAN-GIRAUDON/British Museum, London.